北京市文化遗产研究院
外国考古译丛

Les Tamgas: Une "héraldique" de la steppe
Iaroslav Lebedynsky

草原民族的"纹章"

［法］雅罗斯拉夫·莱贝丁斯基◎著

王策◎译

故宫出版社

图书在版编目（CIP）数据

唐嘎:草原民族的"纹章" / （法）雅罗斯拉夫·莱贝丁斯基著;王策译 .— 北京:故宫出版社,2022.2
（北京市文化遗产研究院外国考古译丛）
ISBN 978-7-5134-1443-2

Ⅰ.① 唐… Ⅱ.① 雅… ②王… Ⅲ.① 游牧民族 – 纹章学 – 研究 – 欧洲 ②游牧民族 – 纹章学 – 研究 – 亚洲 Ⅳ.① K853

中国版本图书馆 CIP 数据核字（2021）第 206622 号

北京市版权局著作权合同登记 图字：01-2021-7587 号
© Actes Sud - Errance, Arles, Paris, 2011

北京市文化遗产研究院外国考古译丛
唐嘎——草原民族的"纹章"
[法]雅罗斯拉夫·莱贝丁斯基◎著 王策◎译

出 版 人：章宏伟
责任编辑：宋小军 骆 艳
装帧设计：王 梓
责任印制：常晓辉 顾从辉
出版发行：故宫出版社
　　　　　地址：北京市东城区景山前街4号 邮编：100009
　　　　　电话：010-85007800 010-85007817
　　　　　邮箱：ggcb@culturefc.cn
制 版：北京印艺启航文化发展有限公司
印 刷：北京启航东方印刷有限公司
开 本：787毫米×1092毫米 1/16
印 张：17.5
版 次：2022年2月第1版
　　　　2022年2月第1次印刷
印 数：1～1500册
书 号：ISBN 978-7-5134-1443-2
定 价：166.00 元

谨向奥特贡采尔·达瓦尼亚亚姆（Otgontsetseg Davaanyam）和埃尔韦·比隆（Hervé Biron）博士致以衷心的感谢，感谢他们为作者提供了许多在西方检索不到的与蒙古唐嘎相关的材料，以及书中呈现的一组彩色照片。

谨向我的同事洛拉·阿里亚斯 - 贾纳耶娃（Lora Arys-Djanaïéva）、卡塔林·埃舍尔（Katalin Escher）、米歇尔·卡赞斯基（Michel Kazanikà）、弗拉基米尔·库兹涅佐夫（Vladimir Kouznetsov）、瓦莱里亚·库尔克索（Valéria Kulcsár）、埃斯特尔·伊斯特沃诺维茨（Eszter Istvánovits）和维罗尼克·舒尔茨（Véronique Schiltz）表达感激之情，感谢他们近年来为我提供了书中所需的资料和信息。

目 录

如果某个贵族拥有大量的牲畜，无论牡马、牝马、骆驼、牝牛或者牡牛，还是其他种类的大型动物，他就会派人在牲口的皮毛上用印章做出标记，随后便让它们在无人照看的情况下安然地在山间、原野上吃草；倘若牲口返圈时混入别家的畜群，不管谁看到了，都会识别主人的标记，并立即将带着标记的家畜奉还给这位主人。所以，每个人都能找回自己的牲畜。

马可·波罗《马可·波罗游记》（ *Le livre des merveilles* ）第 70 节"鞑靼人的神谕和他们的法律"，韩百诗[1]译。

---

1. 韩百诗（Louis Hambis，1906 ~ 1978），法国蒙古史、中亚史学家，保罗·伯希和的学生和主要继承人。（译者注）

前　言

　　"唐嘎"（tamga）是欧洲学术界从阿尔泰语（langues altaïques）[1] 借来的词汇（附录中可以查到该词在不同语言中的发音形式和含义），用以指称一种非具象性的标志（emblème）。欧亚草原的游牧民族主要把它用作所有权的标记和"纹章"（armoires）[2]，在他们的影响下，某些邻近的定居民族也受到了熏染。显然，纪元之初唐嘎即已出现，它们在蒙古地区一直被沿用至今，而稍早之前，部分中亚的突厥语民族也还在使用（图1）。

图1　金牌饰上的萨尔马泰－阿兰唐嘎

公元前1～公元1世纪，阿斯特拉罕地区（俄罗斯）出土。尺寸:2.2厘米×1.6厘米。唐嘎用金丝做成，焊接在地子上。

　　与所有标志系统一样，唐嘎这一材料受到历史学家和人种志家的重视。唐嘎能够帮助我们厘清某个社会或政治制度的局部特征（例如财产的所有制）；唐嘎的沿用和废止也折射出其使用王朝的兴衰荣枯；如果时空远隔的人群采用的复杂符号完全相同，那或许就意味着在他们之间存在着联系。最后，与草原接壤的定居文化（斯拉夫人、北高加索[3]居民和乌拉尔语系[4]民族等）对唐嘎的接纳表明，在不同的历史时期，游牧民族可能充当过其他民族的效仿对象，他们不只是富有魅力的楷模，甚或还扮演过统治者的角色。

使用唐嘎这一标志系统的历史极其漫长，并且在今天也还有延续；这让我们得以开展有益的历时性比较。由此，古代操伊朗语的游牧民族，如萨尔马泰（Sarmates）、阿兰（Alains）、塞人（Saces）等使用的唐嘎，就极有可能是后来操阿尔泰语（突厥语和蒙古语）的游牧民族所用唐嘎的原型，并为后者的起源提供了说明。反之，我们也可以根据近现代中亚、蒙古和北高加索地区使用唐嘎的情形，对古代的文化做一定程度的推测——后文将会看到，在做这样的推测时，要受种种的约束，并且也理应保持适当的审慎。

尽管对草原及草原周边地区感兴趣的考古学家、人种志家，甚至艺术史家，往往会把唐嘎挂在嘴边，但专门讨论唐嘎的论著却少之又少。本书试图为它提供一个总括性的认识，并就若干具体问题给予明确的回答。第一章介绍的是作为一种标志系统，唐嘎所具有的共性特征。随后两章分别用来探讨古代伊朗语游牧民族的唐嘎，以及中世纪以后、他们的继任者——阿尔泰语游牧民族的唐嘎。最后一章研究的是各种与游牧世界有过接触的文化所使用的唐嘎，或是他们使用的、受到过唐嘎影响的标志。

说　明

为了便于阅读，那些原本用非拉丁语字母拼写的伊朗、阿尔泰、斯拉夫语的人名和词汇，正文中均按"法语习惯"进行转写，但在准确度要求更高的段落，则是按照每种语言通行的转写规则来做转写[5]。

本书涉及 2500 年间欧亚大陆的众多民族和文化，其中有些并不为读者所熟悉。因此，除了在参考书目中开列书籍之外，我们觉得有必要在此添加一个扼要的"宏观历史"概述，以便从一开始就让读者把握住主要的背景知识。

译者注

1. 阿尔泰语系，英文作 Altaic languages。一般认为该语系由突厥、蒙古和通古斯三个语族构成；20 世纪 60 年代之后，也有人将韩语和日语（包括琉球语）纳入其中。自 19 世纪起，阿尔泰诸语一直被认为有着共同的起源，但到了 20 世纪下半叶，新的假说提出：它们之间的相似之处应是使用者之间长期接触的结果。

2. 纹章，英文作 Coat of Arms，是指一种按特定规则构成的彩色标志，专属于某个个人、家族或团体的识别物，又称盾章。其产生于 12 世纪的战场，主要是为了识别因披挂盔甲而无法辨认的骑士。但纹章的使用并不限于贵族，平民也拥有纹章，主要是一种世袭或继承性的标记。

本书中有几个相关词汇：héraldique、armoiries、armes、écu、écusson、blason。

法语 arme "武器""军械"，复数 armes 又作"纹章""徽章"；armoiries 则始终加 s 作复数形式，意思也是"纹章""徽章"，但词根无疑仍旧是 arm "武器"。英语 arm 同样包含了"武器"和"纹章""盾纹"双重含义。德语 Wappen "纹章"来自中古高地德语 Wâpen，而 Wâpen 与中古高地德语中的 Wâfen "武器""盔甲"义同，两者直到 16 世纪才在含义上分道扬镳。法语 écu "盾""盾形纹章"，écusson "盾形纹章"当然应该是由 écu 衍生而来。纹章一词与武器纠缠在一起，并不奇怪，因为纹章首先是作为封建领主、骑士的个人标志兴起，主要标识于盾牌、甲胄、战袍和马衣，用以作为战场上的区分。纹章后来才在社会上普及开来，11 世纪末首先出现在军阀领主的盾牌上，后扩及骑士，进而又波及贵族女性和高级教士（12 世纪末），从 13 世纪起，复被资产阶级、工匠和市议员，乃至行会、作坊，甚至城市社区、教区等使用。在诺曼底等地，农民有时也会拥有纹章。

法语 blason 也有"纹章"之义，英文和德文均作 blazon，在现代文献中可与 armes、armoiries、écu、écusson 等替换使用。blason 的词源并不清楚，或以为来源于法兰克语的 blâsjan "燃烧的火炬""荣耀"，或以为出自日耳曼语的 blasen "吹响号角"，又或以为是由拉丁语 blasus "军械"演变而来。"军械"一说，与 arme 等词的情形相似。blazon 的动词形式 blazonner 是指运用纹章学的规范对纹章进行描绘，即用口头或书面形式对纹章进行表述，于是它就有了另一层含义——"纹章学",同时它还兼指一种流行于 16 世纪的颂诗或讽刺诗;这些大概都使它与"荣耀""吹响号角"等词源的探讨建立起了联系。

和上述词汇相较,héraldique 稍显特别。一方面它与武器没有直接的瓜葛,另一方面它既是名词也是形容词;作名词解,意为"纹章学""纹章图集",作形容词解,意为"纹章的"。Héraldique 对应的德文是 Heraldik、英文作 Heraldry,该词源于古法语 Héraut、Hiraut "传令官 / 使者"。传令官 / 使者的角色是从普通的侍从中脱颖而出的。在外交层面作为信使,他们不只是领主、骑士的代言人,而且还常常代其接受荣誉或蒙受羞辱;他们的衣装标有领主的纹章,从远处即可辨识,那也正是这种特殊身份的象征。其次在战争中,他们还负责禀受领主、骑士的遗嘱、遗产,甚至负责他们的安葬。因此,传令官 / 使者的职责逐渐扩大到所有涉及荣誉的事务,而纹章与荣誉之事息息相关。最后,在中世纪的比武大会上,全身披挂的骑士要靠盾牌等军事装备上的纹章区别身份,而大会传令官也是据纹章向观者通报比武的实况。所有这些,都让"传令官 / 使者"逐渐成为"纹章专家"的代名词,纹章学一词遂应运而生。

本书中 héraldique 也有若干以名词形式出现的用例,如本书副题"Une 'héraldique' des steppes"直译当作"草原民族的纹章学或纹章集",为了避免让读者感觉话题沉重,均活译作"纹章"。

3. 高加索地区系指苏联黑海和里海之间的广大区域,因大、小高加索山脉的阻隔分为南、北两个部分。南高加索也称"外高加索",包括格鲁吉亚、亚美尼亚和阿塞拜疆三国。北高加索,指大高加索山以北、库马 – 马内奇低地以南的地区,也称"前高加索"。北高加索属俄罗斯;达吉斯坦、车臣、印古什、北奥塞梯、卡巴尔达 – 巴尔卡尔等共和国即位于此。高加索地区聚居有 50 多个民族,语言繁杂,东正教、伊斯兰教、基督教和犹太教等错综其间。

4. 乌拉尔语系英文作 Uralic languages,指分布于从斯堪的纳维亚往东,直到亚洲西北部地区的一组语言,分为芬兰 – 乌戈尔语族和萨莫耶德语族。芬兰 – 乌戈尔语族包括芬兰语支和乌戈尔语支,共约 15 种语言,占据着欧亚大陆的广大地区。芬兰语支主要有芬兰语、爱沙尼亚语和拉普语。乌戈尔语支主要有匈牙利语、沃恰克语和沃古尔语。萨莫耶德语族分南、北两个语支,有 4 种语言。北支的重要语言是涅涅茨语(以前称尤拉克 – 萨莫耶德语),分布于西起俄罗斯阿尔汉格尔市，东到叶尼塞河河口之间的北部冻土地带。南支的重要语言是塞尔库普语（以前称奥斯恰克－萨莫耶德语），分布于稍靠南的西西伯利亚塔兹河两岸。

　　5. 指文中的斜体西文；另外，书中的图书、论文的西文名，无论是否为法文，均采用斜体表示。

历史概述：草原居民和他们的四邻

这里不是要讲述草原世界的历史，而只限于为它勾勒出一个主要的分期，这不免会显得有些简单。想要了解更多的细节，可阅读 R. 格鲁塞（R. Grousset）1939 年发表的《草原帝国》(*L'empire de steppes*)[1]，这是一部内容丰富、屡经修订的不朽杰作。此外，也要冒昧地推荐一部拙作——2006 年出版的《游牧民族》(*Les Nomades*)。

草原上游牧、征战的生活方式，兴起于公元前第二和第一千纪之交的欧亚草原，其前提是骑马术的普及。这种生活方式最早被青铜时代定居文化居民的后裔采用。这些人属欧罗巴人种（europoïdes），大多使用的应是隶属伊朗语族（branche iranienne）[2]的各种印欧语。在欧洲，他们常常被与希腊和亚述史料中提到的"辛梅里安人"（Cimmériens）[3]联系到一起。在亚洲，这些"最早的游牧者"是下一阶段"斯基泰"（Scythiques）居民的直接先驱。俄蒙边境出土的遗存就揭示了这一点：这些遗存不仅极为古老，而且带有原始斯基泰的文化特征，如图瓦的阿尔赞（Arjan）一号"库尔干"（kourgane）[4]或"坟丘"，年代约为公元前 800 年。

斯基泰时代（公元前 7~前 3 世纪）的特点是，从乌克兰——严格意义上的斯基泰人（Scythes）[5]，经俄罗斯草原——撒乌洛玛泰伊人（Sauromates）[6]，西伯利亚和中亚——塞人（Saces）、马萨格泰人（Massagètes）等[7]，直到蒙古西部及阿尔泰，整个游牧世界呈现出某种文化上的一致性。所有这些居民不仅文化——生活方式、军事技术和动物艺术——接近，而且在语言上也相类似，使用的都是伊朗语的各种方言。

接下来的时期（公元前 3 ~ 公元 3 世纪）被俄国考古学家定义为"匈人-萨尔马泰人"的（hunno-sarmate）时代，这种说法值得商榷。与此前相反，这一时期呈现出多元且变动不居的态势。因为正好处于各种古代唐嘎产生的阶段，故而成为我们关注的重点。

从乌拉尔到多瑙河的欧洲草原，该时期的突出特征就是萨尔马泰部落的扩张。萨尔马泰人出自撒乌洛玛泰伊人以及其他一些相近的伊朗语群体。整个萨尔马泰人群从东方伊朗语游牧民族那里接受过多次"输血"，这也引起了其自身文化的嬗变，公元前 4 ~ 前 1 世纪为"萨尔马泰前期"（stade sarmate ancien），公元前 1 ~ 公元 2 世纪属"萨尔马泰中期"（stade sarmate moyen），2 ~ 4 世纪是"萨尔马泰后期"（stade sarmate tardif）。1 世纪，阿兰人（Alains）[8] 登场了，他们可能是部分萨尔马泰人与一支来自中亚的伊朗语人群相融合的结果。在本书中，我们将会使用"萨尔马泰 - 阿兰"（Samato-Alains）一词，因为萨尔马泰人和阿兰人的唐嘎大体面貌相通，而且从考古学的角度来看，阿兰人应该蕴含在萨尔马泰文化"中期"和"后期"的居民当中。

同时期的亚洲草原陷入巨大的动荡之中，这也促成了萨尔马泰人和后来阿兰人的几度扩张。亚历山大大帝入侵波斯以及他在中亚、巴克特里亚（Bactriane）[9] 和印度的征战（公元前 334 ~ 前 325），可能引起了塞人 - 马萨格泰部落（Saco-Massagètes）的骚动。公元前 2 世纪，马其顿征服活动留在东方的主要继承人——塞琉西帝国（empire séleucides）[10] 衰落了，有着塞人 - 马萨格泰人血统的阿萨息斯氏族（clan arsacide）趁机建立起帕提亚帝国（empire parthe）[11]。尤其是在更为靠东的地方，使用伊朗语的欧罗巴人种群体在不同游牧民族的压迫下开始退潮，这些游牧民族中至少有一部分属蒙古人种，他们应该主要使用的是各种阿尔泰语系（famille altaïque）的语言（突厥语、蒙古语、通古斯语）。这一趋势最初的突出表现，就是公元前 3 世纪末匈奴帝国（empire des Xiongnu）在蒙古和外贝加尔地区的兴起。匈奴的胜利迫使各种战败的游牧人群开始迁徙，首当其冲的就是汉语文献称作月氏的强大民族，它也许就是西方史料中的吐火罗人（Tokhariens）。公元前 2 ~ 前 1 世纪，希腊化的巴克特里亚先后被塞人和月氏人攻陷。塞人在北印度形成了多个王国。接踵而来的月氏人，则于 1 世纪在巴克特里亚和印度建立起贵霜帝国（empire kouchâne）[12]。

4 ~ 6 世纪，欧洲和中亚出现了形形色色的游牧民族，史料（西方的希腊文、拉丁文史料，东方的波斯文、印度文史料）把他们称作"匈人"（Huns）[13]。自 4 世纪 70 年代起，严格意义上的匈人驻牧到乌克兰草原，随后又于 5 世纪初进入喀尔巴阡盆地。这种匈人显然是一个混合群体，包含了少量蒙古人种，可能由讲突厥语的精英统率。5 世纪末，文献提到的保加尔人（Bulgares）[14]或许原本就是其中的一个组成部分。至于亚洲的"匈人"，如匈尼特人（Chionites）[15]、寄多罗人（Kidârites）[16]、嚈哒（Hephtalites）[17]等，在考古学上并没有得到明确的认定，其多数应该是欧罗巴人种，语言归属也存在着伊朗语和突厥语之争。

自 6 世纪中叶起，突厥帝国形成。突厥肯定不是历史上首个使用突厥语的民族，但它确实是第一个以此名称而为人所知的民族。他们的影响甚至在欧洲也能被感受得到，因为他们的推进导致阿瓦尔人（Avars）[18]逃亡喀尔巴阡盆地，并在那里留居下来。渐渐地，讲突厥语的游牧民族差不多统治了整个欧亚草原。随着对先前欧罗巴人种成分的吸纳，从人类学上来看，这些游牧民族变得极端混杂。某些部落联盟征服了定居民族，并在定居民族的领土上建立起国家。乌古斯人（Oghouz）[19]即是一例，11 ~ 12 世纪东方的强权塞尔柱王朝（Seldjoukides）[20]，还有奥斯曼王朝（Ottomans）[21]，都出自他们。

12 世纪和 13 世纪之交，成吉思汗（Gengis Khan）铁木真（Temüdjin）构筑起蒙古帝国。13 世纪上半叶，蒙古帝国经历了急剧的扩张，形成一个西起多瑙河口、东到中国北方的庞大帝国，这也是历史上最为庞大的国家。该帝国旋即分裂成多个独立的汗国，位于蒙古和中国的大汗国（Grand Khanat）、欧洲的金帐汗国（Hord d'Or）[22]、伊朗的伊儿汗国（Ilkhanat）[23] 和中亚的察合台汗国（Djaghataï）[24] 是其中最重要的代表。在这些汗国中，少数居于统治地位的蒙古人，或多或少融入定居民族或是讲突厥语的游牧部落当中；在东欧，这一融入进程最终催生出各种各样的"鞑靼"（Tatares）民族。自14 世纪起，游牧世界再度由突厥语民族掌控。即便是声称要替成吉思汗家族的傀儡王子们重建帝国的帖木儿（Tamerlan，1336 ~ 1405）[25]，他说的也是突厥语。真正的蒙古人只握有他们今天位于蒙古的领地。

最后一波强大的游牧民族国家，或者是由传统游牧精英统治的大国，在 15 世纪达到了鼎盛。金帐汗国瓦解后 [26]，在欧洲伏尔加河流域的喀山（Kazan）[27] 和阿斯特拉罕（Astrakhan）[28]，尤其是克里米亚（Crimée）[29]，形成了多个鞑靼人的汗国。在近东，土库曼人的强大联盟以"黑绵羊"[30] 与"白绵羊"[31] 为标志相互对峙。在中亚，乌兹别克人取代了帖木儿的继承者 [32]。蒙古人的帝国也在蒙古地区重现，先是西蒙古帝国 [33]，随后是东蒙古帝国 [34]。

从 16 世纪开始，迫于周围定居强国的压力，游牧世界不可避免地走向衰落。伊朗的萨菲王朝（safavide）[35] 于 1502 年和 1510 年分别击败土库曼人和乌兹别克人，哈萨克部落约在 16 世纪中叶从乌兹别克人中分离了出来 [36]。16 世纪 40 年代至 50 年代，由恐怖的伊凡（Ivan le Terrible）[37] 领导的莫斯科公国战胜喀山和阿斯特拉罕的鞑靼汗国，并于 1579 年着手征服西伯利亚。1543 年达延汗（khan Dayan）死后，蒙古人的最后帝国土崩瓦解，中国人逐渐让全体蒙古部落屈膝称臣。

18 世纪，俄罗斯帝国驯服了哈萨克草原，并将金帐汗国最后的残余势力从欧洲清除——它于 1783 年并吞了克里米亚汗国（khannat de Crimée）。19 世纪下半叶，俄国人将中亚的大部分地区收入囊中。

草原游牧民族的生活方式，在中亚（苏维埃时期在中亚推行了强制性的定居政策），特别是蒙古残存了下来。

从我们的研究视角来看，在结束这个部分的时候，有必要对草原游牧民族与毗邻地区的定居文化或定居文明之间的交互关系做一重申。除了游牧民族对后者实施直接的政治、军事统治之外——这种统治有时伴随着游牧民族的部分融入（帕提亚人在伊朗的统治、月氏人在巴克特里亚的统治），有时却始终停留为对"异族的"压迫（金帐汗国、中国的元朝等）——游牧民族和定居民族之间的文化联系通常也是密切的。虽说影响是相互的，但直到中世纪，游牧民族都给四邻地区带来了强烈的冲击，这主要得益于他们的军事声威，而唐嘎就是一个明显的例子。

译者注

1. 勒内·格鲁塞，法国著名史学家，《草原帝国》为其代表作，有蓝琪翻译的中译本，收入商务印书馆"汉译世界学术名著丛书"，1998 年。

2. 印欧语系（Indo-European languages）分为十余个语族，印度 – 伊朗语族即是其一。该语族复可分为印度语支和伊朗语支。印度语支包括吠陀语、梵语、巴利语、印地语、乌尔都语等；伊朗语支包括安息语、粟特语、于阗语、波斯语、普什图语、塔吉克语、库尔德语、俾路支语等。

3. 英文作 Cimmerians，别译基梅里亚人、金麦里人，是公元前 2 千纪末移居到黑海北岸草原地区的游牧集团。公元前 8 世纪入侵高加索至色雷斯的广大地区。公元前 7 世纪因受斯基泰人的挤压，进入小亚细亚。曾入侵乌拉尔图、亚述和叙利业，约公元前 675 年倾覆小亚细亚的弗里吉亚王国，公元前 652 年占领吕底亚首都萨狄斯，后来又攻取黑海南岸的锡诺普。公元前 7 世纪末，被吕底亚国王阿里亚特斯击溃，退出历史舞台。《荷马史诗》、希罗多德（约公元前 484 ~ 前 425）《历史》以及亚述文献对其多有述及。他们是一支说印欧语的游牧民族，或以为是色雷斯 – 弗里吉亚人的一个分支。今天的刻赤海峡，古代曾称辛梅里安 – 博斯普鲁斯海峡。希腊文中博斯普鲁斯的意思是"牛轭"，地理上用指海峡，"辛梅里安 – 博斯普鲁斯"意即辛梅里安人的海峡。

4. 库尔干，意为"坟丘"，应该是中亚语汇，或许是突厥语？其已被整个西方学术界接受，故原书后面直接拿来使用，不再做翻译。

5. 英文作 Scythians，也译作西徐亚人，是古代居住在黑海北岸、使用伊朗语诸部的总称。其来历有说是木椁墓文化居民的后裔，于公元前 14 世纪自伏尔加河下游西迁而来；也有说是来自中亚或西伯利亚。斯基泰人既有游牧部落，也有从事农耕的居民，希罗多德《历史》做过详细的记载。公元前 7 世纪初，其中的一支进入亚洲，占领米底、叙利亚和巴勒斯坦，后被米底人逐出，返回黑海北岸。公元前 512 年，波斯王大流士一世入侵其地受挫。公元前 4 世纪上半叶，国王阿泰统治时期吞并各部，建立起统一的斯基泰王国，领有从顿河到多瑙河之间的广大地区。公元前 3 世纪末，因遭萨尔马泰人的袭击，领土大蹙，政治中心迁至克里米亚。其后复兴，继续统治着第聂伯河下游和布格河流域。1 世纪下半叶衰落，至 3 世纪为哥特人所灭。此后，"斯基泰人"逐渐掺入了地域色彩，泛指黑海北岸的各个民族，而不再带有民族学的特殊含义。

6.英文作 Sauromatae，又译作萨乌罗马泰人、萨夫罗马特人，是公元前 7 ~ 前 4 世纪居住在伏尔加河和乌拉尔河沿岸的草原游牧民族，被认为讲的是印欧语系中的伊朗语支语言，实行母权制。公元前 4 ~ 前 3 世纪，部分撒乌洛玛泰伊人迁徙至顿河流域，与来自东方的一些有亲缘关系的部落合并，逐渐形成新的部落联盟，史称"萨尔马泰人"。

7.塞人，英文作 Saka；马萨格泰人，英文作 Massagetai 或 Massagetae。按中文史料，塞人是住在伊犁和楚河流域的游牧民族。公元前 130 年前后，在大月氏人的驱动下南迁，他们在北印度消灭了几个印度 - 希腊人王朝，建立起统治，势力向西南延伸到今马哈拉施特拉邦西部地区。希罗多德《历史》有时将马萨格泰人称作 Sacae（Saka）人。他认为马萨格泰人住在东边日出的地方，居处与阿拉克赛斯河（Araxas）、伊赛多涅斯人（Issedones）相对，是一个斯基泰民族。波斯君主居鲁士二世（约公元前 600 ~ 前 529）进攻马萨格泰人遭败绩，殒命锡尔河畔。波斯人碑铭将马萨格泰人、伊赛多涅斯人和斯基泰人统归为一个共同体，称为 Saka 人，居住在从黑海到兴都库什山和天山的广大区域，分成三个集团：崇拜豪麻的 Saka 人分布在中亚费尔干纳盆地及葱岭等地；戴尖帽的 Saka 人分布在塔什干、塔拉斯河、楚河、伊犁河流域和巴尔喀什湖以东地区；海那边或河流那边的 Saka 人，分布在阿姆河以北、咸海东南、索格底亚之地。汉语史书上的"塞种""塞人"与古波斯语中"Saka"可以对音，佛教典籍又或译作"铄迦""烁迦"。塞语属印欧语系伊朗语支，粟特语及我国唐代和阗、巴楚居民使用的语言都属于这个语支。从语言上讲，今天的塔吉克族即是塞人的后裔。

8.英文作 Alans，古代生活在高加索以东的伊朗语游牧民族，其后活动范围扩及黑海东北。1 世纪首见于罗马文献，常常袭击帕提亚和罗马帝国的边境。公元 226 年被萨珊波斯击败，越过高加索，在高加索以北、黑海和里海之间建立国家。约公元 370 年为匈人所败，一部分加入匈人群体，另一部分西窜。西窜的阿兰人于公元 406 年与汪达尔人、苏维汇人一起攻入高卢。后于公元 409 ~ 411 年进入伊比利亚半岛，定居卢西塔尼亚和卡塔赫纳地区。公元 418 年为西哥特人所败，随后又被汪达尔人征服。公元 429 年部分阿兰人与汪达尔人一道进入北非，逐渐被汪达尔人同化；部分避地高卢的阿兰人居住在卢瓦尔河中游，替罗马人抵御匈人的进攻，公元 451 年参与了卡塔隆尼平原战役，击败阿提拉，后被高卢的其他蛮族同化。留在黑海北岸的阿兰人，于 8 ~ 9 世纪依附于可萨汗国，9 世纪末在北高加索建立阿兰国，13 世纪初因蒙古 - 鞑靼入侵而瓦解。今天北高加索的奥塞梯人即其后裔。阿兰人也见于中国史料，或作奄蔡、阖苏，又或称奄蔡后改名阿兰聊。可参阅《史记·大宛列传》《魏略·西戎传》《后汉书·西域传》等。

9. 英文作 Bactria，是古希腊人对今兴都库什山以北、阿富汗东北部地区的称谓。公元前 329 年，该地区被马其顿王亚历山大征服，成为其东方领地的统治中心。塞琉西王国统治时期，将大批希腊人和马其顿人移殖于此。公元前 256 年，巴克特里亚宣告独立；公元前 208 年，塞琉西王朝正式承认了该国，史称希腊 - 巴克特里亚王国（Graeco-Bactriankingdom），首都巴克特拉（今阿富汗巴尔赫）。公元前 2 世纪 70 年代时，版图东起恒河中游，西达波斯沙漠，南抵孟买湾，北界锡尔河。随后，以兴都库什山为界，分裂为南北二朝。约公元前 130 年，巴克特里业被米自中国的大月氏人（吐火罗人？）和部分塞人征服，其地改称"吐火罗斯坦"（Tokhārestan），即中国史书上所说的"大夏"。《魏书》《隋书》《北史》《旧唐书》《新唐书》等，又称其地为"吐呼罗""土壑宜"等，《大唐西域记》又作"睹货逻"。贵霜帝国之后，自 5 世纪起，其地先后被嚈哒、突厥占领，至 8 世纪为阿拉伯人所吞并。

10. 也作塞琉西王朝，英文作 Seleucid Dynasty。公元前 334 年亚历山大东征，建立起地跨欧亚非的大帝国。公元前 323 年亚历山大去世，帝国瓦解，分为马其顿王国、塞琉西王国（西亚，又译塞琉古王国）和托勒密王国（埃及）。公元前 312 年亚历山大的部将塞琉西重返巴比伦，建立塞琉西王国，以塞琉西亚（Seleucia，今伊拉克巴格达附近）为都。公元前 300 年建都安条克，政治中心迁至叙利亚，故又称叙利亚王国，中国古籍称作条支。公元前 3 世纪帕加马、巴克特里亚和帕提亚相继独立。塞琉西王国长期与托勒密王国征战。安提奥库斯三世（Antiochus Ⅲ 或 Antiochos Ⅲ）在位期间（公元前 223 ~ 前 187）与罗马发生冲突，战败，国势转衰，仅有叙利亚一带。公元前 64 年亡于罗马。

11. 英文作 Parthian Empire，西亚古国。帕提亚（Parthia）地处伊朗高原东北部，原为波斯阿契美尼德王朝属地，后属塞琉西王国。公元前 3 世纪中期独立，阿萨息斯一世（Arsaces Ⅰ）称王，建立起阿萨息斯王朝，故中国史籍称之为"安息"。初定都尼萨，后西迁至赫卡顿比勒（Hecatompylos，里海东南）和泰西封。国势强盛时，东与贵霜、西与罗马帝国相抗衡。2 世纪转衰，公元 226 年为波斯萨珊王朝取代。

12. 英文作 Kushan Empire，约 1 世纪上半叶兴起于中亚的古国。创立者为大夏贵霜（Kushan）翕侯——部落首领丘就却（一作"丘就劫"）。经阎膏珍（约 1 世纪后半叶）至迦腻色迦（1 世纪末期至 2 世纪上半期）的扩张，建成了北起花剌子模、南达文迪亚山，囊括中亚、阿富汗和印度半岛西北部的大国，首都布路沙布逻（Purusapura，即富楼沙，今巴基斯坦白沙瓦）。迦腻色迦崇尚佛教，远与中国、罗马帝国有贸易往来，著名的犍陀罗雕刻艺术即兴起于此时。公元 3 世纪后王国分裂，5 世纪因嚈哒入侵而灭亡。

13. 英文亦作 Huns。4 ~ 5 世纪，匈人在欧洲建立帝国。这些西迁的游牧者于 4 世纪抵达东欧，4 世纪末战胜阿兰人、东哥特人、西哥特人等。5 世纪上半叶侵入中欧，大体以潘诺尼亚（Pannonia，今匈牙利西部）为中心进行军事活动。阿提拉统治时期，势力所及东起里海，西及莱茵河。公元 453 年阿提拉去世，帝国迅速瓦解。

14. 英文作 Bulgars，欧洲历史上的民族。原为中亚突厥人的一个部落，约公元 370 年随匈人来到伏尔加河以西草原。约公元 460 年，居住在亚速海和北高加索之间，曾与东哥特人作战。6 世纪，多次进攻拜占庭帝国的多瑙河地区，后臣属于阿瓦尔人。7 世纪初，在库弗拉特（Kubrat 或 Kurt，约公元 605 ~ 642 年在位）领导下，统一保加尔各部，形成强大汗国，史称"大保加利亚汗国"，领土从高加索至顿河、第聂伯河一带。库弗拉特死后，汗国在阿瓦尔人和可萨人的侵逼下解体，保加尔人分为五支，各由库弗拉特的一子率领：一支留在亚速海沿岸，并入可萨汗国；一支移入欧洲中部，并入阿瓦尔人；第三支进入意大利北部，效忠于伦巴德王国；还有一支北迁至伏尔加河与卡马河汇流处建立国家，史称"伏尔加保加利亚"，约公元 922 年改宗伊斯兰教，1237 年被蒙古人所灭；最后一支在阿斯巴鲁赫领导下，迁入多瑙河下游，建立第一保加利亚王国，后与当地斯拉夫人融合，形成保加利亚民族；今天的保加利亚语已属东南斯拉夫语支。

15. 英文亦作 Chionites。据罗马史家阿米阿努斯·马尔塞利努斯《历史》一书记载，公元 350 年，罗马人与波斯王沙普尔激战，沙普尔突然撤军赶往东境，与一个叫匈尼特的部族作战。这场战争持续了 8 年，最终，沙普尔与匈尼特人达成和解。匈尼特王格伦巴底斯曾于公元 359 年率军协同波斯进攻罗马帝国东境。关于匈尼特人的起源有贵霜说、柔然说、嚈哒说、悦般说、康居说、匈人说等。

16. 英文作 Kidarites，是由巴基斯坦贵霜的一个名叫寄多罗（Kidara）的附庸建立。寄多罗可能仍被看作贵霜人，他铸造的货币沿袭了贵霜风格。公元 380 ~ 430 年，寄多罗人定居兴都库什山以南的旁遮普邦北部。其势力至公元 540 年崩溃。

17. 英文作 Hephthalite 或 Ephthalite，中文别译作"挹怛""挹阗""滑国"，或以为是与大月氏人混血的匈奴人。东罗马史家称之为"白匈人"。初居阿尔泰山以南，约 4 世纪末西迁阿姆河流域。5 世纪西攻波斯萨珊王朝，南占吐火罗并入侵西北印度，东向塔里木盆地扩张。建都拔底延城（今阿富汗西北）。公元 516 ~ 558 年，与中国梁、北魏、西魏、北周都有交往。6 世纪 60 年代，为突厥和波斯所灭，并以阿姆河为界分割其国土。

18. 移居西方的柔然人，英文作 Avars。公元 552 年阿尔泰地区的突厥联合西魏击败柔然，部分柔然人西迁，他们在西方史书中被称作"阿瓦尔人"，而斯拉夫人的编年史则称他们为"奥布尔人"。公元 558 年，阿瓦尔人到达北高加索一带，与东罗马帝国结盟，后击败黑海北岸各部落。公元 562 年到达多瑙河下游。在可汗巴扬（Bayan，公元 562 ~ 602 年在位）领导下，公元 567 年联合伦巴第人击败盖皮德人，次年逐走伦巴第人，在潘诺尼亚建立起阿瓦尔汗国。6 世纪末，统治范围北起波罗的海，南达亚得里亚海，西起易北河，东达第聂伯河。后率斯拉夫人等屡屡侵入巴尔干（部分斯拉夫人在此定居了下来），威胁东罗马帝国北境，并与法兰克人作战。公元 626 年与波斯萨珊帝国结盟，率斯拉夫人、保加尔人、盖皮德人等进攻君士坦丁堡，为东罗马军队所败，退回潘诺尼亚，势力渐衰。公元 788 年入侵丰拉克王国。公元 805 年为查理大帝和保加利亚王国所灭，人民融入当地民族。

19. 英文作 Oghuz，是古代西突厥最大的部落联盟，居住在锡尔河、阿姆河和突厥斯坦城周边地区，乌古斯名称源自其先祖乌古斯汗。乌古斯人的历史在古突厥、波斯、汉、阿拉伯、拜占庭等史料中多有记载。6 ~ 8 世纪，在突厥汗国势力范围内，存有九姓乌古斯联盟，其中拔悉密和回鹘先后起过主导作用。据阿拉伯史料记载，黑衣大食的马赫迪哈里发在位（775 ~ 785）时，乌古斯人脱离伊犁河流域、七河流域等九姓乌古斯之地，迁往咸海与里海地区。据 10 ~ 11 世纪波斯地理著作，自 10 世纪乌古斯叶护国于锡尔河下游及咸海北岸地区形成，其势力西抵乌拉尔河和伏尔加河下游，东北抵额尔齐斯河上游。其四邻北为克普恰克的分支——寄蔑，东为葛逻禄，西为佩切涅格和半突厥国家可萨，南为锡尔河以南的波斯人的萨曼王朝、突厥人的加兹尼王朝和喀拉汗王朝。冬都曰养吉干（意为"新城"，废墟在今毡肯特）。另一大城毡的（今克孜勒奥尔达附近的毡的废墟）为日后塞尔柱土库曼人的起家之地。公元 820 ~ 821 年，乌古斯侵入锡尔河以南粟特地区的苏对沙那（中国典籍所谓的东曹）。自 10 世纪下半期起，驻毡的乌古斯军事首领塞尔柱反叛乌古斯叶护，皈依伊斯兰教，并率部众南迁至加兹尼王朝境内避难。据伊斯兰地理学家马克迪西之说，10 世纪末，乌古斯始称土库曼。11 世纪中叶，乌古斯叶护国被中亚草原的另一突厥部落联盟克普恰克所灭，乌古斯叶护国的一部分部落西走南俄草原，另一部分部落追随塞尔柱人于 1040 年在丹丹坎击败加兹尼王朝军队，大举南下霍拉桑等定居民族地区，并于 1055 年进入巴格达，从而在西亚建立起以巴格达为中心的塞尔柱帝国。乌古斯人是现在土库曼人、阿塞拜疆人、克里米亚鞑靼人的祖先，东迁中国的一支为撒拉尔人。

20. 塞尔柱帝国，英文作 Seljuq empire，是塞尔柱突厥在西亚建立的国家。塞尔柱突厥是突厥人的一个分支，原在中亚驻牧，因其首领塞尔柱（Seljuq）得名。11 世纪 40 年代，塞尔柱之孙托格卢尔·伯克率部征服伊朗和美索不达米亚，并于 1055 年进占巴格达，取代白益王朝，建立帝国，定都赖伊（Rai，今伊朗境内）。其后向西扩张，占据叙利亚、巴勒斯坦、格鲁吉亚、亚美尼亚及小亚细亚大部。11 世纪末分裂转衰，1157 年告终。

21. 英文作 Ottoman Empire，中文也译作"奥托曼帝国"。奥斯曼土耳其人为突厥人的一个分支，原居中亚，13 世纪初迁徙至小亚细亚，附属于鲁姆苏丹国（由塞尔柱突厥人所建），在萨卡利亚河畔得到一块封地。1299 年首领奥斯曼一世（Osman Ⅰ，1259 ~ 1326）自称埃米尔，独立建国。穆拉德一世改称苏丹。14 世纪末，侵占巴尔干半岛大部，兼并小亚细亚。1453 年灭东罗马帝国，迁都君士坦丁堡，易名伊斯坦布尔。1478 年臣服克里米亚汗国。1517 年灭埃及马穆鲁克王朝。苏里曼一世时，版图包括巴尔干半岛、小亚细亚、南高加索、库尔德斯坦、叙利亚、巴勒斯坦、阿拉伯半岛部分地区及北非大部。17 ~ 18 世纪，与奥地利、沙俄交战迭遭败绩，势力转衰。19 世纪初，巴尔干半岛诸国先后独立；英、俄、法、奥争夺帝国领土。

22. 英文作 Golden Horde，又称钦察汗国／克鲁恰克汗国或兀鲁思、朮赤兀鲁思（Ulus of Jochi），为大蒙古帝国的四大汗国之一。1242 年由成吉思汗长子朮赤的第二子拔都所建，东起也儿的石河（额尔齐斯河），西到斡罗思，南起巴尔喀什湖、里海、黑海，北到北极圈附近，疆域辽阔。首都萨莱－拔都（今阿斯特拉罕附近），14 世纪前半期，迁往位于伏尔加河下游的萨莱－贝尔克（在今伏尔加格勒附近）。居民以突厥民族为主，极少数占统治地位的蒙古人不久也被同化。金帐汗国之下分封了多个小汗诸王，其中最主要的是白帐汗和蓝帐汗。拔都将咸海东北直至额尔齐斯河及七河以北的广大钦察草原分给其兄斡儿答（鄂尔达），称为白帐汗，又将乌拉尔河东南部的图尔盖地区分封给弟弟昔班，称为蓝帐汗；起初，白帐汗相对独立，基本不参与金帐汗国的库里尔台大会。1255 年，拔都去世。1257 年，他的另一个弟弟别儿哥成为金帐汗国的大汗。1266 年，别儿哥去世，拔都的曾孙忙哥铁木尔即位。此后，政权实际由权臣那海把持。1299 年，忙哥铁木尔的儿子脱脱杀死那海登上了大汗的宝座。1312 年，脱脱去世，金帐汗国的大位再次从拔都系转入旁系，这次轮到的是昔班的后人——蓝帐汗国的月即别汗。月即别或译月思别，还有一种译法就是乌兹别克，这也就是乌兹别克民族名称的由来。月即别汗治下是金帐汗国的强盛时期，也由于他的重用，莫斯科公国获得了比其他俄罗斯小国更高的地位。在月即别子札尼别汗、孙别儿迪别汗之后，金帐汗国陷入了争夺汗位的内讧之中，这也使得诸俄罗斯小国重新摆脱了金帐汗国的束缚。随后，在帖木儿帝国支持下夺得白帐汗位的脱脱迷失加入金帐汗国大位的争夺。1378 年，在他和俄罗斯人的夹击之下，金帐汗国的实际统治者——马麦汗败死于克里米亚，金帐汗国的大位落入白帐汗一系。脱脱迷失进而又征服了俄罗斯诸国，并在 1382 年将莫斯科大公国彻底破坏，金帐汗国重归一统。此后，脱脱迷失与帖木儿帝国发生冲突，帖木儿帝国的军队于 1387～1398 年两度攻入东欧，金帐汗国从此一蹶不振。随后诸俄罗斯国再次反叛。喀山汗国、克里米亚汗国、阿斯特拉罕汗国、西伯利亚汗国、那海汗国（那海将军的后人）等先后从金帐汗国分裂出去。1480 年，莫斯科大公国恐怖的伊万与金帐汗阿合马汗（阿黑麻汗）决战。因克里米亚汗的牵制，阿合马汗不战而退，莫斯科公国获得独立，俄罗斯人开始走上发展的道路。阿合马死后，莫斯科公国与克里米亚汗国联合继续与金帐汗国为敌。1502 年，同为术赤后代的克里米亚汗明里·格来攻入萨莱，金帐汗国亡。由金帐汗国析出的西伯利亚汗国，是由蓝帐汗昔班的后裔于 1480 年建立，1600 年被俄国征服。

23. 英文作 Ilkhanate，中文也译作伊利汗国，成吉思汗之孙旭烈兀的封地。1258 年建国，定都大不里士。因其统治者称"伊儿汗"（Ilkhan，意为"从属的汗"），故名。疆域以波斯为中心，东起阿姆河，西临地中海（包括小亚细亚大部），北起高加索，南抵阿拉伯海。1393 年灭亡。

24. 英文作 Chagatai Khanate，成吉思汗次子察合台的封地。初仅据有西辽旧地。1310 年合并窝阔台的封地,遂兼有天山南北路及阿姆河以东的地方。建都阿里麻里。后分裂为东、西两部,西部于 1370 年灭于帖木儿;东部(大体为窝阔台旧地)陷于分裂、衰亡。

25. 帖木儿帝国(1370～1507)是中亚河中地区的贵族帖木儿于 1370 年开创的帝国,初都撒马尔罕,后迁至赫拉特(Herat,又译哈烈、黑拉特)。鼎盛时以中亚乌兹别克斯坦为核心,疆域从今格鲁吉亚一直延伸到印度。帖木儿(Timur/tumur),突厥语和蒙古语变体,意为"铁";帖木儿兰(Tamerlane)是西方的叫法,实际是融合了他的绰号"跛子"。1336 年,帖木儿出生于西察合台汗国(今乌兹别克斯坦)撒马尔罕以南的谒石(今沙赫里夏勃兹)。西察合台汗国内乱时,帖木儿扶持与他有姻亲关系的王族侯赛因(或译忽辛)。1364 年,帖木儿把侯赛因扶上大汗宝座。1370 年,又通过政变杀死侯赛因,灭西察合台汗国,成为河中的最高统治者。有人说他是突厥人,但他自称是成吉思汗的后裔。帖木儿称霸河中后,便进一步向周边扩张。1375～1379 年,东攻察合台汗国;1388 年,征服花剌子模;1393 年,夺取伊儿汗国和阿富汗;后北攻金帐汗国;1398 年,南侵印度;1399 年,西征小亚细亚;1402 年,大败奥斯曼帝国,俘其苏丹拜牙(即巴耶塞特一世)。1404 年 11 月又挥师东征明朝,但于 1405 年 2 月 18 日病死途中。帖木儿去世后,其后裔立即开始了王位争夺。与此同时,奥斯曼土耳其人、贾拉尔人、土库曼人在西部开始收复失地,不久西波斯被土库曼的黑羊王朝所灭,其领土落入黑羊王朝(据有亚美尼亚和阿塞拜疆)和白羊王朝(据有迪亚巴克儿和阿塞拜疆)之手。1500 年,尤赤后裔昔班尼汗率领乌兹别克游牧部落攻占布哈拉和撒马尔罕,建立乌兹别克汗国,帖木儿帝国灭亡。1501 年,乌兹别克汗国灭河中帖木儿朝;1507 年 5 月,灭呼罗珊帖木儿王朝。河中地区形成由乌兹别克人建立的中亚诸汗国。但帖木儿的家族并没有就此销声匿迹,帖木儿的五世孙巴布尔先以喀布尔为根据地力图复兴,失败后进入印度,于 1526 年建立起莫卧儿王朝。

26. 1387～1398 年,帖木儿大军两度攻入东欧,金帐汗国从此一蹶不振,先后独立出多个汗国。1480 年,莫斯科公国获得独立。1502 年,同为尤赤后代的克里米亚汗明里·格来攻入金帐汗国首都萨莱,金帐汗国遂亡。除了喀山(1438)、克里米亚(1443)和阿斯特拉罕汗国(1460)之外,从金帐汗国还分裂出了西伯利亚汗国和乌兹别克汗国。1480 年,蓝帐汗昔班的后裔建立起西伯利亚汗国,1600 年被俄国征服。1428 年,蓝帐汗昔班的一个后裔阿布海尔汗即位,率乌兹别克人南下中亚，建立乌兹别克汗国，其后又从中分出哈萨克人。1500 年，阿布海尔的孙子昔班尼灭帖木儿帝国，从此乌兹别克人成为中亚霸主。三个乌兹别克汗国和三个哈萨克汗国都是尤赤的后人。19 世纪末，俄国人将中亚收入囊中。

27. 喀山汗国约于 1438 年由拔都兄弟秃花帖木儿的后裔建立，位于伏尔加河中游，由金帐汗国析出，首都喀山。1552 年被俄国吞并。

28. 阿斯特拉罕汗国由金帐汗楚克·马哈麻的孙子卡西姆于 1460 年建立，位于里海北岸，由金帐汗国析出，首都阿斯特拉罕。1556 年为俄国吞并。

29. 克里米亚汗国约于 1443 年由拔都弟弟秃花帖木儿的后裔建立，由金帐汗国析出，位于克里米亚半岛和顿河、第聂伯河下游地区，首都巴克契萨莱（Bakhchisarai）。1478 年臣服于土耳其。1480 年助莫斯科公国打败金帐汗国。1502 年又联合莫斯科公国灭金帐汗国。1783 年被俄国侵吞。

30. 或译"黑羊王朝"。1375 年土库曼部落贵族建立的封建王朝。因其旗帜上绘有黑绵羊（突厥语为 Kara Koyunlu，音译"卡拉·科雍鲁"）标志，故名。15 世纪初，占有南阿塞拜疆、亚美尼亚、库尔德斯坦和伊拉克，首都大不里士。曾一度臣服于帖木儿帝国，后乘其衰落，占领伊朗大部。1468 年为白羊王朝推翻。

31. 或译"白羊王朝"。1378 年土库曼部落贵族建立的王朝。因其旗帜上绘有白绵羊（突厥语为 Ak Koyunlu，音译"阿克·科雍鲁"）标志，故名。1468 年灭黑羊王朝，次年击败帖木儿帝国，遂领有亚美尼亚、阿塞拜疆、伊朗大部、伊拉克等地，首都大不里士。后因内讧分裂，1502 年为萨菲王朝创立者伊思迈尔一世所击败，领土殆尽。1508 年覆灭。

32. 16 世纪初，乌兹别克人在花剌子模建立起"基华汗国"，定都基华（Khiva，今译"希瓦"）。另在撒马尔罕建立"布哈拉汗国"，都布哈拉。1740 年，两国皆遭波斯入侵，布哈拉汗国甚至一度被占领。19 世纪两国先后沦为俄国的"保护国"。1920 年分别建立花剌子模和布哈拉苏维埃人民共和国。

33. 指明代西部蒙古诸部，或译瓦剌、斡亦剌、卫特拉。游牧于札布汗河、科布多河流域及额尔齐斯河、叶尼塞河上游一带。明初由猛哥帖木儿统率，号称四万户。后马哈木、太平、把秃孛罗分领其地，明廷分册为顺宁王、贤义王及安乐王，用以牵制东部成吉思汗系蒙古各部。马哈木之子脱欢袭位，对内兼并太平、把秃孛罗两部，对外击败阿鲁台部，一时合并东、西蒙古。也先承其势，威胁中亚及女真各部。"土木堡之役"打败明军，震动中原。也先死后，瓦剌渐衰，主力移向漠西，主要活动地区以坤奎河、札布汗河为中心，东到杭爱山，西至额尔齐斯河上游，北越唐努山。后为东蒙古所逼，向天山北麓发展。

34. 指达延汗统一东蒙古各部的时期。达延汗（约 1474 ～ 1517），又译歹颜哈、答言罕，为大元汗的异音。达延汗是成吉思汗十五世孙。1479 年（明成化十五年）继位，明人因其年幼称之为小王子。在其妻满都海哈屯的辅佐下，击败瓦剌。至正德初，又先后剪除以亦思马因、火筛、亦卜剌等为首的割据势力，统一了漠南蒙古各部。他将蒙古分为左右两翼，每翼各设三个万户，分封诸子为领主。从而结束了有明以来北方地区动乱的局面，建立了比较稳固的统治，被誉为蒙古历史上的"中兴之主"。至于达延汗的本名、生卒年等问题仍存有争议。

35. 英文作 Safavid dynasty，又译"萨非"或"沙伐维王朝"，波斯的封建王朝（1502 ～ 1736）。伊思迈尔一世击败白羊王朝后创建。从其祖先萨菲·丁（Safi-Din）得名，定都大不里士。阿拔斯一世在位时（1587 ～ 1629），移都伊斯法罕，因与土耳其等国长期冲突，对内加重剥削，多次引发农民反抗。17 世纪后期，国势渐衰。18 世纪初，被征服各族纷纷起义。1721 年，阿富汗人入侵，翌年首都被占、国王投降，王朝中断。1729 年驱逐阿富汗人，收复伊斯法罕，但王权旁落。1736 年，武将纳狄尔沙篡夺政权，王朝灭亡。

36. 乌兹别克汗国（1428 ～ 1468），昔班家族王子阿布海尔为乌兹别克汗国的创始人，故又称阿布海尔汗国。昔班是拔都的弟弟。14 世纪中期，臣服于昔班家族成员的各部落采用月即别一名，按现在通行的拼法，叫作乌兹别克（Uzbek）。汗国鼎盛时期，疆域从托博尔斯克的领地延伸到锡尔河。1456 ～ 1457 年，卫拉特人（即瓦剌，也称卡尔梅克人）入侵，锡尔河中游北岸的地区遭到蹂躏。稍早，阿布海尔的两名臣属克烈和札你贝（与他一样，都属尤赤系）投奔了察合台汗也先不花二世，也先不花把他们安置在蒙兀儿斯坦（指伊犁和塔什干一带）边境。此后，尤其是在约 1465 ～ 1466 年，原来臣属于阿布海尔的大批游牧部落离开了他，投奔克烈和札你贝，过着独立的生活。这些分离出来的游牧民，被称作哈萨克人（即"冒险者"或"叛逆者"），或吉尔吉斯 – 哈萨克人。

37. 俄罗斯古称罗斯，一说源于斯堪的纳维亚语。初斯拉夫人称建立留里克王朝的瓦兰吉亚人／瓦尔盖埃人（诺曼人或维京人）为罗斯人，后扩及东斯拉夫人。一说源于基辅附近的罗斯河，或某个居民集团的名称。基辅罗斯建立后，罗斯指其疆域，居民称罗斯人。基辅罗斯为东斯拉夫人的早期国家，公元 882 年诺夫哥罗德公爵奥列格兼并基辅后建成，疆域大体北起芬兰湾和拉多加湖，南至第聂伯河中下游。10 世纪末弗拉基米尔一世立东正教为国教。12 世纪分裂成许多独立的封建公国，13 世纪臣服于蒙古金帐汗国。基辅罗斯是东斯拉夫各族（俄罗斯、乌克兰和白俄罗斯）文明的摇篮。15 世纪末起始，以莫斯科公国为核心，通过联合统一了周围各公国，中央集权的俄罗斯国家逐渐形成。这一过程中伊凡三世、瓦西里三世和伊凡四世贡献最大。伊凡四世（1530 ～ 1584）是莫斯科和全俄罗斯的大公（1533 ～ 1584），也是俄国的第一位沙皇（1547 ～ 1584），系瓦西里三世之子。他通过推行沙皇特区制（1565 ～ 1572）等，对封邑王公进行了无情打击，因而获得"恐怖的伊凡"称号，也使中央集权制得以确立。他对外奉行扩张政策，先后征服喀山汗国、阿斯特拉罕汗国，并入侵西伯利亚汗国（1582）。为争夺波罗的海出海口，还发动了以失败告终的立窝尼亚战争（1558 ～ 1583）。1584 年病逝。

第一章

作为标志系统的唐嘎

在那些曾经使用或者还在使用唐嘎的文化中，唐嘎的形式和用法并不完全雷同；但作为一种标志系统，它们的基本精神还是相当一致的，因此我们要在本章对唐嘎做一全面的介绍。同时，本章还将对相关研究资料进行梳理，并就唐嘎图案的起源以及它们与文字间的关系等争论不休的问题展开讨论。

总体特征

仅从用法来看（关于这些用法后文还会详述），唐嘎通常是一类简单的符号，易于在不同的载体上留下印迹和进行复制。它可以只由三四条直线或曲线构成，甚至还可以简约为圆或三角等纯粹的几何图形。显然，对这种简约的唯一限制是，必须使人能够在不同的唐嘎间做出区分。就此而言，唐嘎与手工匠人（木匠、石匠等）使用的商标，或者某些西方畜牧者的牲畜标记非常接近。后文我们会看到，标记牲畜正是唐嘎的一个主要功能。

绝大多数情况下，唐嘎都不是具象的，也就是说，我们无法从中直接辨识出动物或物品的形象。在涉及图案的起源问题时，我们再来就此展开讨论。

唐嘎本身只不过是一个图形，颜色、支持物（support）[1]或外框（cadre）都与它的辨识无关。在这一点上，它与西方的纹章系统（système héraldique）迥然有别。西方的纹章是由外框（必须呈盾形）、内容和颜色组合而成的整体；其中，内容包括图案与盾形内部的分区（partitions）；图案又包括"可变图记"（meubles）和"普通图记"（pièces honorables）。因此，唐嘎的使用要更为简单也更加普遍。即便与其他标记系统相比，情形也复如此；例如日本的"紋"，虽然颜色可以变换，但图案（通常被画在一个圆框中）却要复杂得多（图 1-1）。

唐嘎图案的简单特质，也意味着任何一个变动都不是随意的。只要是看得清且非讹误所致的变动（例如打在牲口身上的印记），即使是不起眼的添加或改动，多一根线或少一根线，多一个点或少一个点，甚至是符号方向的改换，都会让一个唐嘎变成另一个唐嘎。这与西方纹章中的"区分符号"（brisures）相当，所起的作用也大体一致：将两个唐嘎的拥有者区分开来，同时保留显示他们彼此联系的印迹。将两个唐嘎放到一起构成一个新的唐嘎，这种组合的做法虽然存在，但并不常见；在第二章中会看到纪元初博斯普鲁斯-辛梅里安（Bosphore-Cimmérien）[2] 王室标志的例子，而第三、四章将分别提供 13 世纪"鞑靼人"唐嘎和部分奥塞梯人[3] 唐嘎的实例。

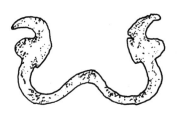

图 1-2　铁牌饰（用于丧葬？）
俄罗斯卡巴尔达-巴尔卡尔共和国（Kabardino-Balkarie）查卢奇卡（Chalouchka）卡巴尔达人的库尔干墓地出土，表现的是一个唐嘎，这是西北高加索唐嘎的典型样式[4]。

图 1-1　唐嘎与其他标记系统的比较
上：奥西尼（Orsini）亲王们的纹章。"银底带有三道红色的斜纹；银色盾形的上部置一红玫瑰，红玫瑰用金色点缀，辅以金色的花蕊；承托红玫瑰的金色装饰带中有一条蓝色的吞婴蛇。"下：德川家的纹。日本的"纹"由植物或动物图案构成，通常为圆形、单色。西方的纹章中，盾纹是必不可少的，颜色也有讲究，盾纹之外的装饰则可变化，例如冠冕图案（timbre）、盾纹两侧的扶持动物。

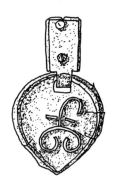

图 1-3　萨尔马泰-阿兰风格的唐嘎
3 世纪 或 4 世纪，见于克里米亚内扎茨（Neïzats）1 号墓室殉马的马具配件。

在同一文化内部，由于基本精神相通，大部分唐嘎往往呈现出某种家族相似性的特征。因此，富有经验的专家凭借总体风格，就能辨识某些萨尔马泰 - 阿兰、蒙古或高加索西北部的唐嘎（图 1-2、图 1-3），甚至能够认出萨珊波斯的唐嘎。反之，很多简单的符号，几乎在各种文化中都随处可见。

载体和各种资料来源

有关唐嘎的最重要的信息源无疑就是它们的载体，而载体的种类又极为多样。

可以区分出的第一个类别就是"活的载体"：动物，有时还包括人。

标记动物——马和其他牲畜——是唐嘎的一项重要用途。在游牧社会中，畜群是首要的资源和财产形式，牲畜的区分成为生活中不可或缺的一环。我们知道，斯基泰时代（公元前 7 ~ 前 3 世纪）可能是通过切割畜耳的做法来进行标记。之后，就改用了唐嘎。

在当代，和西方畜牧业者或种马场的标记一样，唐嘎通常用烙铁来打印（图 1-4、图 1-5），中世纪的时候就已如此，例如马可·波罗（《马可·波罗游记》第 70 章）在 13 世纪下半叶就曾明确提到。但我们既不拥有古代和中世纪标记牲口的烙铁，也缺少保存得足够完好、能够看出唐嘎印迹的动物遗骸；虽然阿尔泰"冰冻墓"（tombes gelées）出土了斯基泰时期的马匹，但年代上却早于唐嘎的使用。描绘着带标记马匹的古代图像，主要出自萨尔马泰人和博斯普鲁斯王国，但并不能由此厘清唐嘎是如何被印上去的；当然极有可能是使用烙铁，因为在多数情况下都要求唐嘎不能被抹去。标记牲口是个隆重的活动，并且会同时举行特定的仪式和庆典（参见第三章蒙古和第四章北高加索的例子）。

将唐嘎施于人类皮肤的做法——这当然是借助文身——并没有被充分证实。普林尼［Pline [5]，《自然史》（*Histoire naturelle*）第 22 卷第 2 章第 1 节］[6] 声称萨尔马泰人

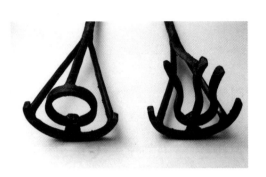

图 1-4　两柄现代蒙古用于标记的烙铁
左侧烙铁上的唐嘎被称作 *nar saran* "太阳和月亮"。

图 1-5　奥塞梯人用于标记的烙铁（18 ~ 19 世纪）
［B. A. 卡洛耶夫（B. A. Kaloïev），1973］

有文身的习俗。因此，唐嘎也可能成为身体装饰的组成部分，借以证明个体的族群归属。更晚近的时候，鄂毕河流域的乌戈尔语居民用唐嘎文身。他们的情况颇为复杂，这不只是因为文身图案具有治疗和巫术的功效，还因为文身的图案既可能是唐嘎，也有可能不是唐嘎［L. 雷诺（L. Renaud），2004］——对此后文还会详加讨论。Kh. 亚赫塔尼戈夫（Kh. Iakhtanigov, 1993）提到，西北高加索的卡巴尔达人（Kabardes）用"唐嘎"给变节者做标记，或可能使用了烙铁，但毫无疑问这是一种特殊的耻辱标记，而非真正意义上的唐嘎。俘虏差不多被当成畜群的一部分，给俘虏打标记的做法在蒙古人中也有存在，有首蒙古歌谣讲述一位战俘被罚为英雄江格尔（Djangar）服役一千零一年；他的右颊就被打上了标记（O. 达瓦尼亚亚姆）。

　　非生命载体的种类繁多，相关的实例在随后各章都能看到。可以列举的有石头、金属、骨头、兽角、木头、陶器、织物、纸张等。石碑、印章、钱币、旗帜、地毯、武器、日常物品（工具和容器）等的上面，都有唐嘎出现。这种多样性展现出唐嘎在社会、经济和政治上有着广泛的用途——后文将会一一道来。钱币尤其值得注意，因为钱币上的唐嘎起到个人或王朝"纹章"的作用；而且凭借钱币上的肖像和铭文，还可能确认唐嘎所有者的身份。

除了载体之外，我们还掌握了一些中世纪以降，对唐嘎做过描述和图示的文献。最早的当数唐代（618 ~ 907）汉语史书中的图像，而最为知名的则莫过于乌古斯突厥联盟的部落标志图集；该图集由喀什噶尔（Kâchghar）的马哈茂德（Mahmoud）于 11 世纪最后 25 年编定 [《突厥语大词典》（*Compendium des parlers ds Turcs / Dīwānu l-luġat al-Turk*）][7]。至少从 17 世纪起，莫斯科公国以及后来俄罗斯帝国的档案，就已记录了包括北高加索民族唐嘎在内的各式各样的唐嘎，最初是为了保存产自当地的马匹的血统谱系（Kh. 亚赫塔尼戈夫，1993），后来是为了验证各种文书上的"签名"（图 1-6）。

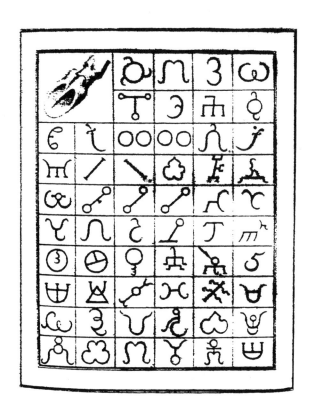

图 1-6 西北高加索的唐嘎集萃
见于 19 世纪的插图。左上方的马蹄凸显了唐嘎在马匹鉴别方面所起的重要作用。

在当代，唐嘎引起考古学者和人种志家的关注，成为各种研究的对象，只可惜几乎所有的研究都局限于特定的时代和特定的地区。近几十年来最为优秀的出版物，包括 V. S. 德拉丘克（V.S.Dratchouk，1975）对黑海北岸唐嘎的研究、Kh. 亚赫塔尼戈夫（1993）就北高加索唐嘎展开的讨论，以及 S. A. 伊森科（S. A. Iatsenko，2001）有关古代和中世纪早期伊朗语民族唐嘎的著作。在蒙古，研究人员对现代唐嘎进行了搜集。这些区域性的综合研究为本书提供了极大的帮助。

通常来说，唐嘎的识别相对容易，但有时也会被不太专业的观察者看漏。金帐汗国时期的一枚青铜坠饰就是个例子：这枚发现于西北高加索陶克哈布尔（Taoukhabl'）的坠饰，上附一个典型的突厥 - 蒙古唐嘎；但有份展览图录（*Tesori…*，1990），描述它只带有一个"图案化的阿拉伯铭文"（93 页图[8]）。帕提亚或萨珊波斯的唐嘎还曾被误认作"交织字母"（monogrammes）。甚至对草原文化颇为熟悉的作家也犯过类似的错误。波兰杰出的旅行家费迪南·奥森多夫斯基（Ferdinand Ossendowski）在他的经典著述《动物、人和神明》（*Bêtes，homme et dieux*，1921）中曾隐约地提到过唐嘎，那是他在蒙古首都敖尔告（Ourga）[9]的见闻："在王子们以及那些染上天花、麻风病并因此亡故者的帐幕上，竖着长条形、方形、圆形和三角形。"[10]很难说清他究竟是否知道这些形状起的是标志作用，抑或是他把它们当成了防疫的隔离符号。更年轻的时候，费迪南·奥森多夫斯基在叶尼塞河附近的阿巴坎（Abakan）草原，从古代石柱上找到了"如尼文（runes）[11]、圆圈、三角形、四方形、之字形、箭头和圆点"，并把它们认作分属于不同字母系统的字母；但他从来没有明确地提到过唐嘎（F. 奥森多夫斯基，1925）。

与看漏的情形相反，有时人们又会在并无可能的地方将唐嘎误识出来。V. 西钦斯基（V. Sitchynsky，1953）在论及某些被制成各种抽象形状（如"阶梯""百合花"等）的金片时，就把它们说成是"阿兰人的符号"（signes des Alains）。但是，这些形状与已知的唐嘎完全不符。后面在探讨唐嘎的动物纹起源假说时，我们还会再来谈及这些金片[12]。第三章将就中世纪早期阿瓦尔和斯拉夫人（slaves）的腰带配件展开讨论，有人从这些配件的装饰中"识别出了"标志性符号，但这些符号是否真的存在却充满着争议。

图1-7　瓦尔纳港（保加利亚）的旗帜
见于1320年彼得·维斯孔特编制的热那亚罗盘地图。红色的标志置于白底之上。它可能是多道尔·斯韦托斯拉夫沙皇的标志，但是否为唐嘎却有疑问。(I. 希思，1984)

我们自己也曾提出，1320年彼得·维斯孔特（Pietro Vesconte）[13]绘制在热那亚罗盘地图上的那个图案（motif）可能就是个唐嘎——这个类似于N形的图案出现在瓦尔纳港（Varna，保加利亚）上方一面飘扬的旗帜上（I. 莱贝丁斯基，"*Tamgas…*"，1998；图1-7）。即使可以像I. 希思（I. Heath，1984）那样，把该图案当成保加利亚沙皇[14]多道尔·斯韦托斯拉夫（Todor Svetoslav, 1298~1322）的标志，但把它视作唐嘎仍旧十分危险，因为没有证据显示这一时期的保加尔人使用过唐嘎。而由美国著名旗帜学家W. 史密斯（W.Smith）提出或转述的观点，同样也需要做进一步的核实；根据这种观点，俄罗斯帝国境内阿斯特拉罕的城徽应该就是个唐嘎，但却被曲解成了纹章（见I. 莱贝丁斯基，"*Tamgas…*"，1998）。城徽上画着一把弯刀和置于弯刀之上的王冠。W. 史密斯将它与19世纪布哈拉（Boukhara，今乌兹别克斯坦境内）酋长国使用的一个图案做了比较。后者由花饰装点成图案，以类似新月的图形作为衬托。该图案主要见于"布哈拉贵族的勋章"（Ordre de la noble Boukhara/*Nišon-i Buxoro-i šarif*），该勋章由穆扎法尔·乌德丁（Mouzaffar oud-Dîn）埃米尔[15]于1881年设立（图1-8）。

图 1-8　阿斯特拉罕旧鞑靼汗国的俄式纹章（a）与布哈拉贵族勋章（b）中央
图案的比较

W. 史密斯相信，这两个例子都可以看作对突厥氏族唐嘎的改造和演绎。

（I. 莱贝丁斯基，"*Tamgas...*"，1998）

唐嘎的用途

当然，在将唐嘎用作标志系统的各种文化中，唐嘎的用途并不完全一致。但我们仍可归纳出一些共同的特征。

首先应该搞清楚的是，"拥有"这些唐嘎的究竟是些什么人，什么人有权使用它们，而唐嘎又确切代表了哪些人。

最常见的情形似乎是，一个唐嘎对应一个群体，群体的规模可大可小。在乌古斯突厥人（Turcs Oghouz）中，一个唐嘎代表的是一整个部落。在北高加索，唐嘎代表的群体却是一个"大的家族"（grande famille），也就是人种志意义上的"氏族"（clan）。在另外的一些地方，唐嘎可用来代表一个王朝（但王朝唐嘎与孕育出这个统治家族的氏族唐嘎并不是一回事？）。从概念上说，唐嘎始终是一个集体性的标志；波兰纹章（héraldique polonaise）中的"唐嘎型"（tamgoïdes）纹章（blason），情形大抵也是如此。具体请参阅第四章。

不过，有些唐嘎显然属于个人性的标志。这在博斯普鲁斯 - 辛梅里安国王、基辅罗塞尼亚（Ruthénie kiévienne）大公和金帐汗国可汗的唐嘎中，可以找到十分可靠的证据。但这些个人性的唐嘎几乎都是由同一基本图案衍生出来的不同变体。事实上，像博斯普鲁斯诸王那样的系列唐嘎，一旦其中出现了一个反常的样式，那可能就意味着该王朝之外的某个领导人攫取了权力。选择一个全新的个人性唐嘎是种罕见的做法，帖木儿放到旗帜上的三环也许算个例证。与西方国家采用新纹章的情形一样，采用新的唐嘎应属象征之举，它标志着某个个人或某个群体开创了一个新的时代。

因此可以认为，唐嘎通常代表的是人类的一个群体。当觉得需要突出某一具体的个人——领袖时，就会从这位领袖所出身的那个群体的唐嘎中，衍生出一个个人性的唐嘎。

当某个群体独立出来的时候，也会照同样的图案衍生方式设计出一个新的唐嘎。例如萨尔马泰 - 阿兰人和北高加索，都存在着唐嘎的"家族"，这或许意味着以这些唐嘎为代表的群体之间存在着亲缘关系。但也有其他的可能："出于政治目的"的唐嘎传授、模仿，甚至盗用唐嘎。这有点儿像西方君主把自己的纹章授予封臣［神圣罗马帝国（Saint-Empire）的鹰、英格兰的狮子和法兰西的百合等］，或巴尔干诸王采用拜占庭帝国的鹰——鹰的图案有助于提升他们的威望。就北高加索的情况来看，广义的"切尔克斯人"［Tcherkesses，包括阿迪根人（Adyghéens）和西北高加索的卡巴尔达人，阿迪根人属于狭义的切尔克斯人］的贵族之家，他们的唐嘎有许多都是由克里米亚格来（Giray）王朝的可汗唐嘎衍生出来的（图 1-9）。具体情形各不相同，有的是通过联姻或其他方式结盟，有的则是模仿而来。在同一地区，有时哥萨克（讲斯拉夫语）也受当地唐嘎的影响，给自己的马匹打上标记。因此必须谨记，两个相似甚至完全相

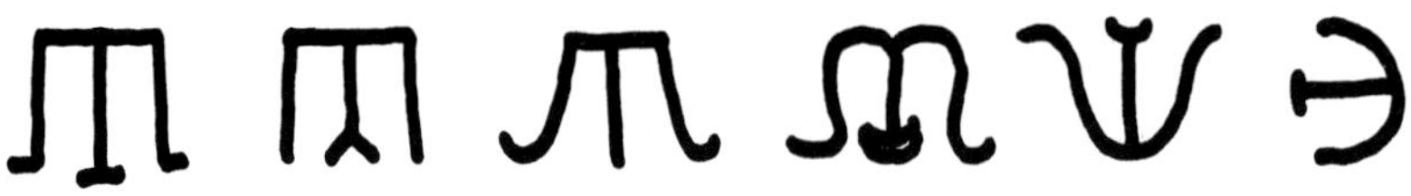

图 1-9　由克里米亚可汗唐嘎派生出的西北高加索唐嘎

从左到右：格来王朝可汗的 *tarak tamga*（"梳子唐嘎"）、格来王朝在卡巴尔达人中的分支苏勒坦汗（Soultan-Khan）的唐嘎、格来王朝在阿迪根人中的分支特塞（Tseï）的唐嘎、卡巴尔达人伊斯拉诺夫（Islamov）家族的唐嘎、卡巴尔达人凯图科夫（Kaïtoukov）家族的唐嘎、卡巴尔达特沃塔纳利耶夫（Tlostanaliev）家族的唐嘎。

同的唐嘎，肯定表明拥有唐嘎的两个群体或个人存在某种联系（除非这种相似或相同纯属巧合）；至于他们之间是否有亲缘关系，那唐嘎的相似或雷同就只能算是个线索，而非充分的证据。6 世纪瓦尔霍尼特人（Ouarkhonites）[16] 窃取了中亚阿瓦尔人的族名和阿瓦尔君主使用的可汗称号；不管这段历史是否属实，都应促使我们对某些唐嘎的传播路径做出反思。

　　实际上，在某一文化中，有权使用唐嘎的人群范围以及唐嘎的使用方式，通常都是由社会的等级化程度来决定。正是精英们规定了种种限制；即使其他阶层的人有权采用该群体的唐嘎来标记自己的牲口和物品，但这一应用恰恰也昭示了他们的从属地位。在这方面，北高加索为我们提供了一些微妙的例子：卡巴尔达的农民可以使用他们所依附的王子或贵族的唐嘎。但贵族之家的牲口，唐嘎打在躯体的左侧，而农民的牲口却是打在右侧。打上贵族的唐嘎能让农民谋得唐嘎持有者的保护，并在一定程度上对窃贼形成震慑。在蒙古人中，作为贵族的特权，严格意义上的唐嘎与普通人可以获准使用的标记（*temdeg* 即"符号、标示物"）是有区别的（O. 达瓦尼亚亚姆）。

　　许多研究者试图对唐嘎的用途做出分类，也就是对它们所传递的信息进行归纳。一般来说，有以下几种主要的类型。

　　一是唐嘎用作所有权（集体或个人）的标记。例如，带有某种唐嘎的马匹隶属某个所有者（个人、家族或氏族等）。在蒙古，刻在岩壁上的唐嘎可以标示领地的边界。

　　二是唐嘎作为隶属某个群体的标志。例如，我的唐嘎昭示我隶属某个家族或某个部落。丧葬中出现的唐嘎也是这个意思。

　　三是唐嘎充当作坊的标记。例如，我把我的唐嘎标在自己生产的物品或我的种马群的马匹上。这有别于上述第一类用途，因为做标记的人并不打算保有这些物品和牲畜，它们会另有所属；而对那些所有者来说，一开始打上去的唐嘎构成了品质的保证。这一用途在西北高加索的马匹中得到了充分的证明。

　　四是唐嘎被用作政治权力的标志。例如，唐嘎出现在君主的钱币（图1-10）和各种纪念物上，这具有明显的纹章意味。

　　五是唐嘎等同于"署名"。例如，刻在建筑物或石碑上的唐嘎记录了其所有者的经历、参与了某个事件等。在西北高加索、中亚和西伯利亚，也都发现过在书信或官方文件上将唐嘎用作签名的直接证据。

　　除这些基本用途之外，还可以做若干额外的补充，只是这些用途不是证据不那么充足，就是局限于个别的文化传统。唐嘎是否是文字的问题留待本章末尾再来做专门的探讨，但许多学者还提到过唐嘎的"巫术"（magique）或驱邪（apotropaïque）功效。这并非没有可能，但提供的证据却不总是那么富有说服力。萨尔马泰-阿兰人的青铜镜通常被认为兼具实用性和文化的价值，在我们看来，这并不妨碍把镜子上出现的唐嘎看成所有权标志，或是当作

图1-10　马图拉（Mathurâ，印度）发现的无题铭金币

1～3世纪。尽管没有铭文，但据唐嘎可以将其归于贵霜帝国。

铜镜所有者隶属的群体标志。这些"真正意义上的"唐嘎，也许应该与镜子上另外一些常见的装饰相区别；那些由几何形构成的装饰，例如末端呈"鹅掌"（patte d'oie）状的十字纹、同心圆纹、卍字纹等，或许应该被理解成宗教符号（图 1-11）。因此，俄国学者提出了 *tamgoobraznyj ornament* 一词，意思是"唐嘎型的装饰"（ornement tamgoïde）。的确，在蒙古等地，唐嘎往往由带神圣或宇宙起源论含义的简单的几何图案（太阳、火等）构成，使用这些图案也的确赋有文化方面的意味。可以设想，唐嘎自古以来就被融入了宗教性的成分（参照下面有关图案含义的论述），但由此以为唐嘎普遍带有巫术的效能，则不免有些夸大其词了。

最后应该提及的是，某些唐嘎或类似的符号在现代顺理成章地变身为民族或地区的象征。如同部分王朝的西方式纹章充当了国徽和国旗的构成要素，君主或统治氏族的唐嘎也被重新启用，融入这两种事物的设计之中。短命的伊德尔 - 乌拉尔（Idel-Ural）[17] 国的标志就是最好的例子。在 1917 ~ 1918 年俄国革命的动荡岁月，人们构

图 1-11　萨尔马泰 - 阿兰人的镜子
公元初的几个世纪，南乌克兰出土。高 5.4 厘米。凸起的装饰并不是唐嘎，可能是太阳的象征符号。

图 1-12　伊德尔 - 乌拉尔国政府的印章
1917 ~ 1918 年。
［W. 特伦比茨基（W. Trembicky），1969］

想出了这个国家，以便将使用突厥语的鞑靼人、巴什基尔人（Bachkirs）、楚瓦什人（Tchouvaches），以及各种讲芬兰语（langue finnoise）的少数民族如科米人（Komi）、马黑人（Mari）和乌德穆尔特人（Oudmourtes）等统一起来，其领土诉求大致与金帐汗国的继承者——古代喀山鞑靼汗国（1438～1552）的疆域相当。伊德尔-乌拉尔政府选用金帐汗国诸汗唐嘎中的一种作为标志，将它置于印章（图1-12）和国旗（国旗呈天蓝色——突厥民族的传统颜色，上面的唐嘎被嵌入象征盾牌的五边形框中，整体呈黄色，置于旗幅的上角）。同时期，许多其他的古代唐嘎或类似标志在克里米亚、立陶宛和乌克兰也得以复兴，如克里米亚的"梳形"（peigne）唐嘎也呈黄色，置于天蓝色的地子上，还有立陶宛的"格迪米纳斯列柱"（Colonnes de Gediminas）和乌克兰的"三叉戟"（Trident）。更晚近的时候，吉尔吉斯斯坦的塔拉斯（Talas）地区选定的政府旗帜，其主要图案就是一个萨珊和嚈哒风格的唐嘎（图1-13）。伊拉克的一个土库曼人政党也将唐嘎融入他们的党徽之中（图1-14）。

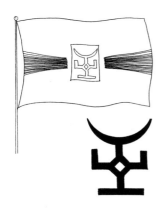

图1-13 近期将古代唐嘎用作地区标志的例子
吉尔吉斯斯坦塔拉斯区区旗，由扎伊尼丁·奥斯马纳利耶夫（Zaïnidin Osmanaliev）设计，1998年被采纳（红底之上，白色唐嘎被放置在蓝色方框中，每边各有白底衬托的蓝色曲线）。

图1-14 "伊拉克土库曼民族党"（Parti national turcoman d'Irak）党徽
新月上置一唐嘎，该唐嘎让人联想起许多突厥语民族使用的"梳子"（*tarak*）图案。据2003年的照片。

与唐嘎的图案起源及图案含义相关的理论

可能有完全不加选择任意拿来就用的符号吗？人的天性总倾向于为每个图形寻找背后的含义，这并非没有几分道理。说到底，"禁止通行"或"禁止停车"指示牌上的标识或者说纯粹的图形符号，选用的都是让人联想起障碍物的横杠或叉子。众所周知，字母表中的字母最初都是来源于某些物品或动物名称的首字母，而这些字母起先就是由这些物品或动物的图画来表示。这一点在中国的表意文字中体现得尤为明显，它们最古老的写法就是相关物品或动物的图案化形象。

因此，探究唐嘎可能表现了什么、探究唐嘎图形的起源，并非荒谬之举。一开始，我们大概会觉得这是个不成其为问题的问题，因为突厥语和蒙古语民族都给自己的唐嘎起了名字（图1-15）。如第三章所见，每个唐嘎都有一个描述性的名称，借助这个名称，再加上一点儿想象，有时就能将唐嘎与某类物品或动物联系起来。最出名的例子当数克里米亚可汗的 *tarak tamga*，即"梳子唐嘎"（在其他民族中也能见到）。然而在多数情况下，这些名称几乎都是为了方便于事后所起。一旦唐嘎的图案略显复杂，描述起来就不大容易，给它起个名字应该更加简单。在论及"波兰"纹章（héraldique "polonaise"）时，我们将会看到类似的做法。这个名称可以是该标志所属氏族的名字，也可以是受这一标志形状的启发得来的称谓。因此，名称不是唐嘎表现了什么、唐嘎图形如何产生等问题的普适且唯一的答案，虽然 V. S. 德拉丘克（1975）确实相信，西伯利亚突厥语民族如雅库特人（Yakoutes）和哈卡斯人（Khakasses），以及蒙古语民族

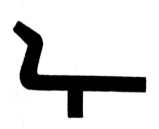

图1-15　霍沃格（Khovog）发现的土尔扈特（Torgoutes/Torggud）蒙古人的"鸟"唐嘎
［M. 阿姆加兰（M. Amgalan, 2008）］

如图瓦人（Touviniens）[18]的唐嘎是从这些名称所指的动物和物品，如鹿、鸟、箭、锤、门、树、太阳、月亮等形象演变而来。

不管唐嘎的名称是什么，有些唐嘎可能确实是由物品或动物形象的图案化衍生出来（图 1-16）。这一观点虽然被广为接受，但在实践中，研究者却往往很难以无可争辩或令人信服的方式，"确定出"某个唐嘎究竟是由哪种现实事物演变而来。有些人从公元头几个世纪博斯普鲁斯国王的唐嘎中（图 1-17），识别出波塞冬的三叉戟；另一些人则辨认出人或马的形象；而 H. 耶尼琴（H. Jänichen，1956）却把它看成伊朗语民族君权的象征——"大的首领标志"（*großes Hauptzeichen*）[20]，认为它是由旗杆、旗杆上面的金鸡以及周围的栅栏组成[21]（图 1-18）！在第四章中，我们会详细介绍围绕一类独特的唐嘎——9～13 世纪基辅大公的唐嘎——所产生的一大堆假说。此外，研究者还发现，唐嘎使用者自身对同一图形的"解读"，会因将其用作唐嘎的文化的不同而产生出很大的分歧；不仅如此，就是在同一文化内部，由于使用了同一图形的不同变体，做出的"解读"也会大相径庭。V. S. 德拉丘克（1975）引述的几个例子，需要我们谨慎对待。一个类似于 U 形但两端外翻的简单图形就是如此，它被卡尔梅克人（Kalmyks）

图 1-16　蒙古国中央省（aïmag de Töv）发现的现代蒙古唐嘎

由可辨识的动物图形衍化而来：长角的走兽，与下行最右侧的小鸟[19]。

图 1-17　博斯普鲁斯‐辛梅里安国王提比略·朱利叶斯·埃伯特（153～174）的唐嘎

此唐嘎被 H. 洪巴赫（H. Humbach）"识读"为由希腊文组合而成的交织字母 HΛIOΣ / 赫利俄斯（Hélios，太阳神），而 H. 耶尼琴将它解释成伊朗民族的一个标志——由围栏中的公鸡构成。

[H. 尼凯勒（H. Nickel），1973]

图1-18　伊朗语民族的标志（enseigne）
标志上方是一只公鸡。
（H. 耶尼琴，1956）

图1-19　两端外翻的U形图形
由于使用者的文化不同，对同一符号的解释也会出现很大的差异：卡尔梅克人将这一图案说成马蹄铁，卡巴尔达人看作花朵，布里亚特人认为是猫头鹰、公牛或狐狸。

称作"马蹄铁"，但布里亚特人（Bouriates）却认为是猫头鹰、公牛或狐狸，而卡巴尔达人却觉得那是花朵[22]。在蒙古，还是这个图形，它却成了 bumba 唐嘎——"圣坛上盛长命水的容器"（图1-19）！西伯利亚的曼西人（Mansi）[23]或沃古尔人（Vogouls）有种唐嘎，其基本图形被解释为"鸟爪"（patte d'oiseau），但它的另一个变体就成了"箭头"（V. S. 德拉丘克，1975）[24]。换言之，面对那些已消失文化的符号时，解读很大程度上变成了一种想象：一个"鹅掌"[25]图形真的就是禽鸟的肢体，还是代表了某种植物抑或捕鱼的鱼叉？缺乏经验的西方观察者，会本能地将明加德（Minggad）蒙古人视作"栅栏"[26]的图形称为"十字架"。此外，某些图形代表的事物，是现代人所想象不到的。如果相关的信息消失，又有谁会明白，雪铁龙车标上的那两个叠加的人字纹，代表的竟是一种齿轮传动系统——它曾让20世纪20年代的汽车制造者引以为傲。或许某些唐嘎的起源，也应该到某类工具和各种马具配件的形状中去寻找（参见下面卡尔梅克人 džunguru 图案的例子）。

唯有一少部分唐嘎，而且还只限于蒙古（图案化的鹿科动物形象、配箭或不配箭的弓的形象）和鞑靼［例如罗马尼亚瓦卢勒·吕伊·特汗（Valul lui Train）阿萨萨

（Asancea）墓地的弯刀形象〕等民族的唐嘎（图 1-20），可以被准确识读[27]。此外还应认识到，此类具象性的唐嘎可能相对晚出，与唐嘎原本的精神并不相符；因为已知最古老的唐嘎都是相当抽象的，例如中亚的唐嘎。

图 1-20　由武器的形态演变而来的鞑靼唐嘎
左：弯刀（罗马尼亚阿萨萨墓地）。
右：弓（克里米亚）。

对我们而言，V. S. 德拉丘克（1975）的说法未免以偏概全，他断言："传统的所有权标志最初代表的都是图腾　祖先（totem-ancêtre），鲜有例外。"只是到了后来，唐嘎的设计才取材于日常生活中的各种事物。他的历史演化解释受到马克思主义人类社会进化观的影响（在他所处的年代，这是不可避免的）；除此之外，还须注意很多宗教，如伊朗语族游牧民族的宗教，都不能严格地用"图腾崇拜"（totémique）来加以界定，因为这些宗教明显不含动物祖先的内容。不过，有些唐嘎是从动物（或人？）形象演变而来，这样的可能性也还是存在的。

抽象的能力在古代游牧文化中已得到充分证实。这从斯基泰时期起就能看到，例如这时期动物艺术所钟爱的主题之一——猛禽，简约成了一种被 V. 舒尔茨（V. Schiltz）形象地称作"眼目和喙"的图案。在假定为唐嘎出现和传播的时代，也存在着若干实例。俄罗斯巴什基尔（Bachkirie）菲利波夫卡（Filippovka）3 号库尔干出土的镜子（公元前 4 世纪），被归属于早期萨尔马泰人或类似的游牧人群。镜子上的图画极为奇特，表现的是站立着的人物形象，胳膊垂于体侧，他们长着鸟喙，头顶上冠戴的东西有点儿像图案化的鸟（图 1-21）。这种图案化的鸟，自公元初开始便在众多萨尔马泰 - 阿兰的唐嘎中都能找到（特别是博斯普鲁斯王室的几个标志，上部就是由该图形构成；参见第二章）。不仅如此，它们也曾在"世界树"（arbre

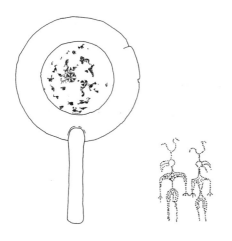

图 1-21　萨尔马泰青铜镜及镜柄细部的拟人形象

公元前 4 世纪，俄罗斯巴什基尔菲利波夫卡 3 号库尔干 1 号墓出土。圆盘直径 26.7 厘米。

（I. 莱贝丁斯基，2002）

图 1-22　萨尔马泰女性头饰上的装饰

出自乌斯特 - 拉宾斯卡娅（俄罗斯克拉斯诺达尔州）46 号墓。生命树，带动物的前半身像（protomé），顶部附一鸟；它让人联想起某些唐嘎。

［据 I. 扎塞茨卡亚（I. Zasetskaïa）］

du monde）的图像上出现，如俄罗斯克拉斯诺达尔（Krasnodar）乌斯特 - 拉宾斯卡娅（Oust'-Labinskaïa）46 号墓（2 世纪上半叶；图 1-22），以及俄罗斯伏尔加格勒（Volgograd）胡托·韦尔赫尼 - 亚布隆斯基（Khoutor Verkhnié-Iablonskiï）发现的实例（5 世纪）。潘蒂卡佩 / 刻赤（Panticapée[28]/ Kertch，克里米亚）"1872 墓（tombeau de 1872）"出土的装饰，除萨尔马泰 - 博斯普鲁斯唐嘎之外，还包括线绘的、具有抽象化倾向的动物形象（图 1-23）。可举示的例子还有克松尔德 - 哈泰雷（Csongrád-Határút）11 号萨尔马泰女性墓发现的纺轮（fusaïole），其上阴刻的图画表现了两匹极度图案化的、相向的马（？）和两个被 M. 佩尔杜茨（M. Párducz）解释为人形的图案；但 A. 瓦代（A. Vaday）和 P. 梅吉耶西（P. Megyesi）把这两个人形看作是卍字纹，而且可能就是唐嘎［E. 伊斯特沃诺维茨（E. Istvánovits）和 V. 库尔克索（V. Kulcsár），2006］。我们认为，这两个图案既不是唐嘎也不是人形，倒有可能是宗教符号，只是我们在这儿关注的是那些近乎抽象的动物形象（图 1-24）。

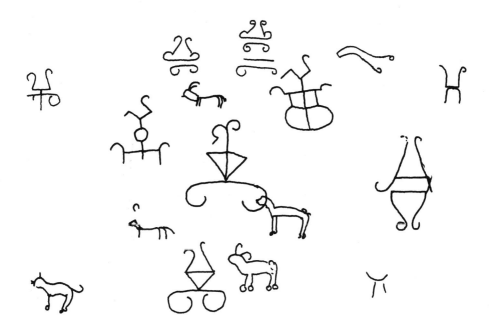

图 1-23　刻在"1872 墓"主室入口左壁上的唐嘎

克里米亚潘蒂卡佩 / 刻赤出土。这些唐嘎与略微图案化的动物相伴。

［据 V. M. 法马科夫斯基（V. M. Farmakovski）搜集的资料］

图 1-24　纺轮上的装饰

匈牙利克松尔德 - 哈泰雷 11 号萨尔马泰女性墓出土。

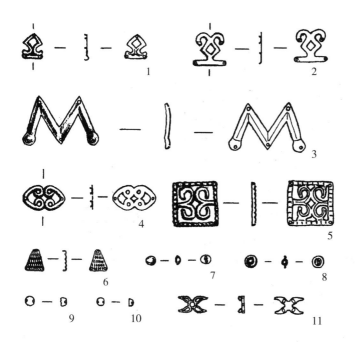

图1-25　缝缀在衣服上的金牌饰
俄罗斯利佩茨克地区利佩茨克2号库
尔干的萨尔马泰-阿兰墓出土。此类
装饰品见于公元初许多墓葬的随葬品
中，可能源于图案化的动植物，但本
身应该不属于唐嘎。[A. P.梅德韦杰
夫（A. P. Medvedev），2008]

　　在萨尔马泰-阿兰人以及同时期的其他游牧民族中[29]，图形的抽象化程度可能发展得更高。前面我们提到过一些金片，这些小牌饰被大量地缝缀在衣物上，顿河下游霍赫拉奇（Khokhlatch）库尔干藏品丰富的墓葬[俄罗斯罗斯托夫（Rostov），1世纪或2世纪初]，以及达奇（Dachi）1号库尔干的藏物处（俄罗斯罗斯托夫，1世纪下半叶），还有位于顿河森林草原地带（la steppe boisée）的利佩茨克（Lipetsk）库尔干中的2号墓葬（俄罗斯利佩茨克地区；图1-25）[30]，都有成批的发现。不过，它们的传播远远超出了萨尔马泰-阿兰人的疆域范围，因为极为相像的金片在阿富汗蒂利亚-特佩（Tillia-Tépé）游牧民族（塞人?月氏人?）墓地第1号、2号和3号墓葬的随葬品中也有发现；该墓地的定年为1世纪。V.舒尔茨从霍赫拉奇库尔干的金片中，辨别出了它们所表现的动物对象[《萨尔马泰人的黄金》（in L'Or des Sarmates），1995]："这些动物形饰片非常值得研究，因为借助人种志材料以及与民间装饰图案相比较，让我们能从中辨认出高度图案化的动物形象，它们被简化成了符号。用作比较的基本内容是兽角的图案，它们以动物的真实外表为依据：牡羊、公牛、雄鹿，还有公山羊，等等，只是表现公山羊角的图案相对少见……五枚动物形牌饰表现的是图案化的公牛头，牛角朝上；另五枚是图案化的牡羊头，卷曲的角冲着下方。"实际上在西北高加索的切尔克斯人中，类似的装饰图案被认为表现的是牡羊角的形象（图1-26）；中世纪阿兰人的图案可能也是如此，例如兹梅什卡亚（Zmeïskaïa）第9号洞室墓［tombe à catacombe，俄罗斯北奥塞梯-阿兰共和国（Ossétie du Nord-Alanie），10～12世纪］发现的弯刀护手上的图案。所有这些形象都不是唐嘎，虽然动物或动物躯体的一部分被极度图案化，就像V.舒尔茨说的那样，简化成了"符号"；这或许展现了某些唐嘎在起源时所经历的实况。

基于同样的思路，N.费蒂奇（N. Fettich）相信，阿瓦尔人腰带配件上的抽象图案也是"一种由动物形象提炼出来的……装饰"［Gy.拉兹洛（Gy. László），1971］，但这些图案是否真的是由动物形象演化而来，以及它们是否属于唐嘎都存有争议（参见第三章）。

还有一些更为现代的例子。Gy.拉兹洛指出，归属于乌拉尔语民族（鄂毕河流域的乌戈尔语民族）的一组符号显示，它们是由形似四足动物或动物皮毛的图案演变成

图1-26 被解释成图案化的牡羊角的切尔克斯（西北高加索）装饰图案
上、中：比奥洛雷琴斯卡娅（Biéloretchenskaïa）发现的腰带带扣，14～15世纪。
下：胸饰，19世纪。
［E.阿斯特罗塔伊里安（E. Astvatsatourian），2004］

唐嘎的（138 页图 [31]）。M. V. 林丁（M. V. Ryndine, 1948）以及后来的 S. A. 托卡列夫（S. A. Tokarev, 1958），对吉尔吉斯人（kirghizes）用来装饰地毯和苇屏的"叙事性图案"（motifs narrarifs）进行了研究：这些图案不属于唐嘎，倒可能是基于极端图案化的动物或物品图案经组合而成的表意文字（idéogramme）。例如，代表"虎"（类似 ε 的图案）、"矮树丛"（叶子形图案）和"母牛"的图案（由 X 形排布的四蹄来呈现）构成了一段叙事，表示"两只老虎在矮树丛中叼走一头母牛"；两个反向的 S 形图案（代表"犬"）和一个类似心形的图案（代表"骨头"）表示"两只犬争夺一块骨头"，等等（图 1-27）。K. 捷马尔（K. Jettmar, 1965）就这个问题写道："著名的土库曼地毯再现了女性编织者自身所属氏族的图腾动物。吉尔吉斯人的三千多幅图案都是由一百三十七个'单词'组合而成。M. V. 林丁的探索虽然存有争议，但正是靠着它，我们才得以解读这些图案。"在其他民族的地毯上，也能见到类似的动物符号，例如阿塞拜疆（Azerbaïdjan）[32] 的地毯——只是在这种地毯上，横卧的 S 形图案代表的是龙（*Tapis caucasiens*, 1984）。同样是在阿塞拜疆，一块产自 20 世纪初的希尔凡（Chirvan）[33] 地毯，出现了图案化的公羊（四条腿上置有两只角）。这个例子值得注意，因为该图案与某些唐嘎非常接近（图 1-28）。E. 甘斯 - 鲁埃丁（E. Gans-Ruedin, 1986）指出，这一样式来自遥远的土库曼。土库曼的珠宝上同样带有动物形的符号 [J. 科尔特（J. Kalter, 1984）]。

　　所有这些都表明，每个使用唐嘎的文化都有能力将现实环境中的形象转化成抽象的图形。

　　很多唐嘎或组成唐嘎的要素都是由简单的几何图形构成：圆形、三角形、正方形和各种十字形。不排除部分图形本身可能就是表意文字，传递了宗教和星相学的（astrologique）概念，或是代表着自然现象，等等。例如，有人试图把萨尔马泰 - 阿兰人唐嘎中的圆形、三曲腿形（triquètre）和卍字形解释成象征太阳的符号；在这些崇拜火与太阳的文化中，出现太阳的象征符号并不让人感到意外（图 1-29）。不管怎样，

图 1-28　呈现在希尔凡地毯上的图案化的公羊（阿塞拜疆）

（E. 甘斯 - 鲁埃丁，1986）

两条泉水边的蒙古包

泉水

方格代表蒙古包

两只争夺骨头的狗

狗

骨头

在矮树丛中叼走母牛的老虎

母牛的四肢

老虎

树叶＝矮树丛

图 1-29　卍字纹和三曲腿纹

被许多文化（萨尔马泰 - 阿兰、北高加索人、卡尔梅克人等）用作唐嘎，有的含有宗教象征意义，有的则不含。

图 1-27　吉尔吉斯人的叙事性象形符号（pictogrammes）

据 M. V. 林丁的论著。（K. 捷马尔，1965）

类似的情况在蒙古唐嘎材料中也大量存在：唐嘎中的符号有的反映古代的"异教"崇拜，有的体现了佛教的影响（参见第三章）。帖木儿的三环标志同样包含着星相学的解释。在各种唐嘎和类似的符号系统（萨尔马泰 - 阿兰人、博斯普鲁斯诸王、中世纪基辅罗塞尼亚以及金帐汗国和鞑靼人）中出现的、为数众多的"三叉戟"和"大叉"（fourche）[34]图形，其中有些即使不是直接源于某种工具或武器，但它们原本可能也蕴含着象征意义——代表了雷电等[35]。另外，在构成复杂唐嘎时出现的小圆、小十字架以及其他的几何图形，或许只是起到将一个唐嘎与另一个近似的唐嘎区分开来的作用。H. 耶尼琴（1956）用所谓"月亮山符号"（signe de la colline de la lune/*Mondhügelzeichen*）[36]来阐释某些萨尔马泰 - 阿兰人的唐嘎，但他的假说并不令人信服：因为存在着类似的符号，不过"新月"形却被三角形取代（图 1-30）。总之，即便是看似最寻常不过的符号，也有可能包含着令人意想不到的解释：卡尔梅克人[37]有一类称作 *džunguru* 的卍字纹图案，象征的是交叉的帐篷杆（含义相同的交叉线图案 *šamrak*，出现在今天哈萨克斯坦的国徽和吉尔吉斯斯坦的国旗上，但它并不是唐嘎；图 1-31）。在西伯利亚的突厥语族民族中，画在圆圈中的十字既可以代表太阳，也可以表示铃鼓。

对现代人就唐嘎提出的某些象征性解释，须保持谨慎的态度。1917 年，赞成在伏尔加和乌拉尔之间建立独立国家（伊德尔 - 乌拉尔）的那些人，把金帐汗国的唐嘎变成了自己的标志。他们为该符号臆造了一种解释：大叉两枝中一枝底部的"小钩"表示"坚守原地"，顶部的小圆圈代表了 *aksakal*（意思是"白胡子"，指长者）会议，

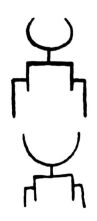

图 1-30　被 H. 耶尼琴解释为"月亮山符号"的萨尔马泰 - 阿兰唐嘎
（H. 尼凯勒，1973）

新月当然体现的是该地区大部分民族的宗教信仰——伊斯兰。最后，类似于盾纹的五边形边框"象征着多民族团结在同一个政府之下"[W.特伦比茨基，1969；据 A. 伊沙基（A. Ishaky），1933 和 A. 卡纳塔伊（A. Kanatay），1962]。这显然是对这一标志的现代解读，和它 13 世纪起源时的含义并无联系。

同样，20 世纪 90 年代，听一位西北高加索当地的要人向我们解释说，融入他家俄式族徽中的唐嘎（由细杆连接的两个圆圈）象征着"高加索人的聚会"——他的意思可能是指存在于传统中的那种大会。

至于唐嘎可能起源于文字（écriture）的观点，触及了一个更为广泛的问题——唐嘎与文字之间的关系。这一关系极富争议，需要加以专门的讨论。

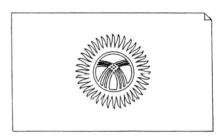

图 1-31　象征游牧民族帐幕穹顶的图案
分别见于哈萨克斯坦共和国和吉尔吉斯斯坦共和国的国徽和国旗。哈萨克斯坦国徽由扬达尔贝克·马利贝科夫（Jandarbek Malibekov）和乔塔 - 阿曼·瓦利哈诺夫（Chota-Aman Valikhanov）设计，1992 年6 月 4 日采纳。吉尔吉斯斯坦共和国国旗 1992 年 3月 3 日通过；符号和太阳呈黄色，置于红底之上。（W.史密斯，1992）

唐嘎与文字

多数唐嘎呈现出的抽象性和书写的特征，难免会让人觉得它们与某些文字相近。这一问题包含两方面的内容：唐嘎要么可能源于某种文字，要么它们本身就是一种原始文字。

受古典文化熏陶的研究者，倾向于把萨尔马泰 - 阿兰人的唐嘎当作交织字母来看待。按照这个思路，H. 洪巴赫（1961）——他在识读古巴克特里亚文本时展现出了相当的想象力——从一个博斯普鲁斯王室唐嘎和一个萨尔马泰-阿兰人的唐嘎中,即 H. 耶尼琴(1956)所说的大的首领标志和小的首领标志(*kleines Hauptzeichen*)[38],"识别出了" HΛIOΣ / 赫利俄斯(Hélios,太阳神)和 ΔIONΎΣOΣ/ 狄俄尼索斯(Dionysos)的希腊文名字。这一识读根本就是武断的。非但如此,其前提假设也不靠谱:尽管整个博斯普鲁斯-辛梅里安地区崇拜希腊诸神、使用希腊语和希腊字母是个常识,但在"纯正的"萨尔马泰人中,情形却并非如此。反之,那些构成唐嘎的要素在所有萨尔马泰人社会,甚至在非常遥远的地方,直到蒙古都能看到(参见第三章)。至于博斯普鲁斯女王蒂娜迷丝(Dynamis,逝世于公元前 14 年)的钱币上面出现的那个经过装饰的 Δ,其情形更值得怀疑,它有可能是个交织字母,但与唐嘎无关[39]。作为参考,我们来介绍一下 H. 尼凯勒(1973)提出的繁杂理论。H. 尼凯勒试图为唐嘎、日耳曼人[40]的如尼文、古斯拉夫人[41]的格里高利字母(alphabet glagolitique)[42]、商人的标识以及星座符号(signes du Zodiaque)归纳出一个共同的起源,也就是数字和巫术符号(图 1-32)。这一理论引以为据的观点早就被驳倒,而且也与事实不符。将唐嘎和格里高利字母联系起来的想法可以追溯到 P. O. 布拉乔夫(P. O. Bouratchov,1875)的研究;V. S. 德拉丘克(1975)曾经引述过它们。

事情也许更为简单,最初的唐嘎可能是由文字演变而来;果真如此,那它又是源自哪种文字?可以将各种匪夷所思的假说弃之不顾,例如 N. A. 康斯坦丁诺夫(N. A. Konstantinov)假定,唐嘎和格里高利字母共同起源于古代阿卡迪亚-塞浦路斯语的识字读本(Arcado-Cypriote syllabaire)[43],这种识字读本据说是由希腊人传入"斯基提亚"(Scythie)[44]的。值得认真对待的是,那些最早发展出完善的唐嘎系统的游牧民族——他们大多讲的是伊朗语支语言,如萨尔马泰-阿兰人、塞人和月氏——已被证实,在历史发展的某个阶段,都曾与中国、印度、伊朗、中东或地中海地区有过接触,而这些地区无不拥有书写文字的传统。例如,在整个辽阔的唐嘎使用区内,游牧民族的墓葬中都曾出土过中国汉代的铭文镜:蒙古的额金河(Egiin Gol)[45],中亚乌兹别克斯

图 1-32　各种古代字母、萨尔马泰和突厥唐嘎、星座符号比较图

H. 尼凯勒尝试着在各种古代字母表、萨尔马泰和突厥唐嘎，以及星座符号之间进行大
范围的比较。但得到的结论只是这些符号系统之间存在一些偶然的相似，而且这一类
相似也并不怎么令人信服。(H. 尼凯勒，1973)

图1-33　中国汉代的镜子

俄国沃罗涅日地区特雷塔基16号库尔干的萨尔马泰墓出土。中国的器物以及其上的文字，为欧亚草原的游牧民族所熟悉。（A. P. 梅德韦杰夫，2008）

$\overline{\mathtt{t}}$ $\overline{\mathtt{t}}$ $\overline{\mathtt{t}}$ $\overline{\mathtt{t}}$ $\overline{\mathtt{t}}$

图1-34　与蒙古文字相似乃至一致的蒙古唐嘎

从左到右：*tus*"帮助"，*bayan*"富翁"，*omon*"多，丰盛"，*bag*"小组"，*sayn*"善、好"。有些蒙古唐嘎不只利用字母，有时甚至将整个词都复制了过来。这是一类极端的例子，反映出文字对游牧民族纹章的影响。（采自 O. 达瓦尼亚姆搜集的资料）

坦的科克蒂佩（Koktépé）、咸海东岸的阿尔金·阿萨尔（Altyn Assar）和科思2号地点（Kos 2），以及巴克特里亚的蒂利亚-蒂佩（阿富汗），还有南俄草原罗斯托夫地区的维诺格拉德尼（Vinogradnyï）和沃罗涅日（Voronèj）地区特雷塔基（Tret'iaki）16号库尔干（图1-33）。

在唐嘎与汉字、唐嘎与以阿拉美文（écriture araméenne）[46]为基础的各种东方拼音字母［同样包括印度识字课本中的符号，这些识字课本被证实大约自公元前270年起就已存在。如佉卢文（*khāroṣṭī*）[47]和婆罗米文（*brāhmī*）[48]；佉卢文以阿拉美字母为基础，婆罗米文或源于早先一种未知的文字］之间，应该很容易找到相似之处。但是，我们却不能以偏概全，因为这些相似之处都非常有限。月氏/贵霜人的唐嘎并非出自希腊-巴克特里亚文字，萨尔马泰-阿兰人的唐嘎也不是由希腊字母派生。古代突厥语民族的唐嘎与他们字母表中的"如尼文"虽然接近，但总体上却是有别的。不错，晚近存在着很多将文字符号借为唐嘎的例子：北高加索借用了西里尔和阿拉伯字母；蒙古借用了蒙古语字母（维吾尔字母；图1-34）、藏文字母和西里尔字母。但所有这些实例关涉的都是孤立的图案，只对原有的各种唐嘎起到补充的作用，并不触及唐嘎系统的根基。而且，这些被借用的字母都保留下它们自己的读音（例如可能是唐嘎所有者名称的首字母），但真正的唐嘎无论到哪儿都是没有读音的。

这就将我们引向了问题的第二个方面：唐嘎是否是某种形式的文字？

既然是通过视觉形象来传递信息（如"我属于某个氏族"），那么唐嘎就是象形或表意符号。但部分研究者却宁愿把它们理解成真正的文字，即某种语言的符号表达。在我们看来，这种尝试从一开始就注定会失败，因为所有晚近甚至现在还在北高加索、中亚和蒙古使用的唐嘎系统，都不具备这种功能。尽管如此，它却阻挡不了人们的理论热情；这些理论主要是围绕古代萨尔马泰 - 阿兰人的唐嘎展开的。它们普遍遭到了驳斥——参见 E. I. 所罗门尼克（E. I. Solomonik，1959）、H. 洪巴赫（1961）和 V. S. 德拉丘克（1975）的讨论，不只是因为前面提到的理由，还因为考古材料中只有极少数的器物表面刊刻着成串的、有可能被看作"文句"的唐嘎。相反，我们可以引证从所谓"金人"（L'homme d'or）的塞人墓葬（公元前 4 世纪末～前 3 世纪初？）出土的著名银盘——该墓位于哈萨克斯坦的伊塞克湖畔，银盘上带着一串几何形符号，所有评论者都认为那是一篇用一种未知文字撰写的铭文。这些符号不属于唐嘎；而同样，也没有哪位专业语言学者，将任意一串刻写在萨尔马泰 - 阿兰人或塞人器物上的唐嘎当作过铭文。

近些年来，有个名叫 S. 里亚布奇科夫（S. Riabtchikov）的人推销起他对萨尔马泰 - 阿兰唐嘎的荒谬"解读"（甚至包括对更早时期斯基泰器物上的涂鸦所做的解读）。他的方法武断地，或至少是以一种我们完全不能理解的逻辑，给每个符号指定一个读音，然后将这么读出的"语词""翻译"成一种斯拉夫 - 印度 - 伊朗混合语（sabir slavo-indo-iranien）。例如，两端外敞的 U 形符号被读作 ra（哈），认为是"'太阳和火'一词的开头音节"。这一解释又通过下面的比较来加以证明："古印度语 surya（苏利耶）、ravi（拉维）是'太阳'的意思；cakra（查克拉）是'车轮、圆、圆周运动、火轮、太阳战车的车轮、战车';*vajra*（金刚杵）表示'因陀罗神的闪电'。"这是从他 2002 年发表的文章中摘出的一段。我们之所以刻意引述这段胡言乱语，是担心它会被那些因缺乏必要的背景知识、因而不能一眼识破其荒谬性的读者当真接受。

因此，萨尔马泰 - 阿兰人的唐嘎和后继的突厥或蒙古唐嘎一样，都不在文字系统之列。但我们知道至少有过一种构想（流产的），打算以唐嘎为基础创制字母。这一构想出自法国旅行家和外交官爱德华·泰特布特·德·马黑尼（Edouard Taitbout de Marigny）。他在旅居西北高加索期间萌生了这个念头："切尔克斯人似乎意识到，文字会给他们带来某种帮助。他们种马群的不同标记让我产生了一个想法，可以利用它们来组成一个字母表，就是把这些符号用作不同种马群主人的姓名首字母。大约有 36 个这样的符号。"[《在切尔克斯地区的旅行》(*Voyage dans le pays des Tcherkesses*)，布鲁塞尔，1821；转引自 I. 莱贝丁斯基，*T'emoiqnaqes…*，2009]。用唐嘎来表示一个姓名的首字母，这是个巧妙的记忆方法，而且，它还和许多字母系统的起源不谋而合。例如，腓尼基字母表中的字母，代表了不同事物名称的起首发音，这些事物图案化后就变成了字母符号（ *'āleph* ＝ "公牛"、*bēth* ＝ "房子"、*dāleth* ＝ "门"等 ）。泰特布特并没有贯彻自己的构想，因为他相信拉丁字母表经过改造，就足以满足切尔克斯语转写的需要。

唐嘎与西方的标记

与游牧民族的唐嘎最为相近的标志（不包括那些确实或可能由唐嘎衍生而来的符号，参见第四章），是手工艺人与商人自中世纪起用以标识其产品的符号：石匠、木工和生意人的商标。H. 尼凯勒在 1973 年发表的文章中公布了一批中世纪和文艺复兴时期使用的商标，这些英格兰商人和生活在拉脱维亚（Lettonie）里加（Riga）的德国商人，以及德国帕绍（Passau）的武器制造商，他们的标记完全可以被当作唐嘎来看待（图 1-35 ）。在某些情况下，这类图案还被拿来标记动物：英格兰国王驯养的天鹅就是这样，

图 1-35 西方的作坊和商业标记

上：英格兰商人的标记。

中：拉脱维亚里加德国商人的标记。从左到右：卡佩伦的约翰（Johannes von der Cappellen）、伯恩哈德·梅凯利丘森（Bernhard Mekelichusen）、康拉德·博宁（Conrad Boningh）。

下：德国帕绍武器制造商的标记。从左到右：埃默兰·德特霍尔泽（Emmeran Deterholzer，1491～1532）；斯坦特勒家族（Stantler，1455～1647）；佚名者（1560～1580）；希洛尼穆斯·弗里克尔（Hieronymus Frickl，1503～1529）。（H. 尼凯勒，1973）

喙上用刀子刻画出由箭头、十字、大叉、圆等构成的几何标志，这些标志如果混到某些游牧民族的唐嘎图录中，根本不会被人识破［A. 麦格雷戈（A.MacGregor），1996］。

如何来解释这些相似性呢？草原上自古有之的唐嘎当然不是由这些中世纪的标记衍生。那么，反过来是不是唐嘎影响了这些标记？在我们看来，这种可能性并不大。第四章将会揭示，萨尔马泰 - 阿兰人的唐嘎曾被中欧部分定居的"野蛮"民族借用：达契亚人（Daces）[49]，可能还包括某些日耳曼人。但这些民族使用此类符号的最晚证据只能延迟到6世纪。没有线索显示这些符号系统残存下来，而后又在中世纪重新涌现，并具有了非常不同的用途（不要忘记，唐嘎作为作坊的标记，远不是其最重要的功能）。

因此，几乎可以肯定，这属于一种趋同现象，就像唐嘎与某些美洲居民发明的标志系统所呈现出的相似一样（图 1-36、图 1-37）。唐嘎和西方的标记都是为了顺应一种共同需要：拥有一套简单、便于留下印迹（比起使用动物或物品的图画，使用抽象图案要来得更容易些，因为正确地复制那些图画并不是凡人都能做到的），且容易辨识的符号。尽管美洲畜牧者的标志大部分出现在 19 世纪，尽管它们与唐嘎确实毫无渊源，但两者有时却颇为相像。后文在辨析围绕"波兰"纹章（héraldique）的图案起源所引发的纷争时，这个结论应该被考虑进去。

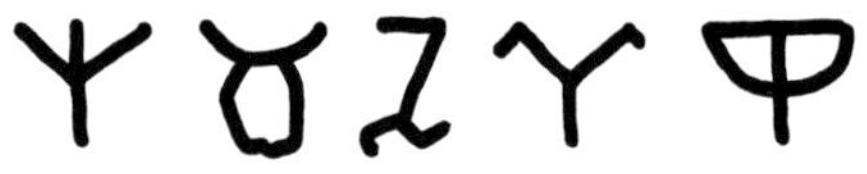

图 1-36　与突厥唐嘎一样带有描述性名称的美国畜牧者的几种标记

从左到右：Turkey track（"火鸡的足迹"）、Bull head（"公牛头"）、Walking 7（"行走的 7"）、Hooked Y（"带钩的 Y"）、Bow and arrow（"弓与箭"）[50]。

这些代表性的例子，反映了为满足相同的需要而产生的趋同现象。

图 1-37　美国畜牧者的标记

上：得克萨斯。从左到右：拉·普里马·康塞普西翁传教会（mission La Purisma Concepción）、洛佩斯（Lopez，1530）、达夫拉（Davra，1530）、赛斯（Saez，1712）、塞拉诺（Serrano，1801）、布什（Bush，1898）。

下：加利福尼亚，据 1975 年约书亚树国家公园（Joshua Tree National Monument）的一份文件。从左到右：史密斯（Smith，19 世纪 50 年代）、安东尼奥（Antonio，1850）、斯托克（Stocker，1930）、斯卡伊（Skay，1908）、马丁（Martin，1900）。

这一系列标记中，另有许多是由首字母构成的，这里展示的是那些与古代唐嘎特别相像的例子。

译者注

1. 纹章盾形外起支撑作用的动物图案。

2. 简称博斯普鲁斯王国，英文作 Cimmerian Bosporus，黑海北岸的古国；因该国位于刻赤海峡（古称辛梅里安 – 博斯普鲁斯）一带，故名。约公元前 480 年，阿尔凯纳克家族（Archaeanactidae）联合诸希腊殖民城市建立。公元前 438 年斯巴达克斯一世（Spartacus Ⅰ，公元前 438 ～前 433 年在位）登上王位，阿尔凯纳克王朝遂被斯巴达克王朝取代，都城潘蒂卡佩（今乌克兰刻赤）。公元前 4 世纪至前 3 世纪上半叶国势强盛，领有今塔曼、刻赤两个半岛及费奥多西亚等，后衰。公元前 110 年，末代国王伯里萨德五世（Pairisades Ⅴ，约公元前 125 ～前 108 年在位）迫于斯基泰人的压力，将国土让予本都国土米特里达梯六世，引起索马克领导的奴隶起义。公元前 107 年起义被镇压，王国并入本都。本都王国，希腊化时代小亚细亚的古国。本都是英文 Pontus（希腊文 Pontos）的音译，意为"海"（指黑海），故名；公元前 301 年由波斯贵族米特里达梯一世（Mithridates I 或 Mithradates I,? ～约公元前 265）所建。初都阿马西亚（Amasya），公元前 183 年定都锡诺帕（今土耳其锡诺普），后兼并弗里吉亚（小亚细亚中部）。米特里达梯六世在位期间（公元前 121 ～前 63），兼并博斯普鲁斯王国，利用罗马内讧，攻占希腊大部及许多罗马属地。罗马遣军攻之，史称"米特里达梯战争"。公元前 63 年被罗马击败，成为罗马的属国，西部领土划入罗马本都 – 俾提尼亚行省。公元 62 年划为罗马的本都行省。然而本都王国灭亡后，罗马却允许博斯普鲁斯地方王朝继续统治，但受罗马节制。在罗马帝国时期，博斯普鲁斯于 1 ～ 3 世纪再度繁荣。自 3 世纪始，北方部落不断入侵，城市经济衰落。约公元 370 年为西迁的匈人所灭。

3. 奥塞梯人为欧罗巴人种，语言属印欧语系伊朗语族，祖先是阿兰人，又名奄蔡。由于匈人的到来，有部分被驱离顿河流域的家园，于 7 世纪定居高加索，后接受可萨人的统治。9 世纪左右，阿兰王国形成，皈依了基督教。有些阿兰人后来成为哈萨克汗国小玉兹的主体民族，有些则成为乌兹别克人的组成部分，乌兹别克的昔班尼汗便有着阿兰人的血统，乌兹别克的阿斯特拉罕与曼吉特王朝也是由阿兰人主导建立的。元代进入中国的阿兰人，构成了阿速军，著名人物有玉哇失。13 世纪蒙古和鞑靼人入侵高加索。17 世纪伊斯兰教经由高加索的卡巴尔达人传入阿兰王国。克里米亚可汗和土耳其帝国的相继入侵，最终促使奥塞梯阿兰王国于 18 世纪与沙俄结盟，自 1774 年起，纳入沙俄统治；1806 年，奥塞梯完全并入了俄国。苏联解体后，北奥塞梯成立了俄罗斯联邦北奥塞梯 – 阿兰共和国，与印古什、车臣及格鲁吉亚共和国为邻。南奥塞梯，又称南奥塞提亚或南欧希夏，曾为苏联格鲁吉亚苏维埃社会主义共和国管辖下的一个自治州。20 世纪 90 年代，在与格鲁吉亚的冲突中宣布实质独立，成立南奥塞梯共和国。

4. 参见图 1-6 最上一行右 3 和最下一行左 3。

5. 以下所见重要的人名、专名和地名，首见时标注西文，余者仅标注中译名。

6. 盖乌斯·普林尼·塞孔都斯（Gaius Plinius Secundus），生于公元 23 年，世称老普林尼，与其养子小普林尼相区别，为古代罗马百科全书式的作家，以其所著《自然史》一书著称。公元 79 年 8 月 24 日，维苏威火山爆发，为了解火山爆发的情况，并援救那里的难民，普林尼赶赴灾区，后因吸入火山喷出的含硫气体而中毒身亡。《自然史》成书于公元 77 年，后由小普林尼出版。全书共 37 卷，记叙了近两万种事物，内容上及天文，下至地理，包括农业、手工业、医药卫生、交通运输、语言文字、物理化学、绘画雕刻等方面。在农业方面，他曾谈到罗马帝国时代出现了先进的带轮耕犁和收割车。收割车前面装有两把梳子形的切割刀，牛在后推着车向前，麦粒即被切割下来。这一记述一直受到怀疑，直到 1958 年比利时南部发现的一幅 2 世纪的浮雕才得到证实。该书第六卷中，把中国称作"丝之国"，认为丝是树上结成的绒，采下后经漂洗、晾晒而成。普林尼在书中新创了许多术语和名词，并向希腊和其他语言借用了不少语词，大大丰富了拉丁文的词汇，对后来拉丁文成为欧洲学术界的通用语起到很大的作用。《自然史》一书在 17 世纪以前的欧洲，是自然科学方面最为权威的著作，流传下来近 200 份古代抄本就足以说明它的传播和受重视程度。

7.《突厥语大词典》是一部用阿拉伯语注释突厥语词的词典，完成于 11 世纪 70 年代，编著者是出生于喀什噶尔的维吾尔族伟大学者马哈茂德·喀什噶尔。1071 ～ 1073 年在巴格达成书，1074 年经修订后献给阿拔斯王朝第二十七任哈里发穆克太迪。全书用阿拉伯字母标音，用阿拉伯文注释，收词 7500 多条，按词的语言结构分为 8 卷，每卷分静词和动词两部分。各部分的词按语音结构的类型及阿拉伯字母的顺序排列。该书通过丰富的语言材料，广泛地介绍了喀喇汗王朝时代维吾尔和突厥语系各民族政治、经济、历史、地理、文化、宗教、哲学、伦理方面的知识和风土人情，成为珍贵的历史文献。该书原稿失传，现存的唯一抄本是 1256 年由穆罕默德·伊本·艾布·巴克尔抄写的，藏于土耳其伊斯坦布尔民族图书馆，现有汉语译本。

8. 此处"93 页图"系原书页码，指本书图 3-51。

9. 乌兰巴托（Oulan Bator）的旧称。始建于明崇祯十二年（1639），原为蒙古喀尔喀部活佛哲布尊丹巴呼图克图的驻锡地，时称"敖尔告"（宫殿、官邸之意），但当时的敖尔告位置并不固定，在草原上游牧。

10. 原文并没有写清这些形状指的是旗帜还是旗帜等载体上的图案。

11. 如尼文又译鲁尼文、卢恩字母等，是中世纪欧洲用来书写某些北欧日耳曼语族语言的文字，在斯堪的纳维亚半岛与不列颠群岛尤为通行。"如尼"（Rune）的词义为"神秘的"或"隐蔽的"，来源于德语 Raunen，后者的含义是"密谈"。在日耳曼神话中，如尼智慧是由众神之父奥丁（Odin）用右眼换得的，如尼字母是一种咒文，只要将它刻在木、石、金属甚或任何材料上，就能得到无穷的威力。迄今发现的最早的如尼文刻铭见于公元 150 年左右，随着基督教传入北欧，如尼文逐渐被罗马字母取代。三种最著名的如尼文字母是古弗萨克文、盎格鲁撒克逊弗托克文和后弗萨克文（800 ~ 1100）；古弗萨克文（约公元 150 ~ 800），之所以称作弗萨克（futhark），是因为它代表了起始的六个如尼字母 Feoh、Ur、Thorn、Ansur、Rad 和 Ken。古匈牙利字母、古突厥字母、古雅利安旁遮普字母和古斯拉夫字母等，与如尼文存在着形似，但并无关联；因此古突厥文，曾被不恰当地称作突厥如尼文。

12. 参见本章"与唐嘎的图案起源及图案含义相关的理论"及图 1-25。

13. 热那亚的制图师，活跃于 1310 ~ 1330 年。

14. 公元 681 年，阿斯巴鲁赫统率的由保加尔人和下默西亚多瑙河沿岸的斯拉夫人组成的"七部落联盟"，战胜拜占庭帝国军队后建立国家，史称"第一保加利亚王国"。最初领有巴尔干山脉至多瑙河之地，首都普利斯卡。早期统治者称汗。9 世纪下半期，鲍里斯一世在位期间，从拜占庭接受基督教，建立使用斯拉夫语的保加利亚教会，保加尔人与斯拉夫人融合成为采用斯拉夫文字和语言的保加利亚民族。汗改称大公。其子西蒙统治时期，迁都普雷斯拉夫，屡败拜占庭，领土包括保加利亚、塞尔维亚、马其顿大部、阿尔巴尼亚南部、部分色雷斯和多瑙河沿岸的大部地区；公元 925 年改称沙皇，达于极盛，为当时欧洲的强国之一。西蒙死后，国势渐衰。

公元 967 年后，先后遭到基辅罗斯和拜占庭的入侵。公元 971 年，拜占庭军队攻陷普雷斯拉夫，俘沙皇鲍里斯二世，兼并东北部地区。公元 976 年，马其顿贵族萨穆伊尔及三位兄长领导起义，建立西保加利亚王国，定都普雷斯帕，后迁都奥赫里德，国势一度复炽。1014 年，复被拜占庭军队击败。1018 年，拜占庭军队占领奥赫里德，国亡。1185 年，贵族彼得·阿森和伊凡·阿森兄弟在特尔诺沃圣季米特里教堂举行起义，反抗拜占庭帝国统治，在东北部各地人民和库蛮雇佣军的支持下，收复北部保加利亚，于 1187 年建立起"第二保加利亚王国"，定都特尔诺沃。沙皇卡洛扬在位期间，收复色雷斯和马其顿大部。1205 年，亚得里亚堡战役中重创拉丁帝国军队。1230 年，沙皇伊凡·阿森二世在克洛科特尼察战役中大胜伊庇鲁斯君主国军队，疆域扩展至黑海、爱琴海和亚得里亚海。1235 年，尼西亚教会授予特尔诺沃大主教以总主教称号，国势达于顶峰。伊凡·阿森二世死后，贵族割据内讧，拜占庭、匈牙利和鞑靼人屡屡入侵。1277 年，爆发伊瓦义洛起义。1280 年，特尔特王朝取代阿森王朝。1323 年，王位转入西斯曼王朝手中。1330 年，在维尔布日德战役中败于塞尔维亚王国，国势衰落，后分裂为特尔诺沃王国、维丁王国和多布罗加公国。1396 年，最终为土耳其所灭。

15. 埃米尔（Emir/Amir），又译"艾米尔"或"异密"，阿拉伯语，本义为"受命的人""掌权者"，带有军事统帅的色彩，最早为阿拉伯帝国第二任正统哈里发欧麦尔使用，哈里发又称"众信士长官"（Amir al-Mu'minin）。到倭马亚王朝时期，阿拉伯国家哈里发所属各地封建领主及各行省总督被称为埃米尔，后哈里发宫廷卫队总监（兼都城军事长官）也袭用此号，亦作为最高级贵族的封号。随着阿拉伯帝国的内乱，各地埃米尔与哈里发之间的从属关系逐渐疏离，哈里发只有名义上的统治权，埃米尔遂为当地的君主称号。现代阿拉伯国家中，某些君主世袭制国家仍沿用埃米尔作为国家元首的称谓，集军、政和宗教权于一体，如科威特、卡塔尔。突厥民族在历史上也曾使用过这个封号。与此相类的一个称谓是苏丹（Sultan），也是个阿拉伯语，意为力量、权威，后成为部分国家和地区的君主头衔，但有时也类似于总督。苏丹娜（Sultana）为其阴性形式，指苏丹的母亲、正妻和女儿。哈里发（Caliph）与这两者有所不同，宗教色彩更浓。哈里发是先知穆罕默德的继承人，曾为阿拉伯帝国政教合一的领袖，但帝国败落后，沦为名义上的天下共主，后来更只是伊斯兰宗教的最高权威。

16. 拜占庭史学家塞俄菲拉克特斯·西摩卡塔提到，阿瓦尔人是从中亚迁至南俄草原的；

他还对阿瓦尔人做了真假之分。在马迦特看来，塞俄菲拉克特斯·西摩卡塔将真阿瓦尔人等同于柔然人，属蒙古人种；但出现在欧洲中世纪史中的阿瓦尔人却是假阿瓦尔人，因为阿瓦尔人的名声显赫，故而被他们盗用。或曰假阿瓦尔人是由瓦尔部（Uar 或 Var）和昆尼部（Kunni 或 Huni）组成。昆尼意即匈人，而瓦尔与阿瓦尔音近，所以就搭上了关系；两个名字合起来就表示阿瓦尔与匈人。又有人认为，拜占庭人由 uar 和 Huni 创造了一个新词，那就是 Ouarkhonitai（瓦尔霍尼特人）一词，但它们却是两个乌戈尔人部落，或两个回鹘人的部落。但回鹘属突厥人，而抵达欧洲的阿瓦尔人确乎属于蒙古人种。还有人推测，出现在欧洲的阿瓦尔人是嚈哒。但《世界境域志》的作者米诺尔斯基指出，仅凭一则拜占庭史料来判断真、假阿瓦尔人是不足为训的。

17. 鞑靼语"伏尔加－乌拉尔"。

18. 英文作 Tuvas，或译土瓦人，自称"提瓦人"（Tyiva），中国史籍称之为"都波人""萨彦乌梁海人""唐努乌梁海人"等，国外称其为"索约特人"（Сойоты，源自 Сойон，萨彦人之意）、"唐努图瓦人"等，主要分布在图瓦共和国、蒙古国和中国。图瓦语属阿尔泰语系突厥语族；此处归之蒙古语族，误。

19. 第一行前两个与第二突厥汗国阿史那氏的唐嘎相类。

20. 原文为德语。

21. 事实上伊朗标志只有旗杆加金鸡，并不带栅栏。

22. 卡尔梅克人、布里亚特人为蒙古人，使用蒙古语。卡巴尔达人自称为"阿迪根人"，主要聚居于俄罗斯卡巴尔达－巴尔卡尔自治共和国东部和东北部地区，部分分布在卡拉恰伊－切尔克斯共和国境内，属欧罗巴人种高加索类型；卡巴尔达语属高加索语系阿迪根－阿布哈兹语族。

23. 曼西人为乌戈尔语民族。

24. 参见图 4-49。

25. 作 oie（鹅）而非 oiseau（鸟），似非作者的笔误。第四章出现过鸟爪纹，第三、四章和本章又都出现过鹅掌纹，也许这是不同民族对同一图形的近似称谓？据图 4-49 和图 1-11，鸟爪、鹅掌的图形略有差别。

26. 参见图 3-59。

27. 如阙特勤、毗伽可汗碑上的公山羊唐嘎，但它属于后突厥汗国。

28. 今天的乌克兰刻赤即古希腊的陶里德市（Tauride）。始建于公元前 575 年，由希腊定居者在辛梅里安 - 博斯普鲁斯海峡（Bosphore cimmérien，今刻赤海峡）欧洲一侧的米利都（Miletus）建造。公元 480 年，它成为博斯普鲁斯王国的首都。7 世纪，可萨人（Khazars）将其命名为刻赤。

29. 前面讲的是斯基泰和萨尔马泰人的例子，这里讲的是萨尔马泰 - 阿兰人的例子，按照“历史概述”部分的介绍，萨尔马泰 - 阿兰人代表的是萨尔马泰中、后期文化，而单纯的萨尔马泰人代表的是萨尔马泰早期文化。

30. 正文作“库尔干中的 2 号墓”，图 1-25 说明文字作“2 号库尔干”，此系原文矛盾。

31. 系原书页码，即本书图 4-47。

32. 阿塞拜疆共和国（The Republic of Azerbaijan）位于欧亚交界处的南高加索地区东部，东濒里海，南接伊朗和土耳其，北与俄罗斯为邻，西傍格鲁吉亚和亚美尼亚，大、小高加索山自西向东穿越全境，余脉最终没入里海。阿塞拜疆语属欧洲阿尔泰语系突厥语族乌古斯语支，与土库曼语关系比较大。

33. 又写作 Shivan。

34. 以下行文依据文意或译为大叉，或译为叉形。

35. 参见第二章中的“博斯普鲁斯人的唐嘎”和第四章中“基辅罗塞尼亚大公们的‘三叉戟’和‘双叉戟’”两节。

36. 原文为德语。

37. 蒙古卫拉特人的后裔，主要居住在俄罗斯伏尔加河下游、里海西北沿岸的卡尔梅克自治共和国境内。

38. 两词均为德语。

39. 参见第二章末节“博斯普鲁斯人的唐嘎”。

40. 英文作 Germanic people，古代分布于东欧广大地区的部族。日耳曼人系古罗马人的称呼，他们通常自认为是德意志人（Deutsche）。据说远祖为推斯托神（Tuisto），这位从大地诞生的神祇有三个孙子，他们成为西部日耳曼人三大系统的祖先。日耳曼人最早居住在斯堪的纳维亚及日德兰半岛一带，大约公元前 1000 年，逐渐向南方各地发展，后来大体分布在莱茵河以东、维斯瓦河以西和多瑙河以北的大片地区。他们西邻克尔特 / 凯尔特（高卢）人，东邻斯拉夫人。日耳曼人与罗马间发生的第一次有记载的大冲突，是日耳曼人中的两支——森布里人和条顿人于公元前 2 世纪末对罗马北方边界发起的进攻，结果为马略所败。公元前 1 世纪中期，恺撒出征高卢，曾东渡莱茵河侵入日耳曼尼亚，随即退军。1 世纪初奥古斯都时代，罗马再度企图征服日耳曼尼亚，但同样归于失败。2 世纪中期，马科曼尼人、夸德人等又与罗马帝国发生大规模战争。后日耳曼人进入罗马军队充当雇佣兵。3 世纪，罗马帝国陷入危机，日耳曼人中的哥特人、阿勒曼尼人和法兰克人等从北方拥入并不时发动攻击，构成了罗马的主要 "外患"。4 世纪下半期，迫于匈人的压力，西哥特人逃入多瑙河下游罗马帝国境内定居。4 ~ 5 世纪，分布在莱茵河以东的日耳曼人有法兰克人、阿勒曼尼人、伦巴德人、盎格鲁人、撒克逊（萨克森）人、苏维汇人、汪达尔人等。自 4 世纪起，日耳曼人接受基督教。他们在西罗马帝国灭亡的过程中，发挥了重要作用。

41. 斯拉夫人，英文作 Slavs 或 Slavic Peoples，欧洲最大的民族集团之一，属印欧语系斯拉夫语族。公元初居于维斯瓦河流域和喀尔巴阡山脉东北地区。在古典作家塔西佗和托勒密等人的著作中，被称为维尼德人（Venedi）。后因不断迁徙，到公元六七世纪时，拜占庭史籍依其分布分为三支，西为维尼德人，东为安特人，南为斯克拉文人，这一划分法沿用至今：占据巴尔干半岛的为南斯拉夫人，包括今保加利亚人、塞尔维亚人、克罗地亚人、斯洛文尼亚人、马其顿人、黑山人、波什尼亚克人等；居住在维斯瓦河和易北河之间的称西斯拉夫人，包括捷克人、斯洛伐克人、摩拉维亚人、波兰人、文德人（索布人）等；分布在顿河、德涅斯特河之间，北起伊尔门湖、南迄黑海的斯拉夫人称东斯拉夫人，包括今俄罗斯人、乌克兰人和白俄罗斯人等。自 7 世纪起，各支斯拉夫人相继建立国家，并接受基督教。

42. 格里高利字母是已知最古老的西里尔字母。它由圣西里尔（St Cyril）于公元 862 ~ 863 年发明，为的是把《圣经》翻译成古教会斯拉夫语；格里高利字母脱胎于希腊字母。

43. 一种古希腊方言，以前在阿卡迪亚、伯罗奔尼撒中部和塞浦路斯使用。

44. 古希腊语作 Σκυθική，英语作 Scythia，又译为西徐亚、西古提、叔提雅，是希腊古典时代对其北方草原游牧地带的称呼。这个区域为欧洲东北部至黑海北岸，经中亚草原一直延伸到他们不知道的疆域之外，这一整块区域都被古希腊人称为斯基提亚。

45. 额金河是蒙古国北部库苏古尔省和布尔干省内的一条河流，是库苏古尔湖唯一的外流河，也是色楞格河的一条支流。

46. 阿拉美语英文作 Aramaic language，又译亚兰语、阿兰语、阿拉姆语、阿拉米语，是阿拉美人的语言，也是《圣经·旧约》后期书写时所用的语言，并被认为是耶稣基督时代犹太人的日常用语，《新约》中的马太福音即是以此写成，甚至有人认为，耶稣传道用的也是这种语言。阿拉美语属于闪米特语系，与希伯来语和阿拉伯语相近。公元前 6 世纪，阿拉美语取代此前流行了 2000 年的阿卡德语的两种方言（亚述语和巴比伦语）成为中东的共同语言，其后又成为波斯帝国的官方语言。自 7 世纪起，阿拉美语作为通用语的地位被阿拉伯语取代。近代阿拉美语通常指叙利亚的一种语言。阿拉美或亚兰这个词来自挪亚的孙子、闪的儿子亚兰（Aram）。阿拉美语文字是一种十分古老的文字，它是亚洲许多文字的根源，其发展可分为两个主要时期：早期（公元前 9～前 7 世纪）和"黄金时期"（即阿拉美语成为中东的通用语时期）。阿拉美语曾经用过两种文字来书写，而这两种文字都源于腓尼基字母。阿拉美字母的独特"方角"影响了希伯来字母的发展，使它从与腓尼基字母差不多的初期形态发展成今天的模样。基督教社区又从原有的阿拉美字母发展出另一套草书体的字母，是为今日的叙利亚字母。另外还有一种将阿拉美字母大幅修改后形成的字母，用于米底语，是为米底字母。

47. 佉卢文英文作 Kharosthi，与印度的婆罗米文字大约同时出现，起源于犍陀罗，最早可追溯至公元前 251 年（阿育王时期的碑刻《法敕刻文》）。1～2 世纪时在中亚地区广泛传播，至 3 世纪时就已逐渐衰亡，但在丝绸之路各地仍被使用，可能到 7 世纪才彻底消失。佉卢文又名"佉卢书""佉楼书"。佉卢文是梵语"佉卢虱吒"一词的简称，该名出于古代佛经译本，意为"驴唇"。相传，佉卢文是一位古印度叫"驴唇"的仙人创造。佉卢文可能由阿拉美字母演变而来，但无确证。佉卢文字是一种音节字母文字，由 252 个不同的符号表示各种辅音和元音的组合，从右向左横向书写，一般用草体，也有刻在金属钱币和石头上的铭文。

48. 或写作 Bambhī，是古印度书写系统之一，或译婆罗迷、梵天书、梵寐书等。"梵书"一词始见于《普曜经》。婆罗米文对南亚、东南亚以及西藏等地的文字产生了深远的影响。婆罗米文来源于阿拉美文，是一种元音附标文字，即每个字母表示一个辅音，而元音则写成必需的变音符号。

49. 英文作 Dacia，又译达基亚、达西亚，为东南欧的古地域名。大体上指多瑙河下游北岸喀尔巴阡山、蒂萨河与德涅斯特河之间的地区（相当于今罗马尼亚和摩尔多瓦一带）。达契亚人，希腊人称为盖特人（Getae），以农业为主要生业，强悍善战。约公元前 60 年，其首领布勒比斯塔斯统一各部落，开疆拓土。罗马皇帝奥古斯都在位时，达契亚人曾渡多瑙河南下，后被罗马人击退。1 世纪末，罗马皇帝图密善入侵达契亚，败于戴凯巴鲁斯，被迫签订屈辱的和约。公元 101～106 年，皇帝图拉真发动大规模的攻势，最终占领并设立了达契亚行省。此后，罗马移民和商人拥入，建立起大量的殖民地，掠夺资源，也加速了当地的罗马化进程。公元 118～119 年，达契亚被拆分为上达契亚（北部）和下达契亚（南部）两省；公元 158～159 年，改为三个行省；公元 166 年马科曼尼人战争时，复又合并，称"二达基业"，行政中心设在萨米兹盖图沙（Sarmizegethusa）。3 世纪中期，哥特人入据。公元 271 年，罗马皇帝奥勒里安下令放弃，将罗马殖民者迁入多瑙河以南的默西亚，罗马统治结束。其后留居当地的罗马化居民，当即今天罗马尼亚人的祖先。

50. 这几个词均为英语词汇。

第二章
萨尔马泰－阿兰人和塞人：
古代伊朗语游牧民族的唐嘎

从目前掌握的材料来看，唐嘎很可能是由古代讲伊朗语的游牧民族在亚洲草原上发展起来的。

唐嘎的出现

在唐嘎出现以前，肯定存在过其他的标记（marque）和标志（emblème）。对于它们，我们已有所了解。例如牲口，特别是马匹的标记，是通过将耳部切割成特定形状来实现的。阿尔泰斯基泰时期"冰冻墓"出土的马匹遗骸保存完好，从考古学上证明了这种做法的存在［S. I. 鲁登科（S. I. Rudenko），1970；图 2-1］。汉语的《唐会要》（10世纪）记载，骨利干（Guligan）游牧部落在使用唐嘎的同时，也"通过耳朵和口鼻"来分辨马匹[1]。19 世纪，里海马吉克拉克半岛（péninsule de Magychlak）上的哈萨克人（Kazakh）在马耳上做出切口，将绵羊的耳朵割成三角形［O. 马恩琴 - 赫尔芬（O. Maenchen-Helfen），1973］。在北高加索，这一做法存在的迹象也被找到。例如卡拉恰伊（Karatchaï）和巴尔卡尔（Balkars）人在唐嘎之外，还使用一种耳部标记的做法。尤其是在奥塞梯人的巴克斯法拉迪桑（bäxfäldisyn），即"挑选坐骑"（désignation du cheval）的丧礼仪式上，被象征性指定给死者的坐骑，就是通过耳部的切痕来加以区别的。此外，此类标记在所有畜牧社会中都很流行，直到今天的匈牙利和澳大利亚（图 2-2），都是如此。

图 2-1　殉马耳部的切痕
俄罗斯阿尔泰巴泽雷克 1 号
和 5 号库尔干。（S. I. 鲁登科，
1970）

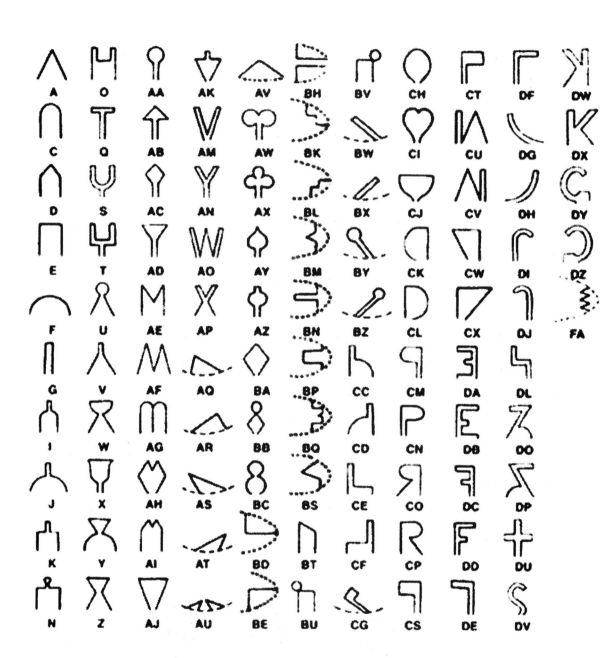

图 2-2 澳大利亚昆士兰州（Etat du Queensland）畜牧者在家畜耳部做出的切痕

在畜牧业之外的其他领域，草原上的动物艺术所表现的形象也常常被认为起到纹章的作用；这种艺术主要是在斯基泰时期发展起来的。从前，这些真实或想象的、图案化的动物形象，以及它们在"打斗""捕食"（也有认为表现的是交媾行为）场景中的组合，被看作纹章符号（insignes héraldiques）或"图腾"标志（symbole "totémique"）。由于伊朗语游牧民族缺乏动物祖先的传说，所以图腾假说难以令人信服。概言之，从纹章的视角来解读动物艺术，提供不了清晰的结论。根据 V. 阿巴耶夫（V. Abaïev）的假说，欧洲斯基泰和中亚塞人中无处不在的雄鹿有可能是这些民族（*Saka——"塞人、斯基泰"/*sākā——"雄鹿"，参见奥塞梯语的 sag）的象征（emblème）。但这一假说有待商榷，不仅是因为语言学方面的理由（I. 莱贝丁斯基，2006），还因为像撒乌洛玛泰伊人 / 萨尔马泰人[2]这类似乎从没有用过"塞人"一名的民族中也存在着雄鹿的形象。在我们看来，这些动物形象同样也不是什么动物形的神灵（divinité zoomorphe），它们所呈现的是各种各样的概念，比如代表力量、速度、凶猛等特质的概念；因此，这些形象就不属于真正意义上的个人或群体的标志（有关草原上的动物艺术，参见 K. 捷马尔，1965；V. 舒尔茨，1994；I. 莱贝丁斯基，2011；图 2-3）。

至于唐嘎出现的时间和地区，尚无确切的答案。随着新材料的出现，既有的各种假说都很容易受到全面的挑战。这种情形业已显现。

事实上，对古代唐嘎的研究从一开始就聚焦于欧洲草原萨尔马泰人和阿兰人的唐嘎，尤其是博斯普鲁斯 - 辛梅里安王国［黑海和亚速海之间、刻赤海峡两岸的东克里米亚和塔曼半岛（péninsule de Taman）］"萨尔马泰化的"国王和贵族们所使用的唐嘎。直到 20 世纪 70 年代，它们都是最为知名、最为多样，也是最容易在科学出版物中找到的唐嘎。由此导致了一些观点性的错误：认为唐嘎最早出现于纪元初，是萨尔马泰人特有或者主要为萨尔玛泰人所有的事物；甚至认为萨尔马泰人的唐嘎本身又是源自博斯普鲁斯的唐嘎［还可参见 T. 苏利米尔斯基（T. Sulimirski），1970］。

数十年来萨尔马泰 - 阿兰文化研究取得的进展及揭示出的情况与此相反：和各个

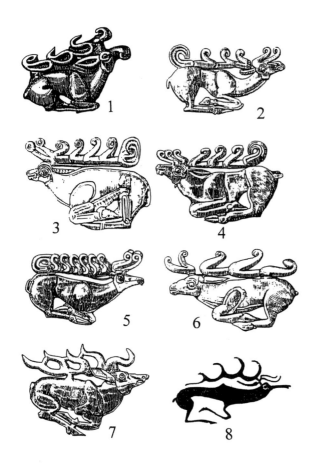

图 2-3 "奔跑滞空"形态的雄鹿
1. 乌克兰波尔塔瓦区 2. 乌克兰第聂伯罗彼得罗夫斯克（Dnipropetrovs'k）梅尔古诺夫（Mel'gounov）库尔干 3、4. 凯勒梅斯（Kelermès）5. 俄罗斯克拉斯诺达尔地区科斯特罗姆斯卡娅（Kostromskaïa）6. 伊朗库尔德斯坦（Kurdistan）齐维耶（Ziwiyé）7. 哈萨克斯坦齐利克塔（Tchilikta）8. 见于蒙古一"鹿石"
这种雄鹿形态是斯基泰时期动物艺术中最为常见的造型，但它是否具有纹章的作用（rôle héraldique）却不明确。[据 N. 博科文科（N. Bokovenko）]

领域涌现出的诸多新生事物［重型具装骑兵、带怪兽首形风向袋的旗柄标志（enseigne-manche à air à tête monstre）、来自中国的物品及其仿制品、某些种类的镜子等］一样，唐嘎也是源于"东方"的舶来品；它们或许是在来自乌拉尔以东的部落的影响下被引介到欧洲草原的。对于广义的"萨尔马泰"民族 - 文化共同体而言，这些跨越了乌拉尔的部落，为该共同体所经历的多次周期性的重塑做出了贡献，其中的一次就是以 1 世纪阿兰人的出现作为标志。这种观点早已被 E. I. 所罗门尼克（1959）提出过。

既然萨尔马泰 - 阿兰人的唐嘎在公元之交就已大量出现，那么照这种观点来看，它们的原型就应该到更早时候的亚洲草原去找寻。截至目前，研究的结果还极不明朗。

有人主张应该到青铜时代的器物和纹饰中去寻找"原始唐嘎"（proto-tamgas），也就是到木椁墓（Tombes à Charpentes，东欧）和安德罗诺沃（Andronovo，中亚和西伯利亚）文化，以及叶尼塞卡拉苏克（Karassouk）青铜时代晚期的文化中去寻找。木椁墓文化与安德罗诺沃文化是两个非常相像的文化，同属于伊朗语民族；卡拉苏克晚期青铜时代文化的某些器类和图案，在后来的游牧文化中仍能看到。但这样的联系缺乏说服力，因为从"斯基泰"时代开始之初的公元前7世纪，才有确凿可信的"原始唐嘎"被发现（图2-4）。

属于公元前7世纪最末阶段的阿尔赞2号库尔干的5号墓（俄罗斯图瓦）出土的"工侯"大如奢华的随葬品中，有　件粗重的金饰圈尤为值得关注。这件金饰圈重达1.8千克，由男子佩戴，背面铭刻着的一个类似于M的符号，被发掘者视作所有权的标记［所有者的标记（*Kennzeichnung des Besitzers*）；K. V. 乌古诺夫（K. V. Čugunov）等，2006］。这种可能性是存在的，但它也有可能是这件艺术杰作的制作者的标记。V. 舒尔茨（2002）在论及唐嘎起源的问题时，就提到过这个符号（图2-5）。

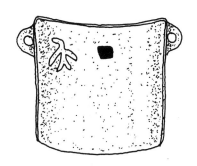

图2-4　带穿铜斧上的阴刻标记

塔加尔文化（culture de Tagar，斯基泰时期），藏于俄罗斯喀山鞑靼斯坦国立博物馆[3]。尺寸：6.3厘米×5.7厘米×2.1厘米。

图2-5　镌刻在金饰圈背面的标记

约公元前600年，俄罗斯图瓦阿尔赞2号库尔干5号双人墓出土。金饰圈由男性死者佩戴。

以巴泽雷克（Pazyryk）命名的阿尔泰游牧文化，其主体阶段目前被定在公元前5～前3世纪。研究人员从该文化的各种器物上搜集到一些几何形图案［V. N. 波尔托拉茨卡亚（V. N. Poltoratskaïa），V. D. 库巴列夫（V. D. Koubarev）］，并拿它们与后来的唐嘎做了比较。这些图案非常简单，形状类似字母 Ч、N、Z、X 以及新月等形。有些或许是计数符号（Ⅱ、Ⅲ）。S. I. 鲁登科在对巴泽雷克文化进行总结时（1970），并没有谈及它们。和前面的例子一样，这些图案有可能是所有权或工匠的标记（图2-6）。但如果把它们看作"原始唐嘎"，那和后来的唐嘎相比，它们尚显得十分原始粗

图 2-6　从各类物品上搜集到的阿尔泰游牧文化的符号
据 S. A. 伊森科的辑录。

糙，特别是它们所起的作用与唐嘎有别：尽管它们出现在随马下葬的马具的木质构件上，但却不见于马匹本身，如巴泽雷克 3 号和 5 号库尔干、奇贝的巴哈达尔（Bachadar，Chibé）2 号库尔干等出土马具的木质构件上的标记。马匹保存得足够完好，倘若有符号存在，肯定会被发现。然而，这些马却是用切割耳朵的方式来进行标记的！反过来，人们却在乌兰德里克（Oulandryk）4 号地点和巴穆尔加齐（Babourgazy）2 号地点与该文化库尔干相关的石柱上，找到了一些符号。

　　欧洲草原最为古老的唐嘎可能是从公元前 5 ～前 4 世纪起，开始在乌拉尔和伏尔加河之间的东部地区出现的。V. S. 德拉丘克（1975）根据 K. E. 斯米尔诺夫（K. E. Smirnov，1964）的研究，公布了 批从多种撒乌洛玛泰伊文化典型器物（公元前 7 或 6 ～前 4 世纪，乌拉尔和顿河之间）上抄录下来的图形（图 2-7）。其中既有简单的线条，也有十字形或卍字纹一类的图案。特点鲜明、可被看作唐嘎原型（prototype）的图案少之又少。在阿克 - 特贝 / 阿克托比斯克（Ak-Töbe/Aktioubinsk，西哈萨克斯坦）附近的贾克西 - 卡尔加尔（Jaksy-Kargal），坐落着一座公元前 4 世纪的撒乌洛玛泰伊人的库尔干。该库尔干的一根石柱上，刻着一个类似 h 的符号（图 2-8）。伏尔加河畔苏斯

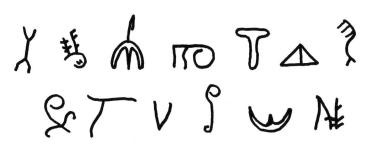

图 2-7　从遗物和古迹上搜集到的撒乌洛玛泰伊人的符号
公元前 6 ～前 4 世纪，南俄和西哈萨克斯坦。

图 2-8　贾克西 - 卡尔加尔撒乌洛玛泰伊库尔干出土的石柱
公元前 4 世纪，哈萨克斯坦出土。
（I. 莱贝丁斯基，2002）

洛沃（Souslovo）出土的一枚牌饰（公元前 5 ～前 4 世纪），同样也被归属于撒乌洛玛泰伊人，其上所带的一个记号应该与后来萨尔马泰 - 阿兰人的唐嘎相近[4]。第一章提到过表现于铜镜上的拟人形象的头饰图案，这枚出自巴什基尔菲利波夫卡 3 号库尔干的铜镜，年代为公元前 4 世纪。尽管无法证明其间存在着延续关系，但该头饰图案与 H. 耶尼琴（1956）从中辨识出广义伊朗语民族权力标志的那个唐嘎，或是那个唐嘎的构成要素，确实一模一样[5]。

也有人到游牧文化之外、定居的伊朗语民族中去寻找唐嘎的起源（这里不涉及第一章提及的与汉字或东方字母之间毫无根据的联系）。在定居伊朗和几乎所有东部地区，都存在着一种主要被施于建筑用砖上的标记系统。自公元前 6 世纪起，在花剌子模（Chorasmie）[6]和索格底亚（Sogdiane）[7]，以及阿契美尼德（Achéménide）时期的波斯，尤其是在始建于公元前 521 年的波斯波利斯（Persépolis），都见有此类标记。这些符号有时被当成作坊的标志，有时又被解释为拼组砖块的提示（图 2-9）。公元前

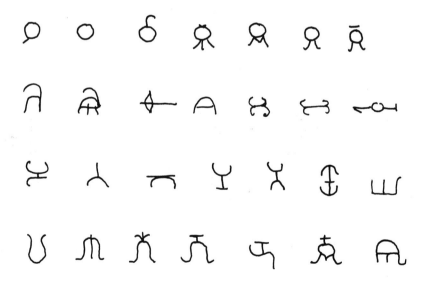

图 2-9　公元前 6 ～前 4 世纪阿契美尼德王朝时期东部地区与唐嘎相类的符号

6～前 4 世纪，在阿契美尼德王朝的图章戒指上也出现了抽象性的图案[8]，其中至少有一部分起着纹章的作用［J. 博德曼（J. Boardman），1998］。V. S. 奥尔霍夫斯基（V. S. Ol'khovski，2001）和 S. A. 伊森科（2001）将所有这些公元前第一千纪前期和中期的标记系统，都看作日后游牧民族唐嘎的一个潜在来源。这中间的传播过程大体是清楚的：历史文献证明，在整个阿契美尼德王朝时期，波斯人和中亚塞人之间保持着持久而密切的联系（关于这方面，请参阅 I. 莱贝丁斯基，2006）。至于花剌子模，虽然当地发展出了农耕和定居文化，但它长期面临着周邻游牧民族的威胁，有时还会受到他们的统治，而且塞人 - 马萨格泰人或许还成为当地居民的一个组成部分。

不过，还是不能仓促地得出结论。如第一章所述，在各种差异悬殊的文明中，都有符号和标记系统存在；虽然其间并无联系，但它们却可能呈现出天然的相似，这仅仅是因为它们顺应了同样的"设计要求"（cahier des charges）。如果观察定居伊朗的系统，那么花剌子模和索格底亚建筑用砖与陶器上的标记，往往只是在图案抽象这一点上与后来的唐嘎存在着共性。而且这些符号一般都很简单（花剌子模陶器上的图案，有的类似于罗马数字Ⅰ、Ⅱ；有的类似于字母 Y；有的类似于十字形图案，而且往往伴有一个与 i 相近的符号；有的类似于带 i 的方形等；图 2-10）。此外，S. A. 伊森科指出，"真正的"唐嘎——从风格上极易辨认——只是在公元前 2～前 1 世纪游牧民族大规模入侵之后，才开始在这些地区流行起来。阿契美尼德王朝的记号有一些与日后中亚或萨尔马泰 - 阿兰人的唐嘎的确很像，但有一些却几乎是尚未图案化的图画（弓和箭）或是几何图形（十字形、卍字纹），以及到处都可适用的植物图案。相较于在用途各异的标记系统之间做简单的图形比对，卡拉卡尔帕克斯坦（Karakalpakstan）科伊 - 克里甘 - 卡拉（Koï-Krylgan-Kala，乌兹别克斯坦）的发现显得更有分量：这是一幅创作于公元前 4 世纪或公元前 3 世纪初的骑士图像，坐骑带有明显的标记；这个横卧的 S 形符号，毫无疑问是作为唐嘎来使用的（图 2-11）。

根据本书的定义，我们认为，真正的唐嘎主要是在畜牧民族中发展起来的，定居伊

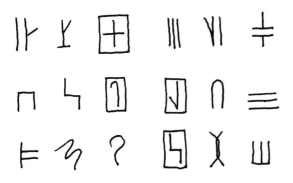

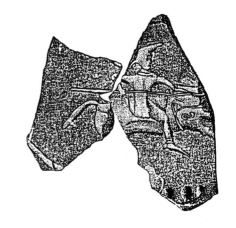

图 2-10 从乌兹别克斯坦卡拉卡尔帕克斯坦共和国科伊－克里甘－卡拉出土的公元前6～前2世纪陶器上抄录的符号

图 2-11 带骑士形象的陶器碎片

公元前4世纪或公元前3世纪，乌兹别克斯坦卡拉卡尔帕克斯坦共和国科伊-克里甘-卡拉出土。陶器碎片上带一骑士形象。马匹肩部刻有一个标记。

[V. P. 尼科诺罗夫（V. P. Nikonorov），1997]

朗发现的符号并不具备唐嘎的全部特征。但是，完全有理由相信，这些可能比唐嘎流行的年代更早的符号，应该是唐嘎图形的一个灵感来源；这跟后来唐嘎自身带给其他文化标志系统（système emblématique）的影响，全然没有什么两样。甚至这些形状相近的符号系统，很有可能是在公元前第一千纪的上半叶，同时从中亚定居民族和游牧民族中间发展起来的。依我们看来，在新的发现出现之前，这些问题的探讨始终都是开放的。

那么，现在可以就游牧民族做出如下的归纳：自公元前7～前3世纪的"斯基泰时期"起，抽象符号的使用开始在亚洲草原和东欧草原零星出现，作为所有权或生产者的标记（生活在乌克兰和北高加索的斯基泰人，本身还不使用此类符号）；直到下一个时期，到了以萨尔马泰人和后来的阿兰人统治欧洲、以伊朗语游牧民族大规模迁徙至中亚、巴克特里亚和北印度作为标志的时期，随着大量易于辨识的唐嘎的传播，此类抽象符号的使用才得以普及。

自东而西？

与斯基泰时期动物艺术的研究相同，研究唐嘎的视角也发生了类似的转换：研究不应总盯着最为熟悉的欧洲地区的材料（这里指萨尔马泰 - 阿兰人的唐嘎），而把亚洲草原的材料当作附带处理的对象；相反，应该到亚洲草原的材料中去探寻事物的起源。

转变之后的研究已取得长足的进展。B. I. 温伯格（B. I. Weinberg）和 E. A. 诺夫戈罗多娃（E. A. Novgorodova）公布了大量在蒙古，尤其是蒙古国西南部特布奇山查干 - 高勒（mont Tebch Tsagaan-Gol）发现的古代唐嘎，它们可追溯到公元前第一千纪的下半叶。有些样式复杂的唐嘎与欧洲草原萨马尔泰 - 阿兰及博斯普鲁斯的唐嘎一模一样或非常接近。由此，这两位学者推断，起源于蒙古阿尔泰的伊朗语游牧民族给萨尔马泰文化所经历的变化带来影响，并可能参与了 1 世纪起见于史册的阿兰民族的形成；该观点得到了其他研究者的响应（S. A. 伊森科，1992、2001）。这些民族应该由今天的蒙古出发，推进到中亚，占据巴克特里亚的西部和北部。在进入欧洲的"萨尔马提亚"（Sarmatie）[9]之前，他们在索格底亚和花剌子模建立起多个王朝，这些王朝的货币上出现了相同类型的唐嘎。这一迁徙与月氏人的迁徙同步发生，月氏人夺得巴克特里亚的中部和南部，创建了贵霜帝国。但正如萨尔马泰 - 阿兰唐嘎与月氏 / 贵霜唐嘎之间缺乏共性所揭示的那样，这两场迁徙是有别的（图 2-12）。

这个例子表明，唐嘎具有与史料同等的价值，可以为那些没有被载入史籍的人类迁徙提供证据。它应该还提示了在使用唐嘎这类材料的时候，需要保持适度的审慎。我们当然同意，蒙古唐嘎与欧洲草原唐嘎其间的相似并非出于偶然，因为图形的复杂程度应该已将这种可能性予以排除；我们也完全赞同，蒙古唐嘎应该明显早于欧洲草原的唐嘎，虽说蒙古唐嘎出自通常难于定年的岩画材料（关于此点，我们还会再来讨论）。尽管如此，我们仍然觉得，这一切都还不足以支持上述作者所提出的那一整套迁

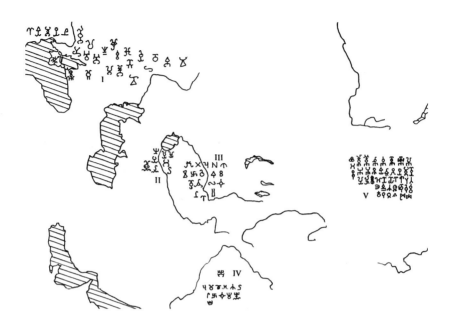

图 2-12　各个地区唐嘎群组之间的比较

Ⅰ. 欧洲草原（萨尔马泰 - 阿兰人）　Ⅱ. 花剌子模　Ⅲ. 康居（Kangju）　Ⅳ. 贵霜帝国　Ⅴ. 蒙古西南部

注：各组中具体唐嘎的位置与实际发现地并不对应！

[Ⅰ. 莱贝丁斯基, 2006；据 V. S. 德拉丘克、S. P. 托尔斯托夫（S. P. Tolstov）、H. 耶尼琴、B. I. 温伯格、E. A. 诺夫戈罗多娃、A. P. 奥克拉德尼科夫（A. P. Okladnikov）、Ié. A. 斯马古洛夫（Ié. A. Smagulov）、S. A. 伊森科、V. A. 库兹涅佐夫]

徙方案。如果这些唐嘎样式是从中亚的某个共同的起源地传播出去，如果它们是通过相邻民族间的符号借用流传开来，那种相似不同样也可以出现吗？而且，以蒙古和萨尔马泰 / 博斯普鲁斯唐嘎为一方，以贵霜帝国唐嘎为另一方构成的对立，在我们看来也是值得商榷的。如果将贵霜君主的唐嘎翻转过来，使它们头尾颠倒，那就得到了一个与博斯普鲁斯"三叉戟"极为相似的唐嘎，不同的只是贵霜的唐嘎带有四齿（而且如我们将会看到的那样，年代最早的贵霜唐嘎中也有一例仅有三齿）。除此之外，还有一些相像的样式存在。总之，唐嘎确实反映出在草原游牧世界的两端存在着文化上的联系，这种联系也由其他材料得到了充分的证明。但联系的确切属性，单凭唐嘎却是无法判断的。

亚洲草原伊朗语游牧民族的唐嘎

在亚洲一侧，公元前和公元后的几个世纪里，伊朗语游牧民族的唐嘎材料显得极不均衡。特别是各种各样的塞人群体，他们可能用来标记牲口的唐嘎并没有留下任何痕迹。我们掌握的主要材料包括：蒙古的岩画和中亚游牧民族王朝发行的货币（不包括前面提到的建筑用砖和陶器上的标记）。考虑到统治精英们的血统，还可以将帕提亚人使用的唐嘎归入中亚的材料。

蒙古的古代唐嘎属于相对晚近的发现。前文提到，由 B. I. 温伯格和 F. A. 诺夫戈罗多娃（1976）在该国西南部辨认出的一组唐嘎，与萨尔马泰－阿兰人的唐嘎关系尤为密切。这些唐嘎符号是从特布奇山的查干·高勒以及阿坎-查德（Archaan-Chad）、比克奇特（Biktchit）等几处地点搜集到的（S. A. 伊森科，2001）。但是，在蒙古的其他地区还发现有另外的几组唐嘎[10]，坦率地说，我们在各组间看不出有什么本质上的区别［博斯普鲁斯王室那种样式的"上部添加附加物的三叉戟形（trident couronné）"符号并不局限于西南部地区；图 2-13］。

从根本上说，这些岩画难以准确定年。恰因为如此，S. A. 伊森科（2001）提出，它们总体上应该早于匈奴的扩张，因为匈奴似乎没有使用过这类风格的符号（参见第三章）。据汉语史料，匈奴的扩张始于公元前 3 世纪末，因此，蒙古唐嘎的年代最晚应该追溯到这个时期。但是没有任何证据显示，匈奴的统治曾禁止原先的居民继续留居过一段时间。尽管我们可以将蒙古唐嘎笼统地归入塞人名下的某些人群（亚洲"斯基泰"民族），但我们依然不清楚它们究竟属于谁。

对于中亚唐嘎，我们知道得要更多一些，定年也更有把握，但这些知识仍显得支离破碎。不无矛盾的是，中亚唐嘎的材料实际上主要是由定居文化提供的，游牧民族要么对这些文化所在地的原有国家施加过影响（例如花剌子模），要么就是在这些国家的废墟上建立起新的国家，例如中国人所说的康居（Kangju）。所以，中亚唐嘎主要

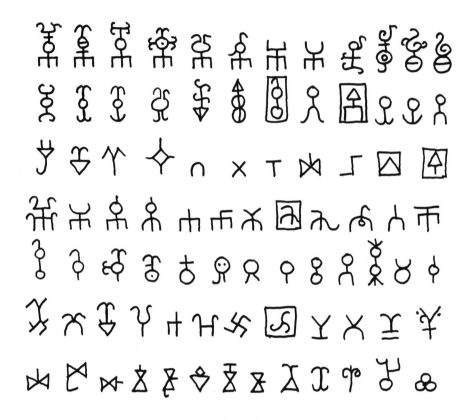

图 2-13　岩画上的唐嘎

发现于蒙古西南部（前两行）及该国的其他地区（另外五行）。可以看出，"上部带附加物的三叉戟形"实例与博斯普鲁斯王室的唐嘎极为相像。

见于花剌子模和索格底亚的货币。实际上，唐嘎在这些地区沿用的时间很长，直到 8 世纪阿拉伯 - 穆斯林入侵时为止。花剌子模（公元前 1 世纪起）、索格底亚（4 世纪起）和石国 [11]〔Tchatch，乌兹别克斯坦的塔什干（Tachkent），3 世纪起〕货币上的唐嘎明显与萨尔马泰 - 阿兰人的唐嘎相近（图 2-14、图 2-15）。它们包含着共同的要素，例如图案化的"鸟"和环绕中心圆的构图。值得注意的是，无论是索格底亚还是花剌子模，这些公元最初几个世纪里出现的唐嘎，都与此前砖和陶器上使用的标记不同，图案的复杂程度也要高得多。

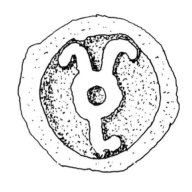

图 2-14　中世纪早期中亚货币上的唐嘎
第 1 行：花剌子模唐嘎。
第 2 行：索格底亚、乌斯特鲁恰纳（Oustrouchana）唐嘎。
第 3、4 行：石国唐嘎。

图 2-15　7 世纪或 8 世纪索格底亚的货币
货币上的唐嘎为中亚常见的样式。

　　这些唐嘎很可能是由游牧群体带来的。据罗马文献查士丁（Justin）对特罗格·庞培（Trogue Pompée）著作[12]的删节本第 11 卷和 12 卷序可知，入侵索格底亚的是阿西安人（Asiens）和萨卡拉乌克人（Sacarauques）。与此同时，游牧国家康居（*Kangju*）出现在汉语史料（司马迁的《史记》）当中，康居的疆域似乎大抵与古代的索格底亚相对应。这些人群的活动与月氏的迁徙，以及 1 世纪阿兰人现身东欧草原息息相关；关于月氏人的迁徙，在论及巴克特里亚和印度时还会提及。据中国史家的记载，康居大约在纪元之交臣服了奄蔡（*Yancai*，咸海或里海沿岸？）；奄蔡有个名字叫阿兰聊（*Alanliao*）。这很容易让人联想到奄蔡可能就是"阿兰人的摇篮"，或者至少是那些前往欧洲的中亚部落的始发之地，他们伙同各种萨尔马泰群体，参与形成了史籍中的阿兰人。有些语言学家甚至直接把奄蔡一词看成东萨尔马泰强大部落——奥尔塞人（Aorses）的中文译名［关于这些，可参看 V. 库兹涅佐夫（V. Kouznetsov）和 I. 莱贝丁斯基，2005；I. 莱贝丁斯基，2006］。这些原阿兰人（Proto-Alains）的西迁，以及在他们的驱动和影响下引起的萨尔马泰人的西迁，或许为中亚风格的唐嘎在欧洲草原的传播提供了解释［S. A. 伊森科，2001；Dj. Iou. 伊利亚索夫（Dj. Iou. Il'iasov），2007］。有人会提出反论：花剌子模和索格底亚的唐嘎并不比欧洲的唐嘎早，有时甚至更晚。但是，唐嘎传入花剌子模和索格底亚的时间显然比它们出现在货币上的时间要早（S. A. 伊森科，2001，有关石国货币的讨论）。而据 E. A. 斯马古洛夫等人的意见（2009），唐嘎恰恰极有可能是自公元前 2 世纪的下半叶起，就在索格底亚的货币上出现了。E. A. 斯马古洛夫等人还为游牧民族的迁徙和唐嘎的传播提供了一个稍微不同的解说：源于哈萨克斯坦北部和东部的伊朗语部落（图 2-16），大概是在 2 世纪的时候，向西朝着乌拉尔南部和顿河 - 伏尔加河流域的方向迁徙，同时他们也向南方朝锡尔河河谷移动；在乌拉尔南部和顿河 - 伏尔加河流域，这些部落应该为"萨尔马泰中期"文化的形成做出了贡献。

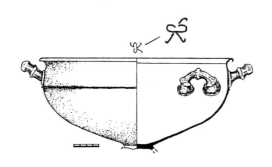

图 2-16　饰有唐嘎的青铜鍑
时代不明（7 世纪？萨尔马泰时期？），
哈萨克斯坦奇姆肯特（Chymkent）附近出土。
（E. A. 斯马古洛夫等，2009）

奥赫拉特（Orlat，乌兹别克斯坦）游牧民族墓葬中出土的著名的骨质牌饰，有一枚刻画着马匹，其中一匹马的臀尻上似乎出现了一个残缺的唐嘎（图 2-17）。那应该是遗址附近的撒马尔罕（Samarcande）城市货币上常见的一种唐嘎样式［M. 莫德（M. Mode），2003］。奥赫拉特墓地的定年跨度很大，介于公元前 1 世纪和公元最初的几个世纪之间。但不管怎样，这些墓葬的年代都应该早于撒马尔罕的货币，因而也就应该成为唐嘎起源于游牧民族的佐证。

中亚的唐嘎"总汇"（encyclopédies）非常少见，远比萨尔马泰地区要少得多：涉及康居的只见于卡尔马克 - 克里甘（Kalmak-Krylgan）遗址，属于花剌子模的唯在卡拉 - 图巴（Kara-Touba）遗址有过出土。

乌斯秋尔特（Oustiourt）[13]高原文化遗址群位于哈萨克斯坦和乌兹别克斯坦之间，这些遗址出土的雕像上发现了萨尔马泰 - 阿兰风格的唐嘎。根据佩带的武器，雕像本身的年代被定在公元前 4 ~ 前 1 世纪[14]：短剑属于所谓"普洛霍罗夫卡"（Prokhorovka）类型，柄首呈新月形，体现出这一时期东欧"萨尔马泰早期"文化阶段的特征。但雕像上的唐嘎似乎应该比这些纪念物要晚，而且族属也不明确（图 2-18）。

帕提亚帝国使用唐嘎并不令人感到意外。这个国家是继阿契美尼德之后伊朗的第

图 2-17　牌饰的细部

公元前 1 ~ 公元 3 世纪?-乌兹别克斯坦奥赫拉特 2
号库尔干所出骨质或角质牌饰之一，右侧是对唐嘎
的推测性复原。（M. 莫德，2003）

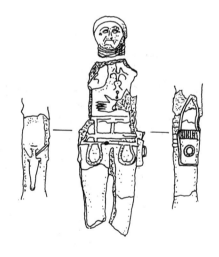

图 2-18　哈萨克斯坦乌斯秋尔特高原贝埃特
（Baïté）Ⅲ号石像

公元前 4 ~ 前 2 世纪。胸部带有唐嘎。
（I. 莱贝丁斯基，2006）

二个大帝国,由可能隶属大益(Dahéens)部落(塞人 - 马萨革泰人?)的斯帕内人(Sparnes)于公元前 3 世纪 20 年代建立。阿萨息斯(arsacides)王族和"帕提亚"精英身上的中亚和游牧传统,在军事领域清晰可见(战术、装备,甚至包括见于萨尔马泰 - 阿兰人中的龙旗)。唐嘎极有可能也属于这一传统的组成部分,而非阿契美尼德时期通用标记的延续。

据 S. A. 伊森科(2001)搜集的材料,阿萨息斯家族的唐嘎一般十分简单,大都由圆环和各种添加物构成。最著名的当数法拉什班德(Fîroûzâbâd,伊朗)浮雕上、用来装饰帕提亚末王——阿尔达班四世(Artaban Ⅳ)马甲的唐嘎;浮雕是为纪念公元 226 年萨珊的第一位君主阿尔达希尔(Ardéchir)战胜阿尔达班四世这一事件而建造。该唐嘎的结构颇具代表性:它由圆环和下方的垂直短茎以及短茎所附的横"足"构成(图 2-19)。

图 2-19　伊朗法拉什班德的波斯浮雕

3 世纪。浮雕表现的是萨珊阿尔达希尔一世战胜帕提亚的末代国王。两个对手的马甲上有各自的标志。[P. 霍伊塞（ P. Huyse ），2005]

帕提亚的唐嘎往往被人与君主货币上出现的"交织字母"相混淆。古币学家已区分出五十余个交织字母（大多可在网站 Parhtia.com 见到）。根据主流的意见，这些交织字母通常代表的是发行钱币的作坊：埃德萨（Edesse）、埃克巴坦那（Ecbatane）等。在部分标本中，构成交织字母的希腊字母清晰可辨：Π、A + P、Γ + P、H + Δ 等。但另一些标本上的图形却更容易让人联想起唐嘎（而且有个"交织字母"其实就是前述阿尔达班四世的唐嘎[15]；图 2-20）。交织字母大约属于希腊的传统，但我们在钱币上看到的也许只是唐嘎而已；也有可能是因为唐嘎影响到一部分交织字母的审美意趣，以至于让它们变得与游牧民族的唐嘎非常接近。

图 2-20　帕提亚钱币上的"交织字母"

［据 E. 贝博龙（E. Babelon），《希腊和罗马钱币专论》（*Traité des monnaies grecques et romaines*），巴黎，1901］

巴克特里亚和北印度的游牧民族唐嘎

游牧民族将他们的唐嘎朝着另一个方向——巴克特里亚和北印度传播。前文提到，始于公元前 2 世纪中叶的大规模迁徙运动，导致亚历山大大帝远征遗留在这些地区的传承人——希腊化诸国，被游牧民族所吞噬。公元前 140 ~ 前 130 年，中国人称作"大月氏"（西方史料中的吐火罗人？）的民族在巴克特里亚留居下来；公元前 2 世纪和公元前 1 世纪之交，塞人推进到北印度。最终在公元 1 世纪，月氏人打败帕提亚人和印度 - 塞人（Indo-Saces），扩张了自己的疆域，建立起强大的贵霜帝国；该帝国一直持续到 3 世纪，由萨珊扶植起一个保护国时为止。

最为人所熟知的是月氏 / 贵霜国王的唐嘎，它们见于货币（起先带的是希腊文铭文，后来带的是巴克特里亚文题记），也出现在其他一些比较少见的载体（印章）上（图 2-21）。多数上部由一个四齿朝上的"耙"构成，下部则配以各种不同的图形。这些唐嘎的归属，与贵霜列王的在位时间、传承顺序等依然含糊不清的问题搅在一起：甚至与其中最重要的一位国王——迦腻色伽一世（Kanichka I er）相关的年代以及由他创立的新纪元（127？）的起始时间，都还在争论不休。尽管有几位国王似乎使用的是同一个唐嘎，尽管有时同一国王使用同一种唐嘎的多个差异极大的变体甚至是使用不同的唐嘎，但 A. K. 阿基

图 2-21 不列颠博物馆藏巴克特里亚印章
2 世纪？印章上有一骑士和一贵霜王室的唐嘎。
［V. P. 尼科诺罗夫（V. P. Nikonorov），1997］

切夫（A. K. Akichev，1984）还是建立起一张图表，将七位君主与他们的唐嘎对应了起来（图 2-22）。所有这些仍然是以钱币学的理论作为基础。如果参考最新的图录《从印度到阿姆河》（*De l'Indus à l'Oxus*，2003），以及其中收录的 C. 萨克斯（C. Sachs）的评述，就会看出，以希腊文 ΣΩΤΗΡ ΜΕΓΑΣ（*Sôtêr megas* 或曰"大救世主"）自诩的那位君主，他使用的唐嘎，是由上部的三齿叉（trident pointes）和一段被短线横截、底部由圆环收结的竖柄构成；这位君主被部分研究者确定为贵霜王维马·塔克托（Vîma Taktoû）[17]。典型的四齿唐嘎随维马·卡德菲希斯（Vîma Kadphisès [18]，钱币标作 OOHMO ΚΑΔΦΙΣΗΣ）出现，并被继任者迦腻色伽一世保留；迦腻色伽一世在位期间即贵霜帝国的鼎盛期。胡毗色伽（Houvichka，巴克特里亚文作 OOHЬΚΕ、OOHЬΚΙ）统治时期，

卡德菲希斯一世 （Kadfiz I）											
卡德菲希斯二世 （Kadfiz II）											
迦腻色伽 （Kanishka）											
胡毗色伽 （Huvishka）											
韦苏提婆一世 （Vasudcva I）											
韦苏提婆二世 （Vasudcva II）											
巴卡哈纳 （Bakarna）[16]											

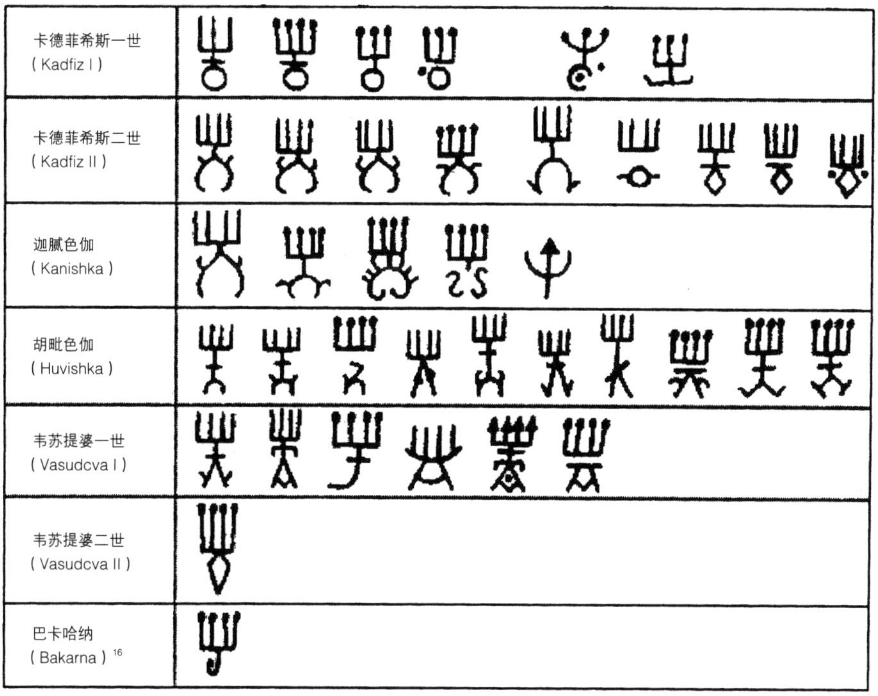

图 2-22　由 A. K. 阿基切夫提出的贵霜王室唐嘎的归属方案（A. K. 阿基切夫，1984）

唐嘎下部起了变化：如同 *Sôtêr megas*（大救世主）的唐嘎，支撑四"齿"的短"柄"被一条细线横截；但有一种以 OOHÞKI 名义发行的货币所带的唐嘎却与迦腻色伽的相同。在随后的国王——韦苏提婆（Vâsoudeva ／ BAZOΔHO）和瓦西卡（Vâsichka ／ BAZHÞKO）治下，这一横线依旧存在，唐嘎下部的图形呈现出程度不等的轻微的图案化趋势；有些差别可能是由刻画时的精细度不同造成，并不应归结为唐嘎自身发生了变化（图 2-23）。

塔吉克斯坦塔赫特 - 伊 - 桑金（Takht-i-Sangin）发现的一根圆柱的底座上刻画着一组唐嘎，它们被 S. A. 伊森科划归给了月氏人（图 2-24）。

至于巴克特里亚和北印度其他游牧民族的唐嘎，问题就更加复杂了。涉及的钱币往往归属不明；有些时候，钱币学家常常会在"印度 - 塞人"［常被不甚恰当地称作"印度 - 斯基泰人"（Indo-Scythes）］、"印度 - 帕提亚人"（Indo-Parthes）和月氏人之间举棋不定（图 2-25）。除了希腊传统的交织字母（见前文讨论帕提亚人的部分）之外，这些钱币还带有一些既可能是唐嘎也可能是当地宗教象征物的符号，例如印度的南迪之足（*nandipada*）[19]，这是一种由圆环和上面的字母 ω 构成的图形［关于它的含义，参见 M. 贝

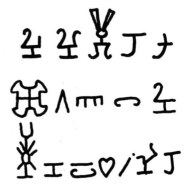

图 2-23　见于金币上的贵霜君主唐嘎
上："大救世主"，维马·卡德菲希斯和迦腻色伽的唐嘎。
下：胡毗色伽、韦苏提婆的唐嘎。

图 2-24　刊刻在一根石柱底部的唐嘎（贵霜？）
塔吉克斯坦塔赫特 - 伊 - 桑金出土。

交织字母和符号

图 2-25　巴克特里亚希腊化诸王货币上的符号和其后游牧君主货币上的符号对照图
图中包括交织字母、唐嘎和印度宗教的象征符号——南迪之足（"印度‐斯基泰人"第 31 号符号、"印度‐帕提亚人"第 2 号符号和"贵霜"第 2 号符号）。这是 1914 年的总结，难免存在着一些不足和欠准确的地方。[R. B. 怀特海（R. B. Whitehead），1914]

尼斯蒂（M. Bénisti），1977；图 2-26]。此类符号代表了宗教的含义，还是如同西方纹章（héraldique）中的某些十字架那样用作君主的标志？归属最为明确的唐嘎要数国王"贡多法斯"（Gondopharès，希腊文钱币铭文作所有格形式 YNΔOФЕPPOY，印度语铭文作 *Gadavirasa* 或 *Gudapharasa*）的唐嘎，他大概是纪元之交或 1 世纪上半叶印度 - 帕提亚人的君主。该唐嘎由一段竖柄和下部的横"足"，以及上部的圆环构成，圆环上伸出两个交叉的笔直的"角"。另一位印度 - 帕提亚王阿布达加西斯二世（Abdagasès Ⅱ，帕提亚文作 *Abdagaš*）的货币上也出现过这个唐嘎；阿布达加西斯二世应该是在 1 世纪的最后 25 年或 2 世纪初的时候执掌政权（*De l'Indus à l'Oxus*，2003；图 2-27）。按照 S. A. 伊森科（2001）的说法，该唐嘎或被贵霜政权的缔造者——库季乌拉·卡德菲希斯（Koudjoula Kadphisès[20]，约 30 ~ 80）沿用；但 A. K. 阿基切夫（1984）此前已经指出，库季乌拉·卡德菲希斯的唐嘎是一个带三"齿"或四"齿"的"大叉"。

贵霜帝国的文化极为庞杂，这由它的伊朗 - 希腊 - 印度万神殿即可见一斑。因此，贵霜君主的唐嘎当有多重的来源，不过最为可能的还应该是月氏氏族的传统，即缔造这一王朝和国家的氏族的传统。或许有一天，能够借此发现月氏人的迁徙起点（汉语史料将其定在甘肃）以及他们的迁徙路径（图 2-28）。

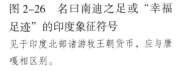

图 2-26 名曰南迪之足或"幸福足迹"的印度象征符号
见于印度北部诸游牧王朝货币，应与唐嘎相区别。

图 2-27 "印度 - 帕提亚"国王阿布达加西斯钱币上的唐嘎（1 世纪?）

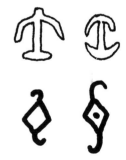

图 2-28 吐火罗斯坦北部（巴克特里亚北部）中世纪初期货币上的唐嘎

欧洲的萨尔马泰－阿兰唐嘎

在乌拉尔和多瑙河之间搜集到的萨尔马泰－阿兰唐嘎，因其数量和种类，成为古代唐嘎中最重要的一批材料，而且也是被研究得最多的一批材料。萨尔马泰－阿兰唐嘎的载体极为多样：首饰、服饰、武器、容器、工具、马具配件、青铜镜、石碑、钱币等（图 2-29 ~ 图 2-33）。很明显，它们也用于标记坐骑和其他牲畜：乌克

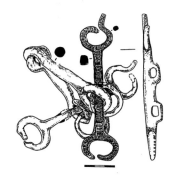

图 2-29　配有唐嘎形马镳的马衔（铁质错金）
俄罗斯罗斯托夫地区塔奈斯（Tanaïs）附近察尔斯基（Tsarskiï）墓地 64 号库尔干 1 号墓出土。
［M. 巴贝斯（M. Babeş），1999，据 M. 弗拉斯基内（M. Vlaskine）］

图 2-31　乌克兰扎波罗热（Zaporijjia）带一萨尔马泰–阿兰风格唐嘎的人形雕像

图 2-30　刊刻于崖壁上的萨尔马泰–阿兰唐嘎
发现于俄罗斯达吉斯坦乌埃塔赫（Ouïtach）。
（Stepi...，1989）

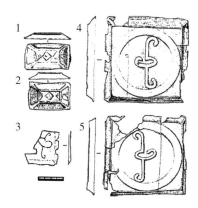

图 2-32　木质马具上的金叶牌饰
3 世纪下半叶，俄罗斯奥伦堡（Orenbourg）地区波克罗夫卡（Pokrovka）2 号墓地 9 号库尔干出土。牌饰上面有同一唐嘎的不同变体。［E. A. 斯马古洛夫等，2009；据 V. Iou. 马拉切夫（V. Iou. Malachev）和 L. T. 亚布隆斯基（L. T. Iablonski）］

图 2-33　萨尔马泰 - 阿兰人的青铜镜
公元最初的几个世纪,克里米亚潘蒂卡佩/刻赤出土。
(I. 莱贝丁斯基,2002)

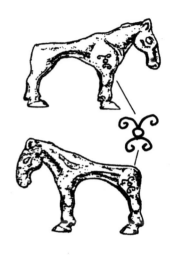

图 2-34　马的细部
1 世纪。该马构成乌克兰文尼察地区波罗希 1 号墓
出土银杯的錾耳,马身由同一唐嘎标记了两次。[据
A. V. 西蒙年科 (A. Simonenko) 和 B. I. 洛波 (B. I.
Lobaï),有改动]

兰文尼察(Vinnytsia)地区波罗希(Porohy)出土了一件金质容器(1 世纪),其錾耳呈马形,马的右肩和左尻带有相同的唐嘎,容器底部装饰着另一个不同的唐嘎(图2-34 [21])。奥尔比亚(Olbia)[22]北部马拉·科日尔卡(Mala Kozyrka)发现的石碑,也有一匹打了标记的马(唐嘎位于肋部,四蹄之间标有另一个唐嘎);刻赤 - 格里尼希奇(Kertch-Glinichtché,克里米亚)找到的一头黏土烧制的公牛,也被打上标记,唐嘎位于公牛的肩部。

唐嘎的形状和复杂程度各不相同,目前已知的样式多达数百种。最为简单的包括三曲腿形、卐字纹(这里肯定是用作唐嘎而非巫术 - 宗教符号)、有着各种凸起的圆环、"大叉"和"三叉戟"等。最为复杂的样式通常应由多个简单的要素——内旋的涡纹、外卷的"角"、图案化的"鸟"、新月形、Y 形或 S 形等——围绕着纵轴(围绕横轴的比较少见）进行组合。有些组合作对称结构，有些则不对称，或呈现出某种动态的不平衡，例如那些让人联想起奔跑者的唐嘎（当然这需要相当的想象力）。人们可以归纳出许多同质的组别，每个组别的唐嘎有着一个共同的基调，相互间只在细节上显露出差异——不过这些差异十分鲜明，而这也正是唐嘎这种标记方式所要求的。

前文提到，公元前 5～前 4 世纪，抽象的标记在撒乌洛玛泰伊人和早期萨尔马泰人中已偶有使用。但是，唐嘎的大规模普及却要晚得多，也即在公元前 1～公元 2 世纪、考古学上的“萨尔马泰中期”阶段才开始涌现。最早的实例之一是见于佩茨恰尼（Petschanyï，俄罗斯克拉斯诺达尔地区）10 号墓所出青铜镙上的唐嘎（在制作时便被浇铸上去了），年代为公元前 1 世纪下半叶（图 2-35）。

总体来看，唐嘎的数量要等到纪元初之后才开始多起来，因而这一增加在年代上与其他可能源自“东方”的新生事物的出现相同步（参见前文），也与被认为控制了古代萨尔马提亚大部分地区的阿兰人进入史学家视野的时间相同步。所以，有些学者认为，唐嘎是由阿兰人输入广义的“萨尔马泰”文化中的。不管怎样，和讨论某些武器种类时的情形一样，应该承认：唐嘎的传播与民族和部落的迁徙有关，而这些迁徙也让阿兰人作为新兴的游牧势力登上了东欧的舞台。阿兰人以外的其他民族，显然也采纳了这一新的标记系统。

东起乌拉尔、西抵多瑙河，唐嘎在整个萨尔马泰以及后来萨马尔泰 - 阿兰人的

图 2-35　萨尔马泰青铜镙
公元前 1 世纪下半叶，俄罗斯克拉斯诺达尔地区佩茨恰尼 10 号墓出土。青铜镙两耳下各铸一唐嘎。

版图范围内都有发现（图2-36）。沿着这个方向，它们的踪迹一直延续到匈牙利平原（E.伊波特沃诺维茨和V.库尔克索，2006；图2-37、图2-38）。S. A.伊森科（2001）专门对各个地方性的组群进行了研究，他认为，这些组群透露出某些氏族在特定地区占据着主导的位置。他编制的地图让这类重要的聚居现象得到了有效的呈现。

谈到这一题目，就不得不提及由国王法尔佐什（Pharzoios）和因斯米奥斯（Insméos）的钱币与唐嘎引出的疑惑。相关事实如下：希腊人的大城——黑海的

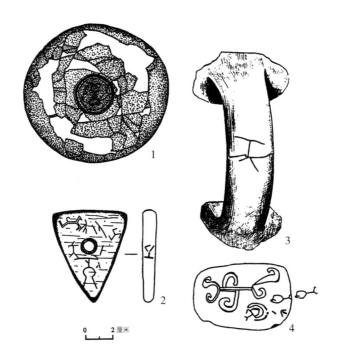

图2-36　见于各类器物上的萨尔马泰－阿兰唐嘎

1. 沃罗涅日区蒂奇赫（Tittchikh）"达维多沃（Davydovo）宝藏"中的银碗

2. 沃罗涅日区切尔托维茨科耶（Tchertovitskoïé）6号库尔干11号墓出土的玛瑙"坠饰"或柄首配件

3. 切尔托维茨科耶3号房屋遗址出土的陶容器鋬手

4. 利佩茨克地区西尔斯科耶·戈罗迪奇（Syrskoïé Gorodichtché）出土的陶片

这些器物出自南俄顿河流域的森林草原地带。（A. P. 梅德韦杰夫，2008）

（Pontique）[23] 奥尔比亚，位于乌克兰南部草原第聂伯河（Dniepr）与布格河（Boug）的河口，在历史上，它经常被邻近的游牧民族统治。1 世纪下半叶，两位前后相继的"蛮族"国王让人在此轧制了带有他们名字和唐嘎的钱币。先是年代为公元 60 ~ 70 年的"国王法尔佐什（所有格是 ΨΑΡΖΟΙΟΥ；在考古学文献中，俄罗斯和

图 2-37 从萨尔马泰器物上收集到的唐嘎
公元最初的几个世纪，见于匈牙利大平原。

图 2-38 装饰有三匹狼和一个唐嘎的萨尔马泰人金牌饰
匈牙利多瑙豪劳斯蒂（Dunaharaszti）出土。（据 A. 瓦代）

乌克兰的考古学学者通常转写成 Farzoï）"的金币，背面附有一只鹰，鹰爪抓握一截短棒，短棒两端各以一外旋的涡纹结束（图 2-39）。因斯米奥斯（ΙΝΙΣΜΕΩΣ）的银币稍晚，年代为公元 79 ~ 81 年。这位国王的肖像与一唐嘎相配，唐嘎由位于中间的圆环和圆环伸出的两根短线构成，短线

图 2-39 法尔佐什国王钱币上的图案和"唐嘎"的各种细微变化

图 2-40 因斯米奥斯国王钱币上的唐嘎
1 世纪轧制于奥尔比亚。
[M. 巴贝斯，1999，据 J. 维尔纳（J. Werner）]

末端各以一涡纹收尾（图 2-40）。

毫无疑问，因斯米奥斯的标记是个唐嘎，因此其所有者就该是个萨尔马泰人或阿兰人（虽然附近克里米亚的晚期斯基泰人也已经使用唐嘎）。法尔佐什的例子就不那么明显了，这既与那个符号的位置有关也与它的形态有关。V. S. 德拉丘克（1975）觉得那是个希腊神杖，也可以把它看成宙斯的雷电，雷电由代表他的鹰爪抓握着。

但 A. V. 西蒙年科（2001）却因它与因斯米奥斯的唐嘎外形相似，故而将它看作唐嘎，并推测因斯米奥斯是法尔佐什的儿子。

这个看似琐屑的问题并非那么简单，因为这两个唐嘎似乎流传甚广。法尔佐什的唐嘎（姑且认为它是个唐嘎）在摩尔达维亚（Moldavie）的格鲁赫卡（Grouchka）有过发现。更为重要的是，因斯米奥斯的唐嘎出现在别的许多地方，例如见于波罗希（乌克兰文尼察地区，1 世纪）一座萨尔马泰奢华墓葬出土的剑饰上，又如出现在一座色雷斯（Thrace）墓中发现的金质剑首上（图 2-41），该墓是保加利亚查塔卡

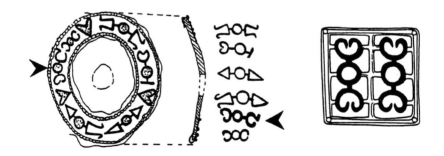

图 2-41 萨尔马泰 – 阿兰剑饰
左：柄首包金饰件；右：青铜鞘上的饰件。保加利亚旧扎戈拉地区罗查瓦·德拉加纳 / 查塔卡 2 号色雷斯墓出土[24]。（M. 巴贝斯，1999，据 J. 维尔纳）

（Tchatalka）的"罗查瓦·德拉加纳"（Rochava Dragana）库尔干 2 号墓葬，时代为 1～2 世纪。另外，罗马尼亚奥卡尼察（Ocnița/*Buridava*）出土了一件形如这种唐嘎的包金铁质牌饰（图 2-42）。这种时间和空间上的相对统一，显然绝非出于偶然。因斯米奥斯的唐嘎应该属于某个活跃在纪元之初的氏族，它统治着萨尔马泰 - 阿兰世界的西部地区。不过，这个群体的确切身份却很难判断。有人认为是奥尔塞人，虽说奥尔塞人的故乡更偏东，但其中的一部分

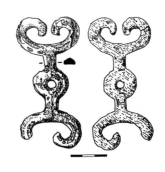

图 2-42　呈萨尔马泰唐嘎形的铁质包金牌饰
罗马尼亚沃尔恰（Vâlcea）地区奥卡尼察出土。
高 10.7 厘米。形状与因斯米奥斯国王的唐嘎相同。
尽管包金显示它们应属装饰品，但可以想象，萨尔马泰 - 阿兰人标记牲口用的烙铁大致就是这个样子。
（M. 巴贝斯，1999）

人却来到了位于西部的乌克兰草原；也有人认为他们就是阿兰人——这里忽略了一点：对于很多研究者而言，奥尔塞人就是阿兰人的一个族裔来源（关于这一点，可参见 A. V. 西蒙年科，1982、2001；A. V. 西蒙年科和 B. I. 洛波，1989）。

　　萨尔马泰 - 阿兰人使用唐嘎时有个特点，那就是在同一件物品上叠加多个符号。这种现象在蒙古和其他地方也有发现（参见前文），有时达数百个之多，被不那么严谨地称作唐嘎的"总汇"。典型的例子包括奥尔比亚的大理石狮子，以及潘蒂卡佩 / 刻赤"王家"库尔干神道（*dromos*）上发现的石柱（图 2-43）。除此之外，在各种器物上也有多个唐嘎共存的现象。罗查瓦·德拉加纳出土的金质剑首就包含着 6 个唐嘎，由装饰性元素区隔，分为三组[25]。这些组合的含义可以通过各种比较来加以推测：也许涉及"贵族的世系"（quartiers de noblesse），概括了唐嘎所有者的出身或是显赫的联姻；还可能是"君主"（suzerain）的唐嘎与"封臣"（vassal）的唐嘎相组合。北高加索居民的物品上发现过类似的成组唐嘎，Kh. 亚赫塔尼戈夫（1993）列举了一件卡巴尔达人的木质单把杯，其上出现了"多个家族唐嘎的图样"，照片中可以看到的器表部分，

图 2-43　刊刻在石柱上的萨尔马泰 - 阿兰人的唐嘎"总汇"（encyclopédie）

公元初的几个世纪，克里米亚潘蒂卡佩 / 刻赤。

（I. 莱贝丁斯基，2002）

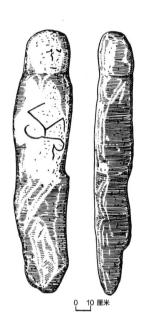

0　10 厘米

图 2-44　克里米亚"阿拉巴特岬"发现的晚期斯基泰雕像

（Stepi...，1989）

装饰着 4 个或 5 个唐嘎。

　　"晚期斯基泰人"也接受了萨尔马泰 - 阿兰人的唐嘎。"晚期斯基泰人"就是残存下来的斯基泰人，他们转入定居，并与其他民族的成员发生了混血。公元初的几个世纪里，"晚期斯基泰人"依然维持在克里米亚和第聂伯河下游。例如，克里米亚"阿拉巴特岬"（Fléche d'Arabat）出土的人形丧葬纪念碑上，就出现了一个典型的唐嘎（图 2-44）。

　　萨尔马泰 - 阿兰人对于唐嘎的使用，一直延续到 4 ~ 5 世纪，并随着他们的文化在大入侵时期一道消亡。晚期的证据很少。克里米亚出土过一件两端渐粗的镯子，这是大入侵时期极为流行的样式，镯子上带有一个典型的唐嘎（图 2-45）。1987 年出版的图录《日耳曼人、匈人和阿瓦尔人》（*Germanen，Hunnen und Awaren*）[26]，将其定年在 5 世纪，但这种类型的唐嘎却可以追溯到公元前 1 ~ 2 世纪的"萨尔马泰中期"阶段，尼科尔斯科埃（Nikol'skoïe，俄罗斯阿斯特拉罕地区）12 号库尔干 1 号墓的随葬品中就发现过一例。兰斯市 [27] 让 - 法特煤矿（la Fosse Jean-Fat à Reims）的"蛮族"墓葬，出土了一面游牧民族的青铜镜,装饰它的唐嘎与因斯米奥斯国王的唐嘎（参见前文）极为相似，只是中间的圆环上打了一个杠；这面铜镜在第一次世界大战期间遗失（图 2-46）。该镜无可争辩地揭示出，数量可观的萨尔马泰人和阿兰人于 4 ~ 5 世纪出现在

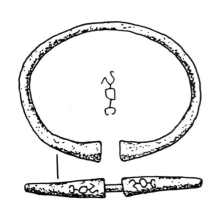

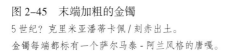

图 2-45　末端加粗的金镯

5 世纪? 克里米亚潘蒂卡佩／刻赤出土。

金镯每端都标有一个萨尔马泰 - 阿兰风格的唐嘎。

图 2-46　兰斯市让 – 法特煤矿"蛮族"墓出土的金属镜

4 世纪或 5 世纪。高 5.8 厘米。迄今为止，它仍是西方发现的唯一一件带有萨尔马泰 - 阿兰唐嘎的器物（第一次世界大战期间遗失）。[兰斯博物馆（Mussée de Reims）1901 年旧图录，M. 卡赞斯基（M. Kazanski）1986 年公布的插图]

高卢；但器物本身的年代仍不易判断，因为其形态同样可以上溯到萨尔马泰中期。

匈人时代之后，在东欧存续下来的阿兰人（克里米亚、顿河流域，尤其是在北高加索）肯定还在继续使用唐嘎，只是与先前时期相比，唐嘎的材料证据没那么充分。我们认为，乌克兰第聂伯河下游坎蒂尔卡（Kantsirka）遗址发现的阿兰陶器，上面的制作者标记并不属于唐嘎，倒有可能是象征太阳的符号（圆中画着十字）。这些符号也见于中世纪早期克里米亚的古迹，这些古迹与半岛上庞大的阿兰人群体有关，例如丘弗特 - 卡莱（Tchoufout-Kalé）发现的石门（符号呈 Y 形和图案化的心形；图 2-47）、斯卡利塞耶（Skalistoïé）墓地上的石碑等。待到 8～10 世纪,阿兰人和讲突厥语的"原始保加利亚人"（Protobulgares）一样，部分并入了可萨（Khazars）帝国[28]。据 S. A. 伊森科（2001）推测，可萨时期见于东欧的唐嘎，实际上大部分都属于阿兰人的各个群体，但落实起来，又很难判断它们具体该归属于哪个人群，因为这些符号往往见于古代的遗迹之上，缺少明确的考古学背景方面的关联（参见第三章）。

在北高加索，各种符号被刻到了基亚法尔（Kiafar）石棚的壁面上［俄罗斯卡拉恰伊 - 切尔克斯（Karachaï-Tcherkessie）］，这些史前遗迹大概在 11 世纪被阿兰人重新用作国王或贵族的墓地。这些符号中至少有一例应该归为唐嘎：这个符号由圆环及圆环上延伸出的 T 形构成（V. A.库兹涅佐夫，2009；V. A.库兹涅佐夫提到在克里米亚潘蒂卡佩 / 刻赤的一处古代石碑上，有一个类似的萨尔马泰 - 阿兰人的符号）。1 号"王"陵刻画的一个符号，由圆环和圆环上伸出的三个十字构成（图 2-48），这个符号的性质不甚明了。考虑到中世纪阿兰王国的基督教背景，它或许是个象征

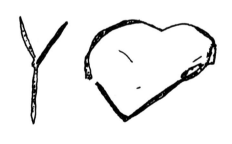

图 2-47　刊刻在阿兰城堡大门上的符号 6～7 世纪？克里米亚丘弗特 - 卡莱。

三位一体的符号。V. A. 库兹涅佐夫（2009）认为，这三个十字"可能代表着安葬在这里的三个人，都奉从基督教的信仰"。另外，我们也可以设想，阿兰人的国王在皈依之际采纳了一个新的、具有基督教含义的唐嘎。那些刊刻在诺格（Nogqäw）名曰"卡赫塔尔"（Chakhtar）纪念碑上的符号（俄罗斯北奥塞梯 - 阿兰共和国），被 G. F. 图尔恰尼诺夫（G. F. Tourtchaninov，1971）解释为字母，但它们更有可能是唐嘎。其中一个符号的涡纹形底部，让人联想起许多古代萨尔马泰 - 阿兰唐嘎上的相似图形（图 2-49）。

在奥塞梯沿用至 19 世纪的符号，有 部分可能就起源于中世纪阿兰人的唐嘎（参见第四章）。

图 2-48　见于基亚法尔最大石棚东壁上的符号
11 世纪？俄罗斯卡拉恰伊 - 切尔克斯。带三个浮雕十字架；该石棚被阿兰人重新用作墓地。

图 2-49　"卡赫塔尔"遗迹上刊刻的几种符号
俄罗斯北奥塞梯 - 阿兰共和国诺格。这几种符号被归属于中世纪的阿兰人。

博斯普鲁斯人的唐嘎

我们在这里而不是在一个专门讨论定居民族符号的章节，来研究古代博斯普鲁斯 - 辛梅里安王国的唐嘎，是因为这一研究涉及的对象，其实是萨尔马泰 - 阿兰唐嘎的一

图 2-50　博斯博鲁斯王国钱币上的三叉戟
它们或是王室唐嘎之外的另一种标志或象征系统。

个特殊分支（图 2-50）。

博斯普鲁斯王国是一个肇始于公元前 480 年的希腊殖民地联盟，这些殖民地位于刻赤海峡两岸、黑海和亚速海之间的"博斯普鲁斯 - 辛梅里安"。博斯普鲁斯王国存续的时间漫长（至少存续到 4 世纪），有着一部动荡的政治史。自公元前 1 世纪米特里达梯一世（Mithridate I er）与罗马征战之后，该国沦为后者的"仆从国"。然而专有名词学及考古学同样证明，自这一时期，也就是公元初开始，王国的精英们逐渐变得越来越萨尔马泰化了。萨尔马泰人的群体渗入希腊、土著辛德 - 梅奥蒂人（Sindo-Méotes）[29]和其他民族［主要是色雷斯人（thraces）[30]］的成分当中。王国的统治家族部分出自这些萨尔马泰人，或是与他们结盟，有的君主的名字如撒乌洛玛泰斯（Sauromatès），以及对唐嘎的采用明显证明了这一点。

包括 20 世纪 70 年代在内，之前撰写的有关博斯普鲁斯王国唐嘎的研究，许多都已过时。甚至 V. S. 德拉丘克（1975）内容详赡的著作，得出的结论也是错的。V. S. 德拉丘克认为，因为其他地方没有出现过类似的唐嘎，所以博斯普鲁斯唐嘎是博斯普鲁斯独特发展史的产物。自从在蒙古找到的极为相像的唐嘎材料得以公布（B. I. 温伯格和 E. A. 诺夫戈罗多娃，1976；S. A. 伊森特，1992、2001；参见前文），这一观点就不再成立。博斯普鲁斯王国的唐嘎应该被当作萨尔马泰 - 阿兰唐嘎的一个分支，更广泛地来说，应该是伊朗语游牧民族唐嘎的一个分支。

显然，只有一部分博斯普鲁斯王国的唐嘎可以与某个具体的国王确切对应（另外，关于各位国王统治年代的前后顺序也还存在若干疑问；不过，这里我们略过了这个问题）。关于其他一些唐嘎，则存在着或多或少说得通的假说。我们感兴趣的是，大部分博斯普鲁斯王国的唐嘎都遵循着一个统一的样式，剩下的则可能属于这个王朝家族以外的国王。

最为通行的样式通常被解析为由两部分要素构成：下面的部分恒定不变，形状是齿尖朝下的三叉戟，带有两个短小的、侧向卷曲的延展结构；上面的部分存在着变化，形似一只极度图案化的鸟，有的朝左，有的朝右，有时还会是两只鸟（见于撒乌洛玛泰斯二世的唐嘎）。多数情况下还见有一个第三要素，位于中间，呈圆形、三角形或菱形，"鸟"被"置于"其上（图 2-51）。

我们已经提到对这些唐嘎有过种种的解释。有的解释纯属异想天开，比如某种观点把它们当作由哥特人（Goths）引入

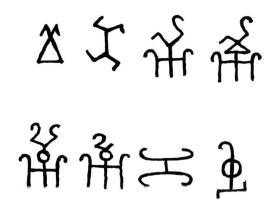

图 2-51 博斯普鲁斯王室的唐嘎
上：蒂娜迷丝女王（公元前 47～公元 8），阿斯普尔戈斯（10～37），菲梅耶尔茨？（131～153），提比略·朱利叶斯·埃伯特（153～174）。
下：撒乌洛玛泰斯二世（174～210），里赫斯库博里斯三世（Rhescuporis Ⅲ），伊宁蒂梅（234 或 235～239 或 240），霍特霍斯（Thothorsès, 286 或 287～308 或 309）

的日耳曼如尼文（runes germaniques）。H. 鲁普（H.Rupp）在这些唐嘎中看出了游牧民族从东方带来的佛教符号；但是，不仅王室的唐嘎没有明显的佛教特征，而且可以肯定，融入萨尔马泰群体中的中亚游牧民族也不信奉这种宗教。H. 耶尼琴有关泛伊朗君权标志（大的首领标志）的学说，将博斯普鲁斯的唐嘎归为了其中的一个类型。这一学说在理论上并非全无道理，但它对唐嘎的"解读"却不那么让人信服（由栅栏保护起来的带公鸡的旗标，参见第一章）。V. S. 德拉丘克认为，唐嘎的两个部分对应着两个不同的标志，分属于不同的传统。下部的"三叉戟"应该是波塞冬的武器，用作整个博斯普鲁斯王族的标志，该王族声称自己是希腊海神的儿子——尤波尔佩（Eupolpe）的后裔。而且三叉戟也只出现在各种王国的钱币上[31]。三叉戟上

看到的侧向的延展结构，可能是对海豚的图案化处理，海豚时常与海神的武器相伴，V. S. 德拉丘克引用拜占庭的斯塔特（statère）[32] 作为参照。至于上面的部分，则可能是每位君王的个人标记，出自萨尔马泰 - 阿兰人的唐嘎传统。如果撇开西部蒙古的唐嘎，这一分析是富有说服力的。但西部蒙古的唐嘎与博斯普鲁斯 - 辛梅里安唐嘎如此相近，而且也含有类似的三叉戟，只是它们肯定与希腊的神话无关。换言之，博斯普鲁斯王室的唐嘎，不管图案如何，都不是由唐嘎与希腊神灵的标志组合而成（尽管我们可以接受，它们原本是由两个唐嘎组合而成）。还存在着其他一些尝试性的"解读"，通常提出这些"解读"的人不是从这些唐嘎中辨认出动物（顶部的"鸟"、马），就是识别出了人形，如"宝座"上的女神，宝座由马的正面胸像（protomé）装饰。总之，这些假说的解释都很随意。

至少有两个归属非常明确的唐嘎，样式迥然不同，那就是伊宁蒂梅（Ininthimée，234 或 235 ~ 239 或 240）和霍特霍斯（Thothorsès，286 或 287 ~ 308 或 309）的唐嘎。伊宁蒂梅自称是提比略·尤里乌斯（*Tiberii Julii*）王族的合法成员，但 V. S. 德拉丘克指出，这对证明他的实际出身提供不了什么帮助，王族的名称差不多已沦为空名。然而，如果一个篡权者想强调自己的正统性，那他为什么一面顶着王族的称号，一面又不使用王室的唐嘎呢？新近对博斯普鲁斯王国进行综合性研究［V. M. 祖巴尔（V. M. Zoubar'）和 A. S. 鲁萨涅娃（A. S. Rousaïéva），2004］的学者提出，伊宁蒂梅可能隶属王朝的一个幼子分支。霍特霍斯的出身则不清楚。

伊宁蒂梅的名字（钱币上为希腊文的属格形式 ININΘIMHYOY、ININΘIMEOY；拉丁文作 *Ininthim[a]eus*）有时被拿来与国王因斯米奥斯（萨尔马泰人？）的名字做比较，因斯米奥斯是通过 1 世纪奥尔比亚轧制的钱币而为我们所知（参见前文）。奇怪的是，伊宁蒂梅的唐嘎与因斯米奥斯钱币上出现的唐嘎呈现出某种相似[33]。这两个人或出身于同一个族群？

除了王室的唐嘎之外，博斯普鲁斯古迹上也出现了一批典型的萨尔马泰 - 阿兰唐嘎，应当是那些具有萨尔马泰血统的领导人的唐嘎（图 2-52 ）。

综合各方面因素，博斯普鲁斯 - 辛梅里安唐嘎出现的时间，也许可以推定到纪元之交或纪元初期。蒂娜迷丝女王（公元前 47 ～公元 8 ）的钱币，出现了一个顶部带两个小"触角"的 Δ 形标志，它被拿来与类似的萨尔马泰唐嘎做比较。但更值得尝试的做法，是把它当作女王名字的首个希腊字母——即使认为这个首字母在当时可能已被当作唐嘎也没有关系。蒂娜迷丝的部分钱币出现过一个星形图案，那也许才是这一时期女王或王国的真正标志。接下来被认为能够确定身份的，是国王阿斯普尔戈斯（Aspourgos，10 ～ 37 ）使用的标志。阿斯普尔戈斯是个伊朗语名字——可能就是个萨尔马泰 - 阿兰语的名字（*aspa*——"马" + *urga* "强有力的"，参见奥塞梯语 *äfsyrğ* "神话中的马种"？），它与黑海的阿斯普尔贾诺伊（*Aspourgianoi*）部落的名字存在着联系。V. S. 德拉丘克（1975）认为，无论阿斯普尔戈斯使用的标记是否由两个萨尔马泰唐嘎组成，这个标记本身无疑也应该是一个游牧民族的唐嘎，因为从科西卡（Kossika，俄罗斯阿斯特拉罕地区）的一座萨尔马泰豪华墓葬中出土的一枚银勺，上面就出现了这个唐嘎；该墓的年代被推定在 1 世纪。能够完全有把握确认的、年代最

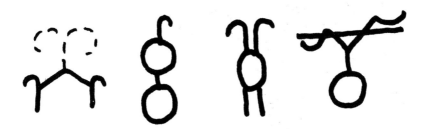

图 2-52　推测为博斯普鲁斯王国统治精英们的唐嘎

见于各种古迹，从左到右：塔曼半岛、潘蒂卡佩、塔奈斯、法纳戈里（Phanagorie）。这些精英已经"萨尔马泰化"了。

图 2-53　青铜带扣牌饰

克里米亚潘蒂卡佩 / 刻赤出土。牌饰上带有博斯普鲁斯王族提比略·朱利叶斯·埃伯特（153 ~ 174）的唐嘎。

（*Antičnye...*，1984）

早的王室唐嘎，当数提比略·朱利叶斯·埃伯特（Tiberius Julius Eupator，153 ~ 174）的标记[34]（图 2-53）。此后，唐嘎被证明在博斯普鲁斯王国一直沿用到 4 世纪。费奥多西亚（Théodosie，克里米亚）发现的以特黎丰（Tryphon）之子阿塔（Atta）的名义建造的石柱，年代为公元初至 3 世纪。柱上刻画的马匹标有一个样式典型的王室唐嘎，它证实了这些唐嘎有着与游牧民族唐嘎相同的用途（图 2-54）。

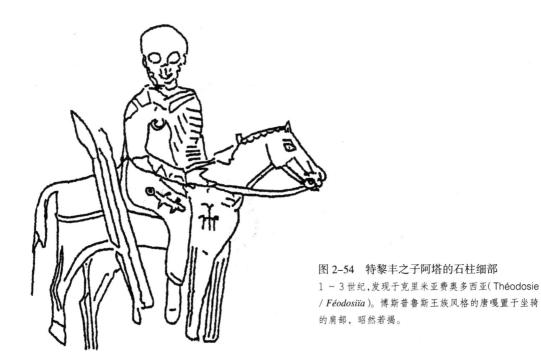

图 2-54　特黎丰之子阿塔的石柱细部

1 ~ 3 世纪，发现于克里米亚费奥多西亚（Théodosie / Féodosiïa）。博斯普鲁斯王族风格的唐嘎置于坐骑的肩部，昭然若揭。

译者注

1.《唐会要》卷七十二《诸蕃马印》，中华书局，1955 年。第 1305 页："骨利干马，本俗无印，惟割耳鼻为记。"原文认为骨利干本身并不使用唐嘎，只是通过割耳，甚至兼割吻鼻为标记。西文翻译似脱译"无""惟"二字。

2. 撒乌洛玛泰伊人是萨尔马泰人的前身，故并列。

3. 塔加尔文化分布于俄罗斯叶尼塞河中游的米努辛斯克盆地，大致包括克拉斯诺亚尔斯克地区和克麦罗沃州的东部。年代约为公元前 7 ~ 前 1 世纪，前接卡拉苏克文化，后续塔施提克文化。居民的体质类型属欧罗巴人种，与阿凡纳谢沃文化、安德罗诺沃文化的居民和黑海北岸的斯基泰人接近，或以为就是中国史书中的丁零人。塔加尔文化的早期遗存与卡拉苏克文化多有继承关系。

4. 此牌饰无图示。

5. 参见图 1-17 和图 1-21，博斯普鲁斯 – 辛梅里安国王提比略·朱利叶斯·埃伯特的唐嘎。

6. 乌兹别克语作 Xorazm、俄语作 Хорезм、英语作 Khwarezmia 或 Chorasmia，旧译"火寻"，塞语的意思是"太阳土地"。为中亚西部的地理单元，位于阿姆河下游、咸海南岸，今分属乌兹别克斯坦及土库曼斯坦两国。公元 700 年前后被阿拉伯人征服，11 世纪到 12 世纪受塞尔柱突厥统治。12 世纪，这里兴起了同名的王朝——花剌子模，强盛时期囊括中亚河中、霍拉桑与伊朗高原大部，1231 年为蒙古帝国所灭。

7. 索格底亚即粟特（Sogd 或 Sughda），一作"粟弋"，约当阿姆河、锡尔河之间的泽拉夫尚河流域（今塔吉克斯坦和乌兹别克斯坦境内），古希腊语作索格狄亚那（Sogdiana）；当地居民的语言属伊朗语族，首都马拉坎达（今乌兹别克斯坦之撒马尔罕，中国古籍作"悉万斤""寻思干""撒马儿罕"等）。公元前 6 世纪末为波斯阿契美尼德王朝所征服。公元前 329 年亚历山大入侵时，曾遭到当地的抗击。后相继附属塞琉西、巴克特里亚、贵霜诸国。公元 8 世纪被阿拉伯人占领。

8. 书中无图示。

9. 英文作 Sarmatia，维斯杜拉河与伏尔加河之间地区的旧称。

10. 参见图 2-12、图 2-13。

11. 石国，昭武九姓之一。波斯语 Chaj、Tash、粟特语 Cac，义为石，位于乌兹别克斯坦首都塔什干市。《魏书·西域传》称者石，《隋书·西域传》《通典》谓之石国，《大唐西域记》卷一曰："赭时国周千余里，……西临叶河，役属突厥。"明代改译为达失干。石国人善舞，有柘枝舞流行唐代长安，至宋代尤盛。天宝九年（750），高仙芝擒石国国王及妻子；十年（751），石国向大食求援，引发怛逻斯战役，高仙芝兵败，唐失中亚。

12. 特罗格·庞培或译庞培·特罗古斯（Pompeius Trogus），是罗马屋大维时期的史学家和博物学家，祖先为高卢人。他撰写的 44 卷本《腓利史》（*Historiae Philipicae*），是一部以罗马以外的世界为记述主体的通史。正是因为这部著作，特罗古斯与李维、萨路斯特、塔西佗被古人奉为四大拉丁文史家。查士丁（M. Iunianus Iustinus）约为 2 世纪末、3 世纪初的修辞学家，他对该书进行了摘录、删节，写成《〈腓利史〉概要》（*Epitoma Historiarum Philipicarum*）。后《概要》流行，原书散佚，只余各卷《前言》（*Prologi*）和保存在他人书中的残篇。

13. 法语 Oustiourt 即英文 Ustyurt，东临咸海和阿姆河（Amu Darya）三角洲，西连曼格什拉克（Mangyshlak）半岛和卡拉博加兹戈尔湾（Kara-Bogaz-Gol），多荒漠，少牧草。

14. 参见图 2-18，只是图中说明文字作"公元前 4～前 2 世纪"。

15. 图 2-20 第 43 号交织字母就是阿尔达班四世的唐嘎。

16. 未能查到与此名此人有关的信息，姑且据音直译。

17. 或以为他即是中国文献中提到的阎膏珍。

18. 也有以为他才是阎膏珍。

19. 这是个印地语词汇。南迪是印度教的神牛，既是湿婆的坐骑，也是湿婆神邸凯拉什山（Kailash，即冈仁波齐峰）的守护神。

20. 英文作 Kujula Kadphises，或以为即中国文献中提到的丘就却；应即图 2-22 中的卡德菲西斯一世。

21. 图中说明文字称为"银杯"，与正文中的"金质容器"有别。

22. 奥尔比亚，古代黑海沿岸希腊殖民城邦。为米利都人所建，位于今天乌克兰布格河右岸。公元前 6～前 3 世纪兴盛，以工艺品、商业贸易著称，也是重要的小麦产地。公元前 2 世纪由斯基泰人统治，6 世纪衰败。

23. 黑海，法文作 Mer Noire、英文作 Black Sea；古希腊人称之为 Pont Euxin/Pontos Euxinos/Pontus Euxinus，即欢迎之海。Pont 即海，Pontique 中的 -ique 为形容词后缀，该词为"海的""黑海的"之义。

24. 正文中两器分属两座墓葬，这里将它们统归为保加利亚查塔卡 2 号色雷斯墓了，误。

25. 参见图 2-41。

26. 原文为德文。

27. 兰斯，法国东北部城市。

28. 英文亦作 Khazars，一译哈扎尔人，古代厥突语游牧民族。4 世纪，从中亚西迁。7 世纪初，曾应援拜占庭击败波斯人。公元 661 年，被阿拉伯人逐出杰尔宾特，北退，击破大保加利亚汗国。后在伏尔加河下游和北高加索东部建立起可萨汗国。初都谢缅杰尔（Semender 或 Samandar），8 世纪初迁都伊蒂尔（til 或 Atil），并向西扩至亚速海沿岸、克里米亚和第聂伯河。公元 735 年，被阿拉伯人征服，皈依伊斯兰教。8 世纪末，又宣布犹太教为国教。与拜占庭帝国交往甚笃。10 世纪开始，不断受到基辅罗斯的侵扰；10 世纪末，遭罗斯王公的打击而衰落。12 世纪末，消亡。

29. 希腊古代称亚速海为沼泽或梅奥蒂德湖（Méotide），其周围的居民被称作梅奥蒂人。辛德人为其中的一支，英文作 Sindi，希腊文作 Sindones 或 Sindiani、Sindoi，公元前 1 千纪到公元初居住在塔曼半岛及黑海东北沿岸。公元前 5 世纪建立国家，首都辛达（Sinda）。公元前 4 世纪并入博斯普鲁斯王国，在黑海沿岸诸部族中希腊化程度最高。公元初与萨尔马泰人混合。

30. 色雷斯，英文作 Thrace、希腊文作 Thráki、拉丁文作 Thracia，希腊古典时代所指的范围大致北临多瑙河，东达黑海和马尔马拉海，南濒爱琴海（北部亦称色雷斯海），西隔斯特里蒙河（Strimon）与马其顿相邻，相当于今南保加利亚，斯特里蒙河与赫布鲁斯河（Hebrus，今马里查河）之间的希腊部分及赫布鲁斯河以东的土耳其欧洲部分。当地居民称色雷斯人，属印欧语系，被希腊人视为蛮族。公元前 8 世纪起，希腊人即在色雷斯沿海建立数处殖民地，最著名的有拜占庭以及卡尔基迪斯半岛上的殖民地和刻松。公元前 510 ~ 前 479 年，色雷斯臣属于波斯，希波战争中支持波斯。波斯人撤走后，南色雷斯的奥德律塞（Odrysae）部落首领忒勒斯（Tere）称王，建立奥德律塞王国。其子西塔尔克斯（Sitalces，? ~ 公元前 424）在位时称雄于亚得里亚海和黑海地区。在伯罗奔尼撒战争中支持雅典，与马其顿国王佩狄卡斯二世作战。公元前 5 世纪末衰落，斯特里蒙河以西为马其顿所夺。公元前 359 年分裂为三个小王国。公元前 356 ~ 前 342 年被马其顿腓力二世征服。亚历山大大帝死后属莱西马库。公元前 197 年后归帕加马王国。罗马统治时期，当地的萨帕伊人（Sapaei）王朝有一定的自主权，曾支持庞培反对恺撒，继而又支持布鲁图斯等共和派反对安东尼和屋大维。公元 6 年，原北部海姆斯山脉（Haemus）至多瑙河的一片土地划归新建的默西亚行省管辖，公元 46 年山脉以南的广大地区设立色雷斯行省，委派总督（procurator）统治。图拉真在位时，建立萨尔迪卡(今索菲亚)、亚得里亚堡(今土耳其埃迪尔内)等城。3 世纪时屡遭蛮族入侵。戴克里先时代，色雷斯为十二大行政区之一，其下划分为几个小省份。公元 395 年罗马帝国分裂后属东罗马帝国。

31. 参见图 2-50。

32. 对各种古代硬币的通称。

33. 参见图 2-51 下行右 2 与图 2-40。

34. 还可参见图 2-51。

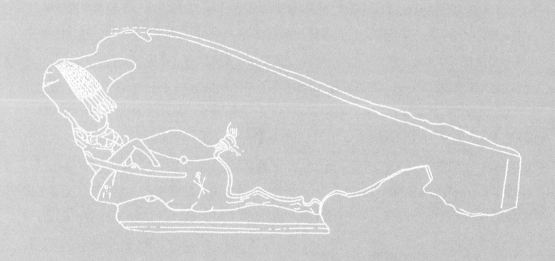

第三章

中世纪和近现代阿尔泰语
游牧民族的唐嘎

公元前后的几个世纪里，逐渐在大草原上取代"斯基泰"居民的游牧民族，大都属于阿尔泰语系的民族。匈人和阿瓦尔人的确切身份尚待考证，但继他们之后的，就主要是广义的突厥人和蒙古人了，通古斯（toungouse）语族与森林世界的关系密切，生活方式不同。

这些民族极有可能承袭或借鉴了"斯基泰人"的唐嘎。与后者相反，他们的某些唐嘎直到近代甚至现在都还在被使用着，这就为我们认识唐嘎的用途打开了一个鲜活的视角。

伊朗语民族的遗产？

继伊朗语游牧民族之后，大量的阿尔泰语游牧民族登上了历史舞台，这通常是以对前者的伤害作为代价。他们将伊朗语民族驱逐，有时甚至是毁灭，但也常常会将其中的一部分融合进来。不管怎样，阿尔泰语游牧民族的文化将伊朗语游牧民族文化中的许多要素都承袭了过来（相同的环境压力以及文化上的承袭给趋同性带来的影响各不相同，可参见 I. 莱贝丁斯基，2007）。因此，突厥或蒙古游牧民族的唐嘎是对萨尔马泰 - 阿兰和亚洲"斯基泰"唐嘎传统的延续，这一点是显而易见的，并且几乎已被普遍接受。游牧民族的唐嘎与迥然不同的文化背景下产生的同类符号，可能会有某些相似之处，但那都属于纯粹的巧合；与此相反，阿尔泰语游牧民族与斯基泰游牧民族在文化上相对统一，他们之间的唐嘎肯定存在着传承性的联系。

在确定此点之后，我们又能否廓清这种传承所发生的地区和年代呢？公元前 3 世纪末，匈奴人建立起首个强大的、应该是以阿尔泰语为特征的游牧帝国（当然，匈奴人的语言归属尚存争议），但我们却缺少他们在蒙古和外贝加尔可能使用过唐嘎的证据。S. A. 伊森科认为，匈奴人的唐嘎应该影响了那些更晚时期在东部蒙古使用的唐嘎。两部分蒙古[1]的岩画被认为归属匈奴和他们的继任者——鲜卑，而其中的一些或许就是唐嘎［N. 伊什詹茨（N. Ishjamts），1996；图 3-1］。

关注的焦点自然而然就转到了那些广义的"匈人"（hunniques）民族，自 4 世纪伊始，他们就在伊朗语游牧民族与阿尔泰语游牧民族的历史和文化之间起着桥梁的作用。

欧洲匈人（约 370 ~ 470）本身可能讲的是突厥语，但他们应该与萨尔马泰人、阿兰人有过密切的接触，文化上呈现出许多"斯基泰的"特征；不过，在他们中间却还没有唐嘎被发现。虽然找到了若干刻画的符号，例如俄罗斯车里雅宾斯克（Tcheliabinsk）区穆斯利奥莫沃（Mouslioumovo）出土的金项圈上出现了末端弯曲的卍字纹（图 3-2），但这些符号大概都无法被归为唐嘎。唐嘎的缺失是因为这种匈人文化比较"落后"（pauvreté）——在他们的文化中确实也没见到过动物艺术，还是因为那些符号的载体都已消失？我们来引述一下 O. 马恩琴 - 赫尔芬的观点，他认为："匈人显然应该拥有某种方法用来区分马匹的归属。我想，大致可以肯定，他们是用与萨尔马泰人相似的唐嘎来标记马匹的。"但是，所有匈人的唐嘎无一例外全都消失了，而且也从来没有一个唐嘎被刻到金属或骨质器物上，这不显得有悖于常理吗？

图 3-1　中国内蒙古和蒙古国的岩画
公元前 2 ~ 公元 2 世纪。岩画被认为归属
于匈奴人和鲜卑人。其中有些可能是唐嘎。
（N. 伊什詹茨，1996）

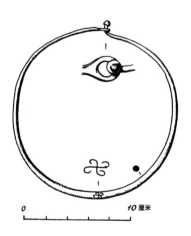

图 3-2　匈人时代游牧民族墓葬出土的金项圈
俄罗斯车里雅宾斯克地区穆斯利奥莫沃匈人时代的
游牧民族墓葬，项圈上的卍字纹可能并非唐嘎，而
是宗教符号。（I. 扎塞茨卡亚，1994）

中亚和巴克特里亚"匈人"的情形却不一样。这些被古代作家（拉丁语、希腊语、波斯语和印度语）称作"匈人"的游牧或半游牧民族，包括匈尼特人、寄多罗人、嚈哒人和阿尔洪人（Alkhons）。他们的身份以及彼此之间的关系尚不清晰［R. 吉尔什曼（R. Ghirshman），1948；I. 莱贝丁斯基，2007］，有的作者将他们视为阿尔泰语民族；而另一些人，如 R. 戈布尔（R. Göbl）所理解的那样，把他们看成"讲伊朗语的匈人"。中亚和巴克特里亚的这些"匈人"部落，应该都是多民族的混合群体。嚈哒君主呈现在钱币上的容颜更像是属于欧罗巴人种，而且寄多罗人和嚈哒人也曾把巴克特里亚语（bactrien，东南伊朗语）用作官方的语言。

所有这些亚洲"匈人"的考古材料都十分稀缺，我们主要依靠的是钱币学的证据。约自公元 375 年起匈尼特人占据了巴克特里亚，4 世纪和 5 世纪之交这里轧制的萨珊货币的仿制品即被归属于他们。这些钱币以诸王之王瓦拉赫兰四世（Varahran Ⅳ，388～399）[2] 的各种钱币作为蓝本，上面带有戈博齐科（Goboziko）这一名字和一种在中亚同样颇为常见的唐嘎式样（萨尔马泰-阿兰人中也存在着类似的变体[3]；图 3-3）。嚈哒人的钱币，尤其是那些用希腊-巴克特里亚字母题写着 AΛXAN[N]O "阿尔洪"铭文的钱币，也都有唐嘎出现；阿尔洪可能代表了氏族或是部落群体（图 3-4）。阿尔洪人的唐嘎还见于一枚巴克特里亚的印章，印章上题写着 asbarobido "骑

图 3-3　4 世纪末或 5 世纪初的唐嘎
见于以"戈博齐科"名义轧制的货币上。

图 3-4　5 世纪下半叶阿尔洪国王钦吉拉
（Khingila）的银币上的唐嘎

图 3-5　巴克特里亚出土的印章
印章带有嚓哒 / 阿尔洪显贵的肖像，以及用巴克特里亚字母撰写的铭文——*asbarobido*"骑兵首领"和阿尔洪王族的唐嘎(倒置的)。(V. P. 尼科诺罗夫，1997)

兵首领"的字样，唐嘎是倒置的（图 3-5）。该唐嘎不仅与萨尔马泰 - 阿兰以及后来突厥人（塞尔柱帝国）的唐嘎相似，还与萨珊时期的一个波斯符号一模一样[4]。所以，亚洲"匈人"的唐嘎虽未给他们民族语言（ethnolinguistique）的归属问题带来具有价值的线索，但却为唐嘎的传播链提供了一个可能的环节。

在这同一个过渡期，还应该提一下由阿瓦尔人，也称"伪阿瓦尔人"（Pseudavars）或"瓦尔霍尼特斯人"（Ouarkhonites）的唐嘎引出的问题。阿瓦尔是个混合群体，为了逃避突厥人，他们可能在一个讲阿尔泰语的集团——他们的头衔透露了这一点——的领导下，于 6 世纪中叶进入欧洲草原，并在喀尔巴阡盆地安顿了下来。被归属于他们的唐嘎通常比较修长，而且做工十分考究。问题在于，这些符号大多是从腰带金属坠件的纹饰中"辨识"出来的——这种腰带垂着许多细皮条（因此符号都呈修长的形态），如泽格瓦赫（Szegvár）、基索克罗斯 - 瓦罗萨拉特（Kisőkrös-Városalatt）、丰拉克（Főnlak）、布罗道格（Boldog）等地出土的皮带[5]，而这种辨识是否恰当，在考古学家们中并未达成共识（图 3-6）。Gy. 拉兹洛、V. 比巴科夫（V. Bybakov）、I. 布纳（I. Bóna）认为它们就是唐嘎，而 I. 科夫里格（I. Kovrig）觉得不是，但他提出的理由却值得商榷，并遭到了 I. 布纳的驳斥。I. 科夫里格的理由是：这些符号呈现出对称性的特点——但这却是许多唐嘎传统的典型做法；同一枚腰带饰件上出现了多个符号。值得注意的是，类似的纹饰也出现在意大利伦巴第人（Lombards）[6]的腰带上［卡斯特尔·特罗西诺（Castel Trosino）、丘西（Chiusi）和瓦尔多纳加（Valdonaga）][7]，这表明在公元 568 年出发前往意大利北部之前，伦巴第人在中欧与阿瓦尔人有过接触。阿瓦尔型的符号在乌克兰森林草原彭基夫卡（Pen'kivka）发现的"安特"文化（culture "ante"[8]，斯拉夫）中，也同样出现过（还可参见第四章[9]；图 3-7）。

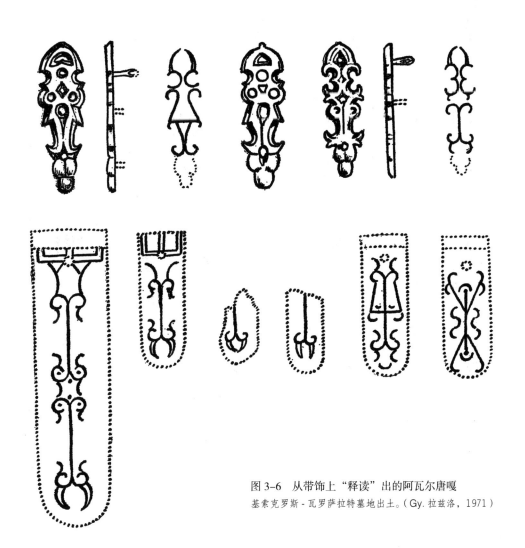

图 3-6　从带饰上"释读"出的阿瓦尔唐嘎

基索克罗斯 - 瓦罗萨拉特墓地出土。（Gy. 拉兹洛，1971）

127

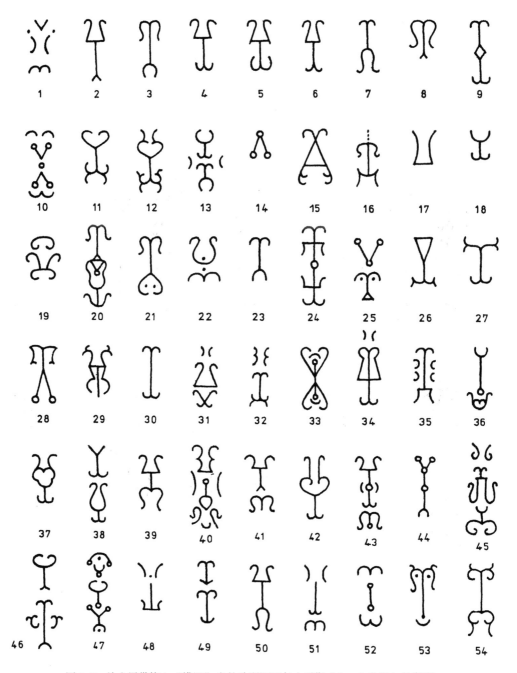

图 3-7　从金属带饰上"辨识"出的欧洲阿瓦尔人时期（6～7世纪）的唐嘎

1. 马纳亚克（Maniak）

2、3. 乌克兰切尔卡瑟（Tcherkassy）地区哈茨卡（Khatska）

4. 俄罗斯克卡卢加（Kalouga）地区莫钦（Mochtchine）

5～14. 乌克兰切尔卡瑟地区马蒂尼夫卡（Martynivka）

15. 匈牙利基森博尔（Kiszombor）

16. 匈牙利特霍克巴林特（Törökbálint）

17. 匈牙利达尼（Dány）

18. 塞尔维亚（Serbie）伏伊伏丁那（Voïvodine）莫克林（Mokrin）

19、20. 匈牙利凯泽利 - 费内克普什塔（Keszthely-Fenékpuszta）

21. "匈牙利"

22、23. 匈牙利尤塔斯（Jutas）

24. 塞尔维亚伏伊伏丁那基谢吉斯（Mali Idoš/Kishegyes）

25. 克罗地亚（Croatie）锡萨克（Siscia/Sisak）

26、27. 罗马尼亚费尔纳茨 / 费拉克（Felnac/Főnlak）

28、29. 克罗地亚喀儿亚维卡（Čadjavica）

30～34. 匈牙利基索克罗斯（Kiskőrös）

35～37. 意大利维罗纳（Vérone）瓦尔多尼加（Valdonega）

38～50. 意大利诺切劳恩·布拉（Nocera Umbra）

51、52. 意大利卡斯特尔·特罗西诺（Castel Trosino）

53、54. 意大利奇维达莱（Cividale）

（I. 布纳，1980）

还有一些争论与这些有可能属于唐嘎的符号起源问题相关。Gy. 拉兹洛相信，可以将它们与古代萨尔马泰 - 阿兰人的唐嘎联系起来，因为后者对它们产生过影响。同时他还提出了一些富有争议的观点，其一涉及的是这些符号更为古老的起源——"斯基泰"起源；其二涉及的是这些符号大都应该具备的所谓原始含义。实际上，他将很多这一类的唐嘎符号与图案化的鸟的形象联系起来，并认为这些鸟象征着人类的灵魂——这一象征具有相当的普遍性。在起源问题上，Gy. 拉兹洛的观点让我们无法接受。I. 布纳（1980）则倾向于一种阿瓦尔唐嘎的萨珊波斯起源说，他认为这是通过与中亚众多民族的接触来实现的；显然比较的范围被他扩大了。

检视考古材料可以发现，依照这些实例，将腰带饰件上的纹饰推断为唐嘎，其可信度的大小当视情况而定，只是借助纹饰"隐藏起"唐嘎的想法却显得有些自相龃龉。从带饰中识辨出的图形，有的确实与唐嘎非常相近，但有的则或许应该并入纯粹的装饰图案。Gy. 拉兹洛（1971）自己就说过："作为氏族或家族的符号，唐嘎在阿瓦尔人的时代被简化成了与装饰相差无几的东西。"不管怎样，与之前萨尔马泰 - 阿兰或之后突厥 - 蒙古的唐嘎相比，阿瓦尔唐嘎符号的数量远没有那么庞大。阿瓦尔人的可汗（kaghans）不曾轧制过自己的货币，所以无法弄清他们是否将某个唐嘎用作自己的"纹章"。至于这些唐嘎符号的起源，我们认为与阿瓦尔人自身的起源问题密切相关，而后者尚无答案。和匈人一样，阿瓦尔人是突然从历史中冒出来的，我们无法确知他们原来的居住地和迁徙的路线，但能够肯定的是，在这个迁徙过程中，由于融入了不同的游牧群体，阿瓦尔人自身也已发生了变化。

进一步来说，我们并不清楚，在登上历史舞台、开始大规模扩张之前，由于伊朗语游牧民族的影响，阿尔泰语民族已在多大程度上将唐嘎接纳为标记系统；也不清楚，阿尔泰语民族在多大程度上，是通过扩张以及在扩张中与那些久已使用唐嘎的民族相接触，来借鉴和使用唐嘎的。从晚得多的突厥或蒙古唐嘎的样式中，很容易看到古代萨尔马泰 - 阿兰和中亚的唐嘎样式，这是因为尽管这些非常相像的唐嘎是在不同的背景下分别发展起来的，但它们的基本精神却别无二致。例如，自 15 世纪初起，我们在克里米亚可汗的唐嘎中（后文将予以讨论），意外地看到了博斯普鲁斯 - 辛梅里安国王齿尖朝下的三叉戟唐嘎形式——博斯普鲁斯 - 辛梅里安国王在纪元初的几个世纪里统治着同一片地区（参见第二章）。显然这并不表明这些符号之间存在着某种延续，因为鞑靼格来王朝使用的唐嘎脱胎于成吉思汗家族长支——尤赤（Djötchi）后裔使用的"叉形"唐嘎。但这个例子却可以说明，克里米亚可汗和博斯普鲁斯 - 辛梅里安国王的唐嘎都是从自古以来最为常见的唐嘎样式——二齿、三齿，甚至可以是四齿的"叉"形——滋蔓出来。或许从古代起，这个原型就在从乌克兰到蒙古的广大地区为人所熟知，并且很早就被突厥和蒙古语民族接受和使用。

部分被视作突厥语族的古代民族以及他们建立的王国或帝国，都是由多民族混合而成。中世纪初的保加尔人应该是由操突厥语的精英领导，但其中却可以看到来自萨尔马泰 - 阿兰的影响。7 ~ 10 世纪，存在于东乌克兰、南俄和北高加索草原的可萨帝国，其居民大部分为保加尔人和阿兰人；实际上，被认为与可萨帝国相关的萨尔蒂夫考古学文化（culture archéologique de Saltiv），也主要是由阿兰文化变体和保加尔文化变体构成。在此背景下，就很难将可萨人自己的唐嘎从中区分出来。更何况搜集到的大部分符号都出现在建筑上，例如顿河流域的马亚茨科伊·戈罗迪奇（Maïatskoïé Gorodichtché）、塞米卡拉科里（Semikarakory）和萨尔克尔（Sarkel），以及北高加索的库马拉（Khoumara）防御遗址（图 3-8）。这些符号或是建造者的标记，也可能是礼仪性的符号。有几组符号甚至被当成用突厥"如尼文"撰写的铭文 [F. 弗拉奥罗娃（F. Fliorova），1997]。

图 3-8　俄罗斯南部顿河流域和北高加索发现的可萨时期唐嘎

顿河流域：左上，马亚茨科伊·戈罗迪奇出土；右上，塞米卡拉克里出土。
北高加索：下，卡拉恰伊 - 切尔克斯库马拉出土。

突厥语民族的唐嘎

在大多数操突厥语的游牧或半游牧民族中，都有唐嘎发现，最早使用突厥这一族名的民族（其帝国在高地亚洲[10]从 6 世纪中叶存续到 8 世纪上半叶），以及同时期欧洲草原上的保加尔和可萨人，概无例外。只是像奥斯曼土耳其（Turcs ottomans）那样高度定居与伊斯兰化的群体，由于采用了其他形式的标记，唐嘎才从历史舞台上隐退。这里不可能对每个民族的唐嘎材料做全面的介绍（而且，各民族唐嘎的发现数量与公布数量也相差悬殊），但可以详细罗列一下部分具有代表性的实例。

首先应该来总结一下很多突厥唐嘎所共有的特性。这些唐嘎由一个描述性的名称来指谓，名称反映了唐嘎的形状；人们还会赋予唐嘎一个 uran 来与之相配；有时还包括一个图腾动物（鸟）；uran 是战斗呼号（cri）或口令。换言之，在最完备的情况下，某个群体——部落、"氏族"或家族——会拥有一个带名称的唐嘎、一个战斗呼号和一种鸟[11]。这种组合非常古老，但无法说清它究竟始于各突厥民族共同起源的时期，还是后来才在他们中间流行开来。

不管怎样，突厥人朝向西方的急速扩张有助于他们的唐嘎传播。俄罗斯达吉斯坦（Daghestan）韦尔赫尼·奇尔 - 尤里特（Verkhniï Tchir-Iourt）出土的一件描绘着人物形象的牌饰上，有可能就出现了一个突厥唐嘎（图 3-9）。该牌饰的年代为 7 ~ 8 世纪，刻画的骑士发型与表现突厥人的造像和绘画上见到的发型相互一致。

汉语汇编《唐会要》[Iou. A. 祖耶夫（Iou. A. Zouïev），1960]图示出数十个古代突厥部落的唐嘎。这部涵盖了公元 618 ~ 804 年历史的史书，后来又被相继补充到公元 852 年和 907 年，最终于公元 961 年杀青。这份唐嘎表（第 72 卷）显然属于这部汇编最早成书的部分。它按"某部落的马匹 - 部落所在的位置 - 唐嘎的图案"这一体例对马匹的标记进行介绍。其中出现了突厥王族部落——阿史那氏的唐嘎，这是一条画上两根短横的波浪线，被解释成一只图案化的乌鸦。有时研究者试图将阿史那（Achina）氏族（汉语作 Ashina）与乌孙（Wusun）民族（伊朗语民族？）联系起来，该唐嘎就成了一个依据。按古汉语复原的乌孙发音（*uo-sen、?ah-swè 等）与突厥王族的族名相近，而乌孙的起源神话中也出现过一只乌鸦（I. 莱贝丁斯基，2006）。有意思的是，这一唐嘎在现代蒙古人中也还有使用（图 3-10、图 3-11）。

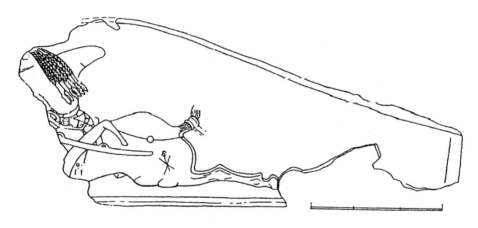

图 3-9　7 世纪或 8 世纪的骨质马鞍饰件

俄罗斯达吉斯坦韦尔赫尼·奇尔 - 尤里特出土。马鞍饰件上骑兵（突厥？）坐骑的臀部带有一个唐嘎。[引自 M. 马戈梅多夫（M. Magomedov）]

图 3-10　现代蒙古的"乌鸦"唐嘎

与突厥统治氏族阿史那氏族的唐嘎相同[12]。

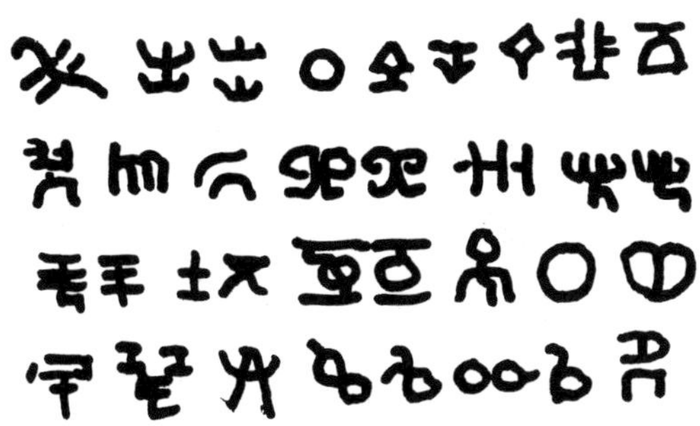

图 3-11　中国边境地区游牧部落的唐嘎

最晚 10 世纪，图像见于《唐会要》。左上第一为突厥王族阿史那氏族的"乌鸦"。有些唐嘎与中国的文字相近。

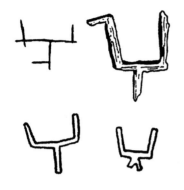

图 3-12　刻于可萨时期堡垒的石块上的二齿叉形（fourche à deux dents）唐嘎

上：俄罗斯罗斯托夫地区马亚茨科伊·戈罗迪奇。

下：俄罗斯卡拉恰伊 - 切尔克斯库马拉。

［A. 费捷索夫（A. Fetisov）和 I. 盖科娃（I. Gaikova），2007，引自 V. 弗拉奥罗娃（V. Fliorova）］

可萨人的可汗自诩为阿史那氏族的后裔，但值得注意的是，阿史那氏族的唐嘎在东欧并未被发现。F. 弗拉奥罗娃（1997）推测，因这一标志的神圣性，以至于没人敢于表现它，但这种可能性并不大。唐嘎绝不是崇拜对象，也非禁忌之物。如果可萨的君主使用过"乌鸦"唐嘎，那么他们应只是把它用到那些已经消失的载体上了（被归属于可萨人的阿拉伯钱币的仿制品上并没有出现唐嘎）。另一种可能是，乌鸦以改头换面的形式出现，也许就是某些可萨时期遗迹上常见的二齿叉标志（图 3-12）。在第四章中将会看到，早期基辅大公们的"双叉戟"（bident）有时被解释为图案化的鸟形；按照某种理论的说法，这种双叉戟即是从可萨汗那里借鉴来的。

在突厥人中，有三种宫廷职位与唐嘎相关，即"*tamgahan-kur*、*tamgahan-tarkan* 和 *altun-tamgahan-tarkan*"[13]，字面的意思是"金印的英雄 - 大人"。但是，突厥印章有可能像中国和后来的蒙古印章，唐嘎旁带有铭文，或是用铭文取代唐嘎，实际上，突厥文化已经掌握了文字。对于这个问题，我们不再重复第一章讨论唐嘎与文字关系的内容，但必须强调的是，许多突厥民族使用的"如尼文"字母与他们的唐嘎并不是一回事，即便它们看起来有些相像（图 3-13）。

唐嘎不是字母，字母也非由唐嘎发展而来。当然，二者可能彼此有过影响；面对孤立的符号，有时也会产生它究竟是唐嘎还是字母的疑惑（例如东欧可萨时期遗迹上的符号[14]）。有人就认为，突厥"如尼文"源于由阿拉美文派生的帕提亚文字（écriture parthe）。但如尼文字母与公元前最后几个世纪里中亚塞人用过的、至今尚

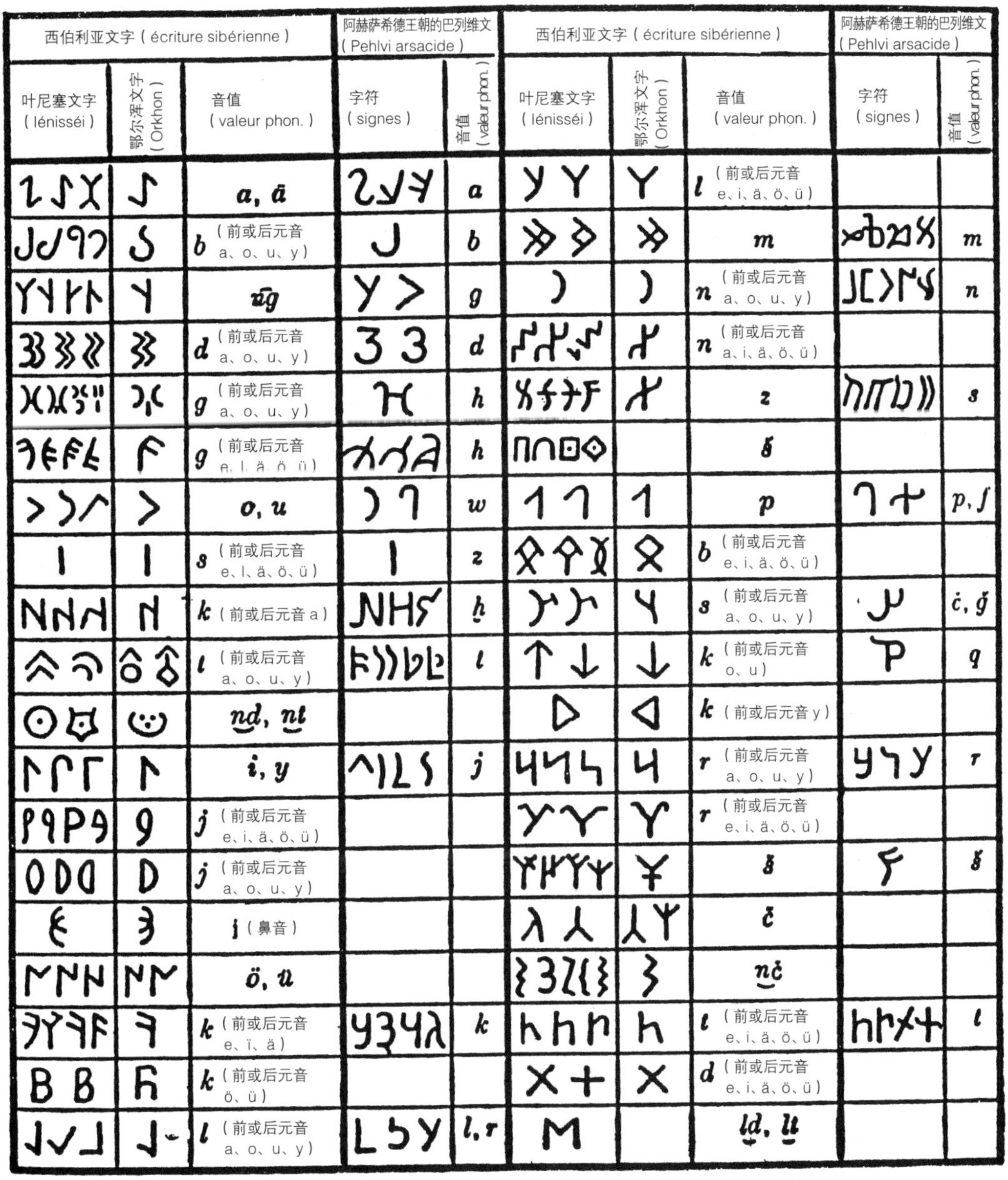

西伯利亚文字（écriture sibérienne）			阿赫萨希德王朝的巴列维文（Pehlvi arsacide）		西伯利亚文字（écriture sibérienne）			阿赫萨希德王朝的巴列维文（Pehlvi arsacide）	
叶尼塞文字（léniséi）	鄂尔浑文字（Orkhon）	音值（valeur phon.）	字符（signes）	音值（valeur phon.）	叶尼塞文字（léniséi）	鄂尔浑文字（Orkhon）	音值（valeur phon.）	字符（signes）	音值（valeur phon.）
		a, $\bar{a}$		a			l（前或后元音 e、i、ä、ö、ü）		
		b（前或后元音 a、o、u、y）		b			m		m
		$v\bar{g}$		g			n（前或后元音 a、o、u、y）		n
		d（前或后元音 a、o、u、y）		d			n（前或后元音 a、i、ä、ö、ü）		
		g（前或后元音 a、o、u、y）		h			z		s
		g（前或后元音 e、i、ä、ñ）		h			δ		
		o, u		w			p		p, $\int$
		s（前或后元音 e、i、ä、ö、ü）		z			b（前或后元音 e、i、ä、ö、ü）		
		k（前或后元音 a）		$\underline{h}$			s（前或后元音 a、o、u、y）		$\dot{c}$, $\dot{g}$
		l（前或后元音 a、o、u、y）		l			k（前或后元音 o、u）		q
		$\underline{nd}$, $\underline{nt}$					k（前或后元音 y）		
		i, y		j			r（前或后元音 a、o、u、y）		r
		j（前或后元音 e、i、ä、ö、ü）					r（前或后元音 e、i、ä、ö、ü）		
		j（前或后元音 a、o、u、y）					δ		δ
		j（鼻音）					$\check{c}$		
		$\ddot{o}$, $\ddot{u}$					$\underline{n\check{c}}$		
		k（前或后元音 e、ï、ä）		k			t（前或后元音 e、i、ä、ö、ü）		t
		k（前或后元音 ö、ü）					d（前或后元音 e、i、ä、ö、ü）		
		l（前或后元音 a、o、u、y）		l, r			$\underline{ld}$, $\underline{lt}$		

图 3-13　突厥"如尼文"字母表中的字母

字母形状与唐嘎有几分相像。[E. 多布尔霍夫（E. Doblhofer），1959]

未被释读的文字字母也十分相像；这些出现在哈萨克斯坦伊塞克银盘和阿富汗艾-卡努姆（Aï-Khanoum）铸锭上的字母，倒可能与突厥如尼文有着共同的起源[15]。

13 世纪成吉思汗后裔征服中亚和欧洲草原的时候，众多突厥部落向蒙古人屈膝称臣，而且很多以突厥人为主的国家，例如俄罗斯和乌克兰南部的金帐汗国，也是由蒙古王子来统领。这一时期，突厥语民族，尤其是后来演变为近代意义上的"鞑靼人"的那些民族，他们的唐嘎被融入蒙古人的唐嘎之中（当然，相反的情况也应存在：蒙古人的唐嘎融入突厥语民族的唐嘎之中）。后文我们会来谈论这些蒙古人的唐嘎类型。

总的来看，突厥语民族的唐嘎形式简单，以各种几何图形作为基础，而且相对实际人口而言，唐嘎的数量也不是很多。例如，相应于每个乌古斯部落（总共有二十几个部落），古代文献只提供了一个唐嘎。《乌古斯之书》（*Livre des Oghouz/Oğuz-Nāme*）等史诗资料还谈到过由首领或君王"授予"唐嘎的故事[16]，就如西方纹章学中所说的纹章授予。

S. A. 伊森科（2001）将广义突厥人的唐嘎与伊朗语民族使用的唐嘎在特征上做了区分。问题在于，涉及伊朗语民族唐嘎的功用，缺乏像突厥唐嘎那样详尽的材料：怎么证明萨尔马泰-阿兰人的唐嘎就没有描述性的名称呢？

有很多唐嘎，见于不同的突厥语民族，它们不仅在空间甚至在时间上也相隔遥远。最为奇怪的例证要数那个类似于字母 IVI 或 IYI 的唐嘎（图 3-14）。它出现在保加利亚普利斯卡（Pliska；图 3-15）、马达拉（Madara）和大普雷斯拉夫（Preslav）等地的遗迹上，被考古学家推定为杜洛（Doulo）王室氏族所用唐嘎中的一个［F. 弗拉奥罗娃（1997）提到另外两个唐嘎：一个呈圆环形；另一个是顶部带圆环的直线，有时它与"双叉戟"相连，构成类似于三叉戟的形状[17]］。总之，这反映出 7 世纪末，有来自乌克兰-俄罗斯草原的部落侵入了古代罗马的默西亚（Mésie）[18]，其中至少有一部分是操突厥语的部落，他们在这片征服的土地上留下了自己的族名"保加尔人"。接下来，在 11 世纪的最后 25 年，该唐嘎作为乌古斯卡耶（*Kayı*）部落的唐嘎被记录了

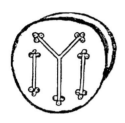

图 3-14 印章戒指
9 世纪，保加利亚前托瓦茨（Prestovats）出土。

图 3-15 男性墓石棺棺盖
9 世纪末或 10 世纪初，普利斯卡（保加利亚）
大教堂出土。其上唐嘎有作 IYI 形的。

下来（图 3-16）。那么，它也就应该是早期奥斯曼人的唐嘎，因为早期奥斯曼人就出自卡耶部落。甚至奥斯曼人放弃使用唐嘎之后，它仍旧是突厥人设在君士坦丁堡原圣艾琳（Sainte-Irène）教堂中的兵工厂的标志（图 3-17）。到了更晚近的时候，它又复活成为民族主义运动——保加利亚全国联盟（Union nationale bulgare，BNS）的象征（图 3-18）；该运动将其视作"杜洛氏族的标志"（znaka na rod Dulo）、原始"大保加利亚"（Grande Bulgarie）的遗产和国家传承的象征。黑色的唐嘎环以白色边框，加在保加利亚白、绿、红三色的国旗上，形成了该联盟的党旗。

　　继前文提到的汉语文献之后，最早对突厥唐嘎材料做系统研究的是马哈茂德·喀什噶尔（Mahmoud de Kâchghar），他对各乌古斯部落的唐嘎进行了介绍（9 世纪最后 25 年间写成《突厥语大词典》）。17 世纪，希瓦（Khiva，乌兹别克斯坦）君主阿布·加齐·巴都尔（Aboul Ghazi Bhadour）汗的著作[19]提到了另一个略有出入的版本。二十四支乌古斯部落被划分成两个大群，即 Bozok[lar] 或"灰箭（flèches grises）"群，和 üçok[lar] 或"三箭"群。每一群又被分割成三组，每一组同出于一个神话始祖，都使用一种猛禽作为标志（猛禽有时用蒙古词汇 ongon 来指称，该词的意思是"崇拜物"）。最后，

137

图 3-16　乌古斯突厥部落的唐嘎
图像见于莱顿大学第 Ms. Or. 419W 号
突厥文手稿。（H. 尼凯勒，1973）

图 3-17　君士坦丁堡原圣艾琳奥斯曼兵工厂
发现的钢印
钢印重新起用了卡耶人的唐嘎。（H. 尼凯勒，1973）

图 3-18　今保加利亚全国联盟徽章中的唐嘎
据信属于杜洛氏族。

每一组又包含四个部落，每个部落拥有一个唐嘎。前文提到的奥斯曼人的祖先——卡耶人，像其他作为昆汗（Gün Han）[20] 后裔的部落一样，以普通鵟（buse variable）作为标志性猛禽，归属于三箭群。三箭群中的基尼卡（Kınık）[21] 部落（塞尔柱突厥就源于这个部落）出自德尼兹汗（Deniz Han），以苍鹰作为标志性猛禽，并拥有一个略似带小钩的倾斜 V 字形唐嘎（这些细节只是参考，不同作者的说法相差很大）[22]。

　　一部分乌古斯唐嘎在他们的土库曼后裔中保存了下来 [G. 卡尔波夫（G. Karpov）和 V. 蒂霍诺维奇（V. Tikhonovitch）的研究；图 3 19]。根据卡尔波夫的说法，20 世纪 20 年代上库曼的阿塔贝（Atabey）、约穆特（Yomut）、萨里克（Sarık）等部落还在使用这些唐嘎，用以标记家畜和器物。问题在于土库曼的地毯上是否同样存在着唐嘎，或者唐嘎是否以某种方式与地毯上呈现的、显示地毯归属的那些部落图案（gul）存在关联 [V. B. 莫奇科娃（V. B. Mochkova），1946、1970]？然而，我们觉得这些被置于四分边框中的彩色图案，与本书定义的唐嘎并不相关，甚至它们的功能也不一样：它们是作坊的标记，而非所有权的标志，且仅限于在地毯上使用（图 3-20、图 3-21）。这一类型的图案在其他民族传统的地毯上也能见到（例如阿塞拜疆的地毯），特征与格鲁吉亚地毯上出现的装饰图案更为接近：那是些以十字、菱形和其他几何图形为基础构成的重复性图案，与特定的家族相联系 [参见约多伊泽（Iodoïdzé）和卡尔基拉伊里（Karkhilaouri）就克韦莫·阿尔瓦尼（Kvémo-Alvani）村地毯上的"传统装饰"和"家族装饰"所做的研究，研究中的图示收入《高加索的

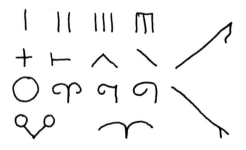

图 3–19　土库曼的氏族唐嘎

引自 G. 卡尔波夫（1927）和 V. 蒂霍诺维奇（1930）收集的资料。

图 3-20　土库曼黛格（Tekké）部落的图案

用于地毯上的这种象征系统与唐嘎的标志系统迥然不同。颜色包括白、黑和一种浅红色（图中呈现为浅灰色）及一种极深的酒红色（图中呈现为深灰色）。（*Tapis...*，1986）

地毯》（*Tapis caucasiens*，1984）]。

仍旧是在中亚，哈萨克人（图 3-22）和吉尔吉斯人也差不多将他们的唐嘎保留至今。19 世纪，俄罗斯的殖民机构承认了这些唐嘎，认可它们在各种文件（决议、笔录、课税等）上起签字的作用。它们也被用于部落土地的划分[J.卡斯塔涅（J. Castagné，1921）]。如同突厥游牧世界的其他地方一样，这些唐嘎具有描述性的称谓，配有一个"呼号"（cri）。所以，大玉兹（Jüz Aînée，哈萨克三个联盟之一）中的查普拉

图 3-21　土库曼斯坦国旗上的五个部落图案（1992 年 2 月 17 日采用的样式）

底子是绿色的，配以白色的新月和星宿，彩色的图案出现在暗红色的纵向条带上，代表了黛格（Tekké/*Teke*）、约穆特（Yomoud/*Yomut*）、艾萨里（Ersari/*Arsari*）、乔杜（Chowdour/*Şowdur*）和萨里克（Saryk/*Sarιk*）部落。土库曼斯坦国旗在 1997 年和 2001 年有过细微的改动。（W. 史密斯，1992）

图 3-22　哈萨克唐嘎

赫蒂（Chaprachty/*Şapraştı*）氏族使用"月亮"唐嘎（ay——置丁垂直或右倾直线上的新月）和 "*tumar*" 唐嘎（尖头朝下的三角形[23]），呼号是 "*karasay*"。部分 "子氏族"（sous-clans）或氏族的分支（subdivisions du clan）虽然拥有多个唐嘎，但由同一个 "呼号" 相统一。"小玉兹"（Jüz Cadette）中的贝巴克蒂（*Baybaktı*）和基齐库尔特（*Kızılkurt*）子氏族，每个子氏族都使用 4 个唐嘎，但这两个子氏族的 "呼号" 则分别是 "*Daukara*" 和 "*Jiyembay*"。唐嘎的图形通常都极为简单，包括与 I、>、O、Y 和 = 等相似的图形，也发现了几个 "三叉戟" 的形式，有的齿尖向上，更常见的则是齿尖朝下。

　　在结束中亚的讨论之前，不容不提及帖木儿（1336 ~ 1405）的三环标志（图 3-23）。据当时的文献记载，这一标志代表了这位征服者出生时的星象（conjonction astrale）。如果把它看作一个唐嘎，那就表明唐嘎的取材有着各种各样的来源。三环被放到了帖木儿的旗帜上，但它可能在 1392 年由龙纹所取代［J. -P. 胡（J. -P. Roux），1991］；除了文献提到的白、红、

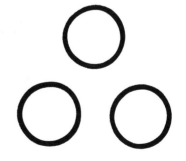

图 3-23　帖木儿的三环唐嘎

黑色之外，我们对于帖木儿的旗帜知之甚少。1890 年，这一标记由俄罗斯行政机关恢复，成为昔日帖木儿的都城——撒马尔罕市市徽的一个组成部分。这一西方式的纹徽在蓝底之上带有一个银色、曲边的纵向条纹，条纹与缀满浆果的金枝相接，银色纹徽的上部饰有缤纷的色彩，上面显现着 sable（黑色）的三环［N. N. 斯佩兰索夫（N. N. Speransov），1974；图 3-24］。

伏尔加河流域的巴什基尔人中，存在着一套极为完善的唐嘎系统，有着诸种组合。据 B. A. 穆哈托夫（B. A. Mouratov）介绍，每个部落不仅拥有一个带名称的唐嘎（*tamǧa*）、一个呼号（*oran*）和一种鸟，还拥有一种标志性的树木。尤里马蒂（Iourmaty/ *Yurmatı*）部落用名曰 *henek* "大叉"的唐嘎——常作 Y 形，呼号 *aktaylak* "神圣的熊崽"以及柳树（*oyenke*）和雌隼，将自己与其他部落区别开来。被称作 *Ay[zı]* 或 *Ey[le]* 的部落，拥有名曰 *ay* "月亮"的唐嘎——基本形状是一个一端朝上一端朝左的新月，*handal* "铁砧"呼号、*muyıl*（稠李）树和天鹅（*akkoş*）。所有这些巴什基尔人的唐嘎都包含了大量简单的图形，诸如箭、新月、三角形等。同一个唐嘎有时包含很多变体，

图 3-24　1890 年选定的撒马尔罕的俄式市徽
（N. N. 斯佩兰索夫，1974）

可以为多个部落使用，例如 *ay*，也就是"月亮"唐嘎。同一个名称也可以被用来指称差别很大的图形（如 *kazayak* "鹅掌"；图 3-25）。

各种"鞑靼"民族，如喀山一带、克里米亚和多布罗加（Dobroudja）[24] 的鞑靼民族，主要是 13 世纪蒙古征服之前讲突厥语民族的后裔，但掺入了蒙古人的成分，并由成吉思汗家族后裔充当统治阶级。这些鞑靼民族的唐嘎反映了这段历史。

最出名的是格来王朝（1427～1783）诸克里米亚汗的唐嘎。这是一种 *tarak*，或称"梳子"，其实是一种尖部朝下的三叉戟。最典型的样式是外侧两尖的末端由向符号外侧折转的短横构成；中间一尖略长，以一条短横截止（图 3-26）。*tarak* 在其他突厥语民族中也能见到，但至少就格来王朝而言，它应该是由拔都（Batou）后裔的"人叉"唐嘎化育而来；拔都是成吉思汗的孙子，也是金帐汗国的开创者（参见后文）。

在克里米亚汗的印章上，唐嘎可以用精巧的《古兰经》书法环绕，书法的形状有点儿像某些受到中国影响的蒙古印章。格来王朝萨希卜一世（Sahib I[er]，1532～1551）的"蓝玺"被释读如下："以宽恕、仁慈的真主的名义。我见证，真主之外无可崇拜。

图 3-25　巴什基尔人的唐嘎
上："大叉""月亮"（两种变例）和"勺子"。
下："弓箭"（三种变例）。

图 3-26　克里米亚汗穆罕默德·格来一世
（Mohammed Giray I[er]，1514～1523）的唐嘎

我见证，穆罕默德是神的信使。颂词：'噢，真主！你拥有王国，你将权力赋予信仰你的人。'伟大的领主萨希卜·格来汗，哈吉·格来（Haci Giray）之子格来王朝明里一世（Mengli Ier）的儿子。"最中央的方框内，出现了一个极小的唐嘎（图3-27）。

奥斯曼统治时期，克里米亚的可汗仿效苏丹使用"花押"（toughra；参见后文；图3-28），这是一种书法签字，也可以起所有权的标记（marque）作用。但和统治他们的苏丹不同，克里米亚可汗没有放弃自己的唐嘎，这或许是因为他们尚未摆脱自身游牧民族的根系，依然珍重着自己声誉卓著的成吉思汗的血脉。

1917年，格来王朝的唐嘎重新成为克里米亚鞑靼人的标志。它出现在他们的民族旗帜上（唐嘎位于天蓝色——伊斯兰化前突厥人的颜色——旗帜的中央或一角；后一种样式现在好像用得最多；图3-29）。这一唐嘎和这面旗帜在克里米亚均未获得官方的认可，因为这个自治共和国[25]完全被主体民族——俄罗斯人掌控。

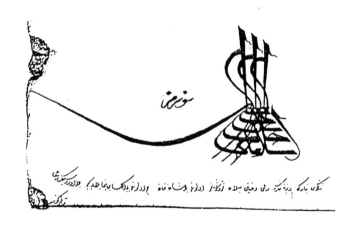

图3-27 克里米亚汗萨希卜·格来一世（1532～1551）的"蓝玺"
唐嘎出现在文字的正中。

图3-28 克里米亚汗伊斯兰·格来（Islam Giray）的花押
见于1653年的一份文书。[S. 法尔佐夫（S. Falzov, 1993）]

除此之外，克里米亚鞑靼人的其他唐嘎，包括那些可能由 *tarak* 衍生出来的图案（尖部朝上的三叉戟、无中间一枝但符号上部带一横杠的 *tarak*，等等），以及与其他种类的突厥唐嘎相似的简单样式——Y、Π、O、T、X、+、V 等。鉴于蒙古征服前甚至征服后当地欧洲居民所具有的影响力，这种与希腊或拉丁字母的形似也许就并非出于偶然（图 3-30、图 3-31）。鞑靼贵族中的一个显赫家族——奇林（Chirine/Şirin）家族的唐嘎，由顶端带小圆的竖杠和横"足"构成[26]。它不仅与 3 世纪帕提亚国王阿尔达班四世的唐嘎一致[27]—— 一个典型的巧合的例子？——而且也和成吉思汗货币上出现的唐嘎相雷同[28]。

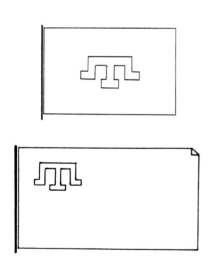

图 3-29　克里米亚鞑靼民族旗帜的两种版式
唐嘎呈黄色，底子为天蓝色。
(I. 莱贝丁斯基，"*Tamgas...*"，1998；W. 史密斯，1992)

图 3-30　15 ~ 18 世纪克里米亚鞑靼人的唐嘎
第 1 个是格来可汗的梳子唐嘎，27、28、29 分别是阿金（Argin）、卡达兰 - 亚斯拉夫（Kadalan-Yaşlav）和奇林家族的唐嘎。（佚名文献）

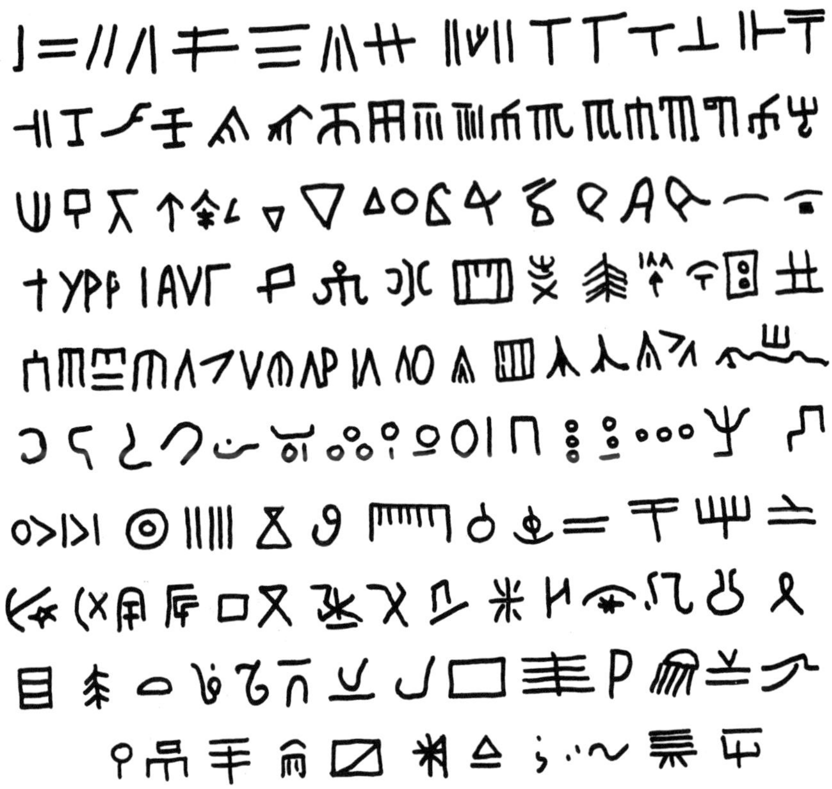

图 3-31　墓石上的唐嘎

见于克里米亚叶夫帕托里亚（Eupatoria）鞑靼墓地。除各种多齿唐嘎之外，还可以看到许多字母或伪字母形的唐嘎。据 1927 年 V. I. 菲洛年科（V. I. Filonenko）的调查。

　　与克里米亚唐嘎相似的样式，在其他鞑靼人群体中也能见到，例如今天罗马尼亚境内的发现，参见 I. 巴斯基（I. Baski）1997 年在阿萨萨和奥穆尔恰（Omurcea）鞑靼人墓地搜集的实例（图 3-32）。

　　应该提及的是北高加索突厥语民族的特殊情况。如果说达吉斯坦那海人（Nogaï）的唐嘎大部分因循着"突厥"或突厥 - 蒙古唐嘎的模式——图案简单、带有名称

（*šaužeyla* "马衔"、*tarak* "梳子"、*kluç* "马
刀"、*kazayak* "鹅掌"等。名称与图案间的
关系似乎比其他地区的唐嘎更为紧密；图
3-33），那西北高加索卡拉恰伊 - 巴尔卡尔
人（Karatchaï-Balkars）的唐嘎透露出的就
是其他来源的影响。其中可以发现有许多
是与阿迪根人唐嘎（外形圆化了的"抹角
三叉戟""竖琴形"符号；参见第四章）相
近的样式，而阿迪根人自己的唐嘎有些又
接受了克里米亚唐嘎的影响（图 3-34）。

如前文所述，由于改用其他穆斯林风
格的标志——如苏丹的书法签名（阿拉伯
文）或"花押"（toughra/*tuğra*；图 3-35），
唐嘎从奥斯曼人的标志系统中消失。唐嘎
的各种职能由花押取代，例如所有权标记
的功能和准纹章（quasi-armoiries）的功能；
除官方文书之外，花押还常出现在武器之
上。但是，安纳托利亚的各个突厥部落应
该将古老的唐嘎保留了下来。20 世纪初，
R. 努尔（R. Nour，1928）在锡诺普（Sinope）
搜集到的家族标记，显然是由中世纪的突
厥唐嘎派生出来。

埃及的马木留克（Mamelouks）不使用
唐嘎，同样可以得到解释。马木留克人最

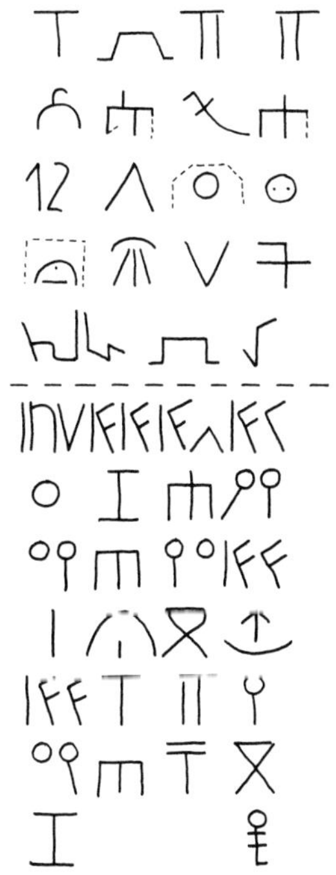

图 3-32　I. 巴斯基从罗马尼亚鞑靼墓地墓石
上搜集到的唐嘎
上：瓦卢勒·吕伊·特汗阿萨萨墓地。
下：瓦莱亚·西卡（Valea seaca）奥穆尔恰墓地。

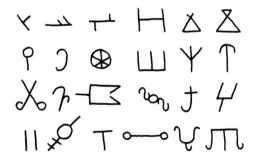

图 3-33　北达吉斯坦那海鞑靼人的唐嘎
除了"汗的唐嘎"（下方右侧最后一个）之外，这些
唐嘎并没有展现出来自克里米亚 - 切尔克斯人的影
响，这与更靠西的民族有别。

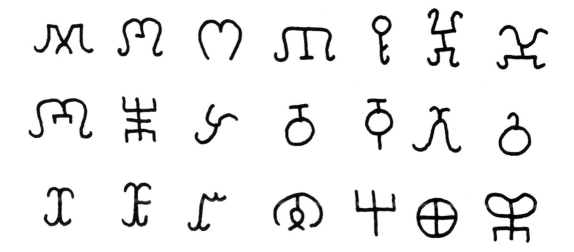

图 3-34　卡拉恰伊 - 巴尔卡尔人的唐嘎

出现了大量的"竖琴形"——"抹角三叉戟"或"抹角 M"形的样式，这是整个西北高加索常见的一类样式。

图 3-35　某奥斯曼苏丹的花押

这种书法签名是奥斯曼突厥人用以取代唐嘎的几种标记之一。

初主要由来自欧洲草原的突厥语游牧民族构成，他们是敌对部落劫掠的牺牲品，被卖作奴隶，随后经训练、武装，组成军队。他们对原来部落的归属感几乎消失殆尽。值得注意的是，1250 年马木留克掌握政权后，发明了一套既注重实用功能，又新颖别致的纹章系统（système héraldique）：彩色的盾纹多呈圆形，带有图案化的标志。因此不能将马木留克时期某些物品上出现的抽象符号认定为唐嘎。

蒙古人的唐嘎

如第二章引用的实例所示，唐嘎在蒙古地区的使用可以追溯到古代，而且是从"斯基泰"民族[29]那里引入。很难说清，蒙古帝国时期及其之后的蒙古唐嘎，在多大程度上取鉴于古代的唐嘎，而又在多大程度上接受了突厥民族的唐嘎影响。成吉思汗家族的几种唐嘎，主要由大叉或三叉戟图形构成，这些图形不仅在古代蒙古就已出现，而且往往在各地都能见到。不过，由于帝国时代蒙古的装饰艺术保留着许多动物的题材，其中的一些又可上溯到斯基泰时期，因此蒙古唐嘎的起源也并非不可能那么古老。蒙古人当然不是古代伊朗语游牧民族的后裔，但他们的祖先却可以借用或模仿后者的唐嘎。

不管怎样，10世纪初开创中国辽王朝的蒙古民族——契丹人（Qidan 或 Khitay），已经懂得使用唐嘎。胡瓌绘制的一幅中国画（10世纪；O. 马恩琴 - 赫尔芬引用，1973），塑造了两匹契丹马，马的臀尻上就有唐嘎出现。

成吉思汗家族的唐嘎是古代蒙古最为人所熟知的唐嘎，这要归结为蒙古征服者在各自的领地内都让人制作了货币。它们大多采用当地原有的货币样式，而且也确实常将唐嘎和所有者的名字一同轧上〔新近的综述：N. 巴达尔奇（N. Badarch），2005、2006〕。在其他种类的物品上，也搜集到过一些不知名者的唐嘎。

形成反差的是，有关成吉思汗本人的唐嘎资料却最为贫乏。白色的大隼是他的标志，但这似乎不属于严格意义上的唐嘎。据当时的文献记载，大隼应该以写实的方式置于这位君王的纛旗上。约1221～1222年昆都士（Koundouz）轧制的银币上出现了一种多少有些图案化的弓箭形象（图 3-36），这发生在该城被蒙古人夺取之后，因而正处于成吉思汗（死于1227年）的统治时期。包括最近的 S. 海德曼（S.Heidemann，2005）在内，许多研究者都认为这个图案就是唐嘎，那它也就该是这位帝国开创者的唐嘎？在乌梁海（Ouriankhaï）[30] 蒙古人[31] 中（图 3-37），弓形（*numan*）唐嘎——有

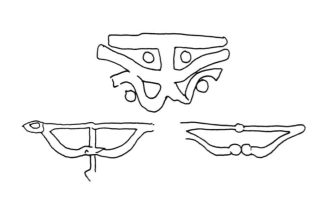

图 3-36　见于蒙古统治时期轧制货币上的弓和弓箭图案

上：1221 年昆都士轧制的货币（成吉思汗）。

下：窝阔台统治时期（1229 ~ 1241）在萨莱轧制的货币。　　　　图 3-37　乌梁海地区蒙古人的弓形唐嘎

的带箭，有的不带箭，也有的配以其他添加物——一直被沿用至今（弓形唐嘎在许多突厥语民族中同样可以看到，例如克里米亚鞑靼人[32] 和巴什基尔人[33]）。蒙古钱币上的弓箭——有时只有弓——也见于伏尔加河流域萨莱（Saraï）轧制的、带大汗窝阔台（1227 ~ 1241）[34] 名字的货币[35]，甚至还见于更晚由木鹿（Merv，土库曼斯坦）发行的银迪纳尔（*dirham*）；据海德曼推定，后者的年代为回历［67］7 年，即 1278 年或 1279 年。出现在钱币上的弓形起着标记的作用，这是无可置疑的，因为在游牧民族和他们的后裔中，例如匈人和奥斯曼人，弓本身就是权力的象征。1226 年或 1227 年撒马尔罕（乌兹别克斯坦）轧制的一种货币，弓箭的上方还置有另一个符号：垂直的竖线上连一个小圆，下系一道横线（图 3-38）。

　　窝阔台统治时期，撒马尔罕轧制的货币上出现了一个 S 形的唐嘎（图 3-39）。这可能属于一种地方性的标志，但类似的图案（画上横线的 S；双 S，每个 S 的中部向

右突出一短横）也被看作是"窝阔台后裔"的唐嘎，例如塔拉兹（Taraz，哈萨克斯坦）轧制的、由海都（Qaidu，1236～1301）发行的货币（图 3-40、图 3-41）。

贵由（Güyük，1246～1248）在花剌子模（Khârezm/Chorasmie）轧制的货币，带有一个由双环构成的唐嘎，双环通过短线相连（图 3-42）。伏尔加河流域的布尔加尔（Boulghar）和格鲁吉亚（Géorgie）的第比利斯（Tbilissi），轧制过蒙哥大汗（1251～1259）的货币，上面出现的是一种双三叉戟，"柄"部有时带与之相交的短线（图 3-43）。

这些标志自然也被用在许多别的物品上面，其中应包括旗帜（参见后文有关金帐汗国的部分）。

蒙古帝国分裂为各自独立的汗国之后，成吉思汗家族的部分支系使用着各自特有的唐嘎（图 3-44、图 3-45）。在受臣服的定居文化影响最大的地方，用唐嘎充当君权政治象征的做法趋于衰落，例如在"大汗国"、波斯的伊儿汗国。"大汗国"并不处在蒙古人的故乡，而是位于被征服的中国，1271 年忽必烈在此建立起元朝。元的货币

图 3-38 1226 年或 1227 年撒马尔罕轧制货币上的唐嘎

唐嘎置于弓箭之上（成吉思汗？）。

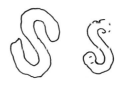

图 3-39 见于窝阔台大汗（1229～1241）货币上的"S"形唐嘎

图 3-40 窝阔台和察合台（Djaghataï）后裔的唐嘎组合

见于海都（死于 1301 年或 1303 年？）统治时期塔拉兹轧制的货币[36]

图 3-41 窝阔台后裔的唐嘎

S 中部被横截，见于海都（死于 1301 年或 1303 年？）统治时期塔拉兹轧制的一种货币。

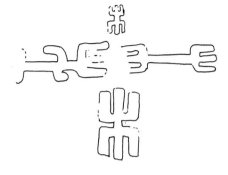

图 3-42　见于贵由大汗（1246 ~ 1249）[37] 货币上的唐嘎

货币轧制于花剌子模。

图 3-43　蒙哥大汗（1251 ~ 1259）名下的双三叉戟形唐嘎

见于不同货币上的各种变体（中间者：分见于布尔加尔轧制的同一货币的两面）。

图 3-44　蒙古（？）的佚名唐嘎

见于新疆和田（Khotan）轧制的一种货币

图 3-45　由忽必烈（Khoubilaï）弟弟阿里不哥（Arig Buga，约死于 1266 年）发行的一种金币上的唐嘎

只有汉字铭文，伊利汗的货币则带有以动物纹为主的各种图案。

相反，在名为"察合台"的中亚汗国（图 3-46、3-47），尤其是西方的金帐汗国，货币上却标示着汗的唐嘎。而且，每个国家的汗的唐嘎都以一种样式作为基础，幻化出各式各样的变体。

金帐汗国的唐嘎主要由一个朝下的大叉构成，其中一齿多带一小钩，"柄"端置一小圆。该唐嘎显然在别儿哥（Berké）汗统治时期（1257 ~ 1267）就已出现[38]（图 3-48、图 3-49）。托赫塔／托克图（Tokhta/Toqtu，1291 ~ 1312）汗治下，索尔哈特［Solkhat，即今天克里米亚的旧克里木（Staryï Krym）］轧制的铜币带有一个复杂的

图 3-46　察合台汗国的唐嘎

此处依据的是忽都鲁·火者·汗（Khoutlough Khwaja Khan，1298～1299）发行的一种货币。

图 3-47　见于塔拉兹轧制的都哇汗（Duva Khan，约 1291～1306）货币上的唐嘎

图 3-48　金帐汗国的唐嘎

见于别儿哥汗（1256～1266）发行的货币。

图 3-49　货币上所见金帐汗国诸汗唐嘎的不同变体

图 3-50 组合式唐嘎

见于金帐汗国托赫塔汗统治时期（1291 ～ 1312）
在克里米亚索尔哈特轧制的铜币。它们将可汗齿尖
朝下的"大叉"与那海齿尖朝上的"三叉戟"连为
一体[40]。

[K. K. 赫罗莫夫（ K. K. Khromov, 2000 ）]

**图 3-51 陶克哈布尔（俄罗斯阿迪根亚）发
现的青铜坠饰（或是印章？）**

13 ～ 15 世纪。高 2.2 厘米。

唐嘎，它将金帐汗国的唐嘎与一个齿尖朝
上的"三叉戟"连为一体。齿尖朝上的"三
叉戟"标志归属于独眼将军那海（Nogaï；
图 3-50）；他是 13 世纪下半叶金帐汗国的
权臣、"国王的拥立者"，死于 1299 年。

俄罗斯阿迪根亚（Adyghéïe）陶克哈
布尔发现的一枚青铜坠饰（或是印章），带
有一个类似于诸汗的大叉形唐嘎，并配
有阿拉伯字母写的铭文（图 3-51），年
代为 13 ～ 15 世纪。1990 年出版的图录
Tesori... 对这一符号未置一词，只提到"图
案 化 的 阿 拉 伯 铭 文"（*iscripzione araba
stilizzata*）[39]。

金帐汗国的唐嘎还应该呈现在旗帜上。
法国查理五世（Charles V）图书馆藏书中
的《加泰罗尼亚地图》（*L'Atlas catalan*）是
一幅 1375 年的波特兰型（portulan）海图，
它在金帐汗国疆域标注了一面白色的旗帜，
上带唐嘎和新月。著名的《知识之书》（*Livre
de la connaissance/Libro del conosçimiento de
todos los rregnos et tierras e señoris que son
por el mundo et de las señales et armas que
han*）是一部编纂于 14 世纪末的游记和纹
章图集，它提到"纳根西奥"（Norgancio）

的国王用"一面旗帜"作为象征，这面"白色旗帜带有皇帝萨拉·乌克斯贝科（Uxbeco de Sara）的标志"。纳根西奥无法确指，但萨拉·乌克斯贝科则肯定是月即别（özbeg），即 1312 ～ 1341 年金帐汗国的汗，他的首都位于伏尔加河上的萨莱。《知识之书》的佚名作者还指出："萨拉皇帝的标志是面带有一个红色符号的白旗。"插图显示的唐嘎极易辨认，配着一弯新月，两者均为红色，呈现在白底之上。在这两个例子中，都出现了新月，这值得注意（图 3-52）。

　　这些例子表明，金帐汗国诸汗的唐嘎为西方世界所熟悉。塞巴斯丁·缪斯特（Sebastian Munster）编制的地图《波罗尼亚和恩加里亚新图》（*Poloniae et Vngariae nova descriptio*，巴塞尔，1552；此时，金帐汗国不再作为一个政治实体已有半个世纪），出现了一个变体：两个分支末端开叉，整个符号画在盾纹中

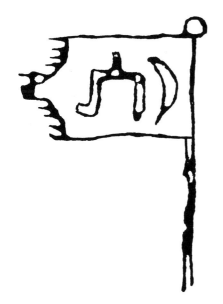

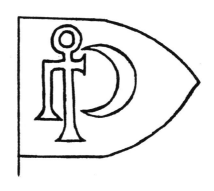

图 3-52　见于 14 世纪手稿上的金帐汗国旗帜
左：《加泰罗尼亚地图》。
右：《知识之书》。
（W. 特伦比茨基，1969；I. 莱贝丁斯基，"*Tamgas...*"，1998）

图 3-53　金帐汗国诸汗唐嘎中的一个变体
唐嘎呈现在一盾形上，用作"小鞑靼利亚"（Petite Tartarie）的纹章；见于塞巴斯丁·缪斯特编制的地图《波罗尼亚和恩加里亚新图》，约 1552 年出版于巴塞尔。在地图上，该标志被置于克里米亚东北方的乌克兰东部草原。

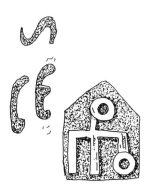

图 3-54　莫斯科老式火枪上的验印
见于 17 世纪初圣·塞尔日三一修道院兵工厂出品的火枪枪管。该验印被鉴定为金帐汗国的唐嘎，配有西里尔字母 CE 和一个波形号——这是修道院名称的缩写。

（图 3-53）。出现的盾纹极可能是由地图绘制者或其信息源添加，但却可以证明西方人十分清楚唐嘎具有纹章的功能。

金帐汗国王朝的一个唐嘎可能还被圣·塞尔日三一修道院（du Monastère de la Trinité Saint Serge）的兵工厂用作验印标记（图 3-54）；该修道院位于俄罗斯的谢尔吉耶夫镇（Serguiev Possad）。这一唐嘎主要出现在 17 世纪初莫斯科老式燧发枪的枪管上（*Zolotoj vek…*, 1993）。

帝国时代蒙古唐嘎的首要用途自然是给家畜做标记。马可·波罗注意到了这一点，并指出这种标记限用于"大型牲口"，以便它们在无人照管的状态下觅食，"如果某个贵族拥有大量的牲口，无论是牡马、牝马、骆驼、牝牛和牡牛，还是其他大型牲口，他就会让人在牲口的皮毛上用印章做标记，随后便让它们在没有人照看的情况下安然地在山间、原野上吃草……但小家畜——绵羊、母羊还有山羊——群落由人看管，不做标记"（《马可·波罗游记》第 70 节）。应该补充的是，数头小家畜的价值也远抵不上一头公牛，尤其是一匹马的价值。

鞑靼人留存使用的符号，至少有一部

分来源于成吉思汗家族的唐嘎（参见前文有关克里米亚唐嘎的讨论）。第一章中已经指出，1917 ~ 1918 年，金帐汗国的一种唐嘎变成了伏尔加河和乌拉尔山之间短命的伊德尔 - 乌拉尔国的国徽[41]（图 3-55），随后又成为支持恢复这一突厥 - 芬兰语国家的流亡者们的标志。

今天还在被游牧民使用的、更为晚近的蒙古唐嘎，反映了来自多个方面的影响。C. H. 沃丁顿（C. H. Waddington，1974）对这些唐嘎做过探讨，以下就是从他那里借来的一部分材料。O. 达瓦尼亚亚姆的研究使相关信息变得大为完善，为了帮助我们，他在 2010 年开展了这些工作，包括几部蒙文著作和文献的翻译，并与当地的专家进行了交流。

现代蒙古唐嘎的总量相对较少，20 世纪中叶估计有 360 个符号。因此，相同的唐嘎可以被多个群体使用，前提是他们畜群的牧场不相毗邻。在某些群体中，部分图案的使用频率特别高，比如弓在乌梁海人、"火"在奥拉特人（Ööld）[42]中。通过改变唐嘎的位置和方向，或者对唐嘎图案做出变更——往往是加上一个次要的标记，就可以创造出新的唐嘎；次要的标记起到"区分"（brisure）的作用。与突厥语民族中的情形

图 3-55　1917 ~ 1918 年伊德尔 – 乌拉尔国的国旗
唐嘎和边框呈黄色，底为天蓝色。（W. 特伦比茨基，1969）

略相仿佛，这些唐嘎也有描述性的名称。有时候，抽象或几何形图案会加上多少被图案化了的动物或器物形象，还可以加上字母，包括起源于回鹘文的古蒙古文字母、藏文字母表字母（随佛教文献传入），最后还有现代蒙古的西里尔文字母。有的研究者还找出过几个汉字[43]（图 3-56）。

蒙古的情况为我们展现了唐嘎演化和传播中的细微之处。唐嘎传统上是由父亲传给儿子或孙子（长子一旦成婚独立，就会改变父亲唐嘎的方向）。小儿子们通过改动细节或是添加次要的标记来与父亲的唐嘎相"区分"。唐嘎的名称反映出唐嘎的变化（*sartai dorm-a tamaǧa* "伴有月亮的火唐嘎"）。一个唐嘎只能添加两三次，否则会变得太过复杂；两三次过后，可以用新符号替代。添加物的性质和位置必须恰如其分："宝座"标记备受崇重；添加在原唐嘎上部的成分意味着比出现在下面的成分地位更高；同样，右方的添加物地位比置于左边的要高。

根据在高加索等地得到证实的传统习俗，王子们在家畜的右肋做标记，而平民则标于左肋。

蒙古的唐嘎具有非常强烈的巫术 - 宗教内涵。它们吸收了神圣的符号，或是接纳了神秘主义的解释。因此，唐嘎或唐嘎的构成要素中出现了圆、火焰形和新月形；圆象征着太阳，火焰形表示"火"，新月形意味着"月亮"（图 3-57）。佛教的影响体现为从藏文借用的图形，例如字母 *sa*（大地）；这一影响显然还包括图案化的"宝座"，或许还有卍字纹。所有这些象征符号，甚至包括那些名称更为普通的唐嘎，都与好运和福佑的概念相关。上述 *sa* 字母被认为有助于畜群的协调一致；称作"花结"的唐嘎意味着永恒，有助于延年益寿；唐嘎"鱼"象征对捕食性动物的警惕与防范（图 3-58）[44]；诸如此类。如果这个符号没有满足期许，就会奉上救赎的牺牲。倘若无效，那大概就不得不给牲畜重新标记其他唐嘎了。使用者认为唐嘎与标记的动物之间存在着相互的契合，这种观念有着更为广阔的信仰背景——对某些巫术感应的信仰：给一个小孩起名的同时，喇嘛也指明了他的保护神以及他的"马匹颜色"。以后他只能挑选这种颜

图 3-56 蒙古国中央省所见现代蒙古人的唐嘎

我们将出现在本书图 1-16 中的那些图案化的雄鹿造型省略掉了。除了大量古代样式的唐嘎外,引人注目的是几个受到共产主义标志——镰刀和锤子影响的图形(第 1 行第 8 个符号,第 6 行第 5 个符号,第 2 行第 8 个可能也是)。引自 H. 珀尔(H. Perle)公布的材料。

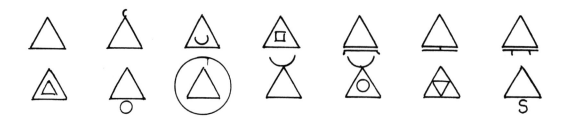

图 3-57 一组以象征火的三角形为基础、附以添加物构成的蒙古唐嘎

各种添加物同样具有象征意味(新月形象征月亮、圆形象征太阳,等等)。下面右侧最后一个唐嘎带有一小 S,
它被当作马衔的一个组件。

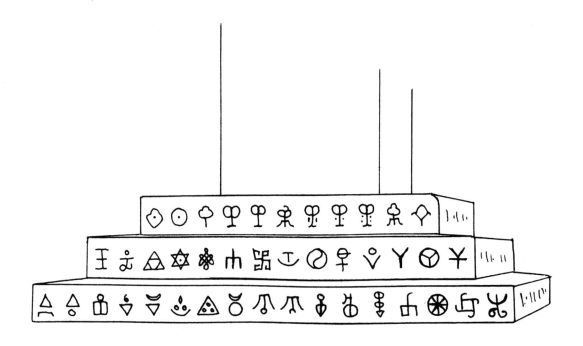

图 3-58 刊刻在蒙古乌兰巴托一处纪念碑基座上的现代唐嘎"总汇"

色的马。唐嘎也与这个名字 - 神 - 颜色的统一体存在着关联。

与其他使用唐嘎的畜牧文化一样，而且可能表现得更加明显，烙印标记俨然就是一项重要的仪式，并且高度程式化了；C. H. 沃丁顿（1974）对此有过详尽的描绘：

> 每年烙印标记都在一个由喇嘛选定的黄道吉日进行。马匹被引到草原上的某处场所，远离女性的影响。它们被挨个捉住，向右侧卧，四蹄捆牢。在年轻的儿马被阉割后，立即给所有二岁的马匹施以烙印。马匹、阉割师傅和打印者，甚至所有围观的人，都必须用刺柏的烟加以净化。睾丸用两根小棍夫除（而不是用刀，因为人们认为铁会将毒素传播到体内）。睾丸会在附近燃起的火堆上煮沸，让男孩子们吃掉，据信可以从其中获取力量和好运。打印的烙铁也由这堆火烧红，压在肋部直到皮肤微焦。如果是打算卖掉的马匹，只让肋毛烧焦，印记迟早会消失。而正常做法打下的印记在马的一生中都不会磨灭。

O. 达瓦尼亚亚姆明白地告诉我们，打印标记在秋天进行（这个季节，牲口较少受到虫蝇的骚扰），其实包含了三种可能的印记程度：仅及于毛、达至皮层和触及肌肉的层面，触及肌肉留下的标记根本无法消除。"程度的把控"主要取决于加热烙铁时牛粪的燃烧程度。

打印标记的烙铁和符号本身一样，也被称作 *tamaǧa* 唐嘎。作为神圣之物，它们和标记的使用权一道传承给子裔。烙铁会得到喇嘛的"祝福"，而且必须以铁首朝上的方式存放。使用过后，只能置入马乳中冷却。布里亚特人甚至给它们供上祭品。虽然传统上对唐嘎烙铁敬重若此，但现在却避免不了烙铁（现在制作的大概从来没被使用过）被作为收藏或纪念品来出售。

时至今日，唐嘎虽然还在蒙古使用，但已发生了种种改变。据说，蒙古古币协会的会徽，就是由一个圆圈和四枚辐射出去的成吉思汗家族风格的唐嘎构成（图 3-59 ~ 图 3-61 ）。

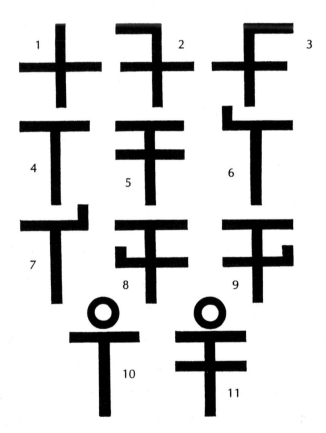

图 3-59　明加德蒙古人的唐嘎
1 ~ 3. 以"栅栏"为母题的变体
4 ~ 11. 以"锤子"为母题的变体
（M. 阿姆加兰，2008 ）

图 3-60　佛教象征符号法螺用作唐嘎的实例
法螺，八个"吉祥物"之一，与佛陀的声音、教诲和正道相关；经各种图案化的处理，并附有添加物。
（引自 O.达瓦尼亚亚姆的资料）

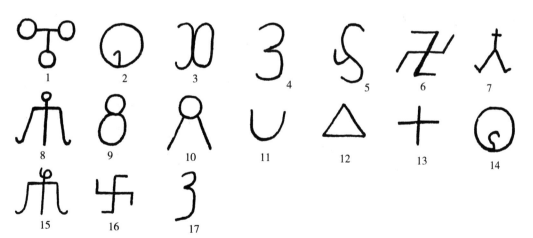

图 3-61　晚近定居到东欧的蒙古部落卡尔梅克人的唐嘎

（Kh.亚赫塔尼戈夫，1993）

译者注

1. 此处的"两部分蒙古",由图 3-1 说明文字可知,指的应是中国内蒙古和蒙古国而非东西蒙古。

2. 或译巴赫拉姆四世,伊朗萨珊王朝的君主之一,公元 388 ~ 399 年在位。在位期间与罗马帝国瓜分了亚美尼亚。

3. 图 2-14、图 2-15、图 2-17 和图 2-27 中的例子都与该唐嘎相似或相近,但均不属于萨尔马泰 - 阿兰人;这里指的或许是图 2-12 之 I 区中的一例。

4. 萨尔马泰 - 阿兰的唐嘎可参见图 2-31 和图 2-33;塞尔柱帝国的唐嘎本书并未举示;萨珊的符号可参见图 4-4,只是图中似并未出现那个"一模一样"的例子。

5. 即所谓蹀躞带,但在中国各个时期的蹀躞带上,似未听说辨识出过唐嘎。参见图 3-6、图 3-7,还可参见图 4-20。

6. 伦巴第人,英文作 Lombards 或 Longobards,又译伦巴德人,系日耳曼人的一支,原意为"长胡子的人"。1 世纪前后,居住在易北河下游。4 世纪,开始大规模向南迁徙。5 世纪末,抵达多瑙河北岸。6 世纪初,进入潘诺尼亚。公元 546 年,由奥多因(Audoin)创立了一个新的王朝,并进入诺里库姆。后与查士丁尼结盟,助其军队在意大利打败东哥特人,并长期与盖皮德人征战。公元 567 年,奥多因的继承人阿尔博因击败盖皮德人,夺取了他们的土地。公元 568 年,为阿瓦尔人所迫,逾越阿尔卑斯山,侵入亚平宁半岛北部波河流域,建立伦巴德王国。翌年,征服波河以北所有重要的城市,建都帕维亚。后又夺取亚平宁半岛南部的一些地区(斯波莱托和贝内文托成为两个公国)。原信奉基督教阿里乌派,7 世纪后接受罗马天主教。公元 774 年,伦巴德王国为法兰克王国所灭。

7. 图 3-7 见有意大利的出土实例。

8. 英文作 Antes、希腊文作 Antai,是 6 ~ 7 世纪拜占庭作家对东方斯拉夫部落的称呼。1 ~ 2 世纪的罗马作家称之为维尼德人。3 世纪,刻赤的一件题铭中首次出现"安特人"这一称呼。关于其历史记载主要见于 6 ~ 7 世纪拜占庭人的著述。他们曾生活在喀尔巴阡山和北顿涅茨河的森林草原。4 ~ 6 世纪,居住在森林地带的部落尚处于原始公社阶段,而居住在森林草原地区的部落则已产生了阶级关系，兼事农业、定居畜牧业，掌握了冶铁和制陶技术，并与罗马帝国进行贸易。4世纪，他们曾与黑海北岸兴起的哥特人进行过长期的斗争。公元385年，哥特王维尼塔尔（Vinitar）俘虏并屠杀了安特王公鲍兹（Bos）父子及70名显贵。6世纪，安特人及同族的斯克拉文人曾对东罗马帝国的巴尔干地区发动过进攻。自公元550～551年的战争起，安特人和斯克拉文人开始迅速地定居到巴尔干半岛。6世纪末，安特人又与阿瓦尔人进行征战。7世纪初，文献史料中已不再提及安特人，他们被一个新的名词——罗斯人所取代。

9. 参见图4-20。

10. 一般将中亚、西伯利亚和喜马拉雅山之间的地区称作高地亚洲。

11. 脱漏了唐嘎的名称。

12. 这里指的是第一突厥汗国的可汗氏族。第二突厥汗国的可汗虽然也属于阿史那氏，但系旁支，故唐嘎作公山羊形象。

13. 即贪汗啜、贪汗达干、金贪汗达干，三名可参考翁金等突厥碑铭。达干或译达尔罕，在唐代突厥人中为军事指挥官，到了蒙元时代答刺罕（蒙语作darqan）已成为一个荣誉称号。有人认为，达尔罕源出于匈奴的单于。啜，亦为突厥官号。

14. 参见图3-12。

15. 须注意，塞人属于伊朗语民族，与突厥分属不同语系。

16. 也译作《乌古斯可汗的传说》，为古代维吾尔族的散文体史诗，现唯一回鹘文写本藏于法国巴黎国家图书馆，汉译本可参见新疆人民出版社1995年出版的《维吾尔族古典文学大系：上古至高昌汗国时期的文学》第15～36页，收录有耿世民先生的译文。诗中确实提到过唐嘎，但并没有述及授受之事，疑作者是将其与《史集》或《突厥世系》中的相关内容混淆了。

17. 这两种唐嘎在本书中似无图示。

18. 英文作Moesia，为东南欧的古地域名。西邻达尔马提亚和潘诺尼亚，南接马其顿和色雷斯，东临黑海，北以多瑙河作为与达契亚的天然屏障，相当于今天塞尔维亚和保加利亚北部一带。居民默西亚人（Moesi）与色雷斯人同源。公元前29年，奥古斯都当政时，被罗马征服，可能在公元6年设置行省进行统治（公元44年系正式设立）。1世纪后期，又划分为两个行省：西部称上默西亚（塞尔维亚），东部称下默西亚（保加利亚）。自3世纪起，遭日耳曼人等蛮族入侵。公元

270 年，罗马放弃达契亚省，将其居民移入默西亚。4 世纪末，归属东罗马帝国。7 世纪，斯拉夫人和保加尔人入据。

19. 指的是《突厥世系》一书。阿布·加齐·巴都尔，或译阿布尔·哈齐·把阿秃儿，是希瓦汗国最著名的可汗。他于 1663 年开始撰写该书，后由其子阿努失·穆罕默德续成。该书由罗贤佑先生译成汉文，2005 年出版，并收入中华书局"中外关系史名著译丛"。关于乌古斯部落的划分，还可参见拉施特《史集》，亦有汉译本。

20. 乌古斯可汗（Oğuz Han/Oghuz Khan）的长子，Gün 是太阳的意思。

21. 也译作克尼克。

22. 可参见图 3-16。

23. 可参见图 3-22 第一行最末一例。

24. 罗马尼亚语作 Dobrogea、保加利亚语作 Добружа，为多瑙河下游与黑海之间的一个地区。目前多布罗加北部由罗马尼亚控制，南部隶属保加利亚。多瑙河三角洲的一部分即位于该区域。该地区旧为奥斯曼土耳其帝国的属地。1913 年第二次巴尔干战争后，被全部划入罗马尼亚境内。第二次世界大战后，南多布罗加被归入保加利亚。

25. 2014 年因乌克兰政局动荡，2 月初俄罗斯应自治共和国总理阿克肖诺夫的求援，派遣部队进驻克里米亚。3 月 16 日全民公投，95% 以上的民众要求加入俄罗斯。3 月 18 日，普京与克里米亚、塞瓦斯托波尔市领导人签署条约，克里米亚成为俄罗斯的一部分。3 月 27 日，第 68 届联合国大会投票通过有关乌克兰问题决议，宣布克里米亚公投无效。另据 2001 年乌克兰人口普查的结果，俄罗斯人在克里米亚总人口数中占 58.32%、乌克兰人占 24.32%、克里米亚鞑靼人占 12.10%、鞑靼人占 0.54%。

26. 参见图 3-30 第 29 号。

27. 参见图 2-19 及图 2-20 第 43 号。

28. 参见图 3-38。

29. 指伊朗语民族或亚洲斯基泰、塞人。

30. 英文作 Uriankhai，也译作兀良哈，它与达延汗分封的兀良哈万户是同名的不同部落，应为突厥民族，语言风俗与喀尔喀人相似，自称东巴，居唐努山、阿尔泰山和萨彦岭之间，分为三部分：一曰唐努乌梁海，二曰阿尔泰乌梁海，三曰阿尔泰淖尔乌梁海。还有一支喀喇沁部黄金家族塔布囊乌梁海，应该是蒙古民族。唐努乌梁海（俄名唐努图瓦），北至萨彦岭以北，南到唐努山，今天大部分属于俄罗斯的图瓦共和国。阿尔泰乌梁海，游牧于今中国新疆阿勒泰地区额尔齐斯河以北、吉木乃县以西地区及俄罗斯阿尔泰共和国南部一带。阿尔泰淖尔乌梁海，在科布多之西北。

31. 作者似乎弄错了，除了喀喇沁部黄金家族塔布囊乌梁海外，大部分乌梁海 / 兀良哈人应属突厥语民族。

32. 参见图 3-30 第 9 号。

33. 参见图 3-25。

34. 应如图 3-36 说明文字，窝阔台汗统治时期为 1229 ~ 1241 年。

35. 参见图 3-36 下。

36. 两个家族存在着血缘关系，但他们的唐嘎仍不相连。另，一般认为宗王海都生于 1235 年，卒于 1301 年，与本书正文和插图说明文字的时间均不相合。

37. 此处贵由汗卒年与正文不同，应以正文为确。

38. 正文别儿哥汗的统治时期为 1257 ~ 1267 年，图 3-48 的说明文字作 1256 ~ 1266 年；查 R. 格鲁塞《草原帝国》汉译本第 500 页作"大约从 1257 年至 1266 年间"。

39. 原文为意大利文。

40. 那海将军与可汗存在着血缘关系，故此他们的唐嘎连在一起。

41. 可参见图 1-12。

42. 西部蒙古人，生活在蒙古国和中国西部。卡尔梅克人也属于西部蒙古人。

43. 还可参见图 3-58。

44. 图 3-58 中最上一行左数第 4、5 两例与图 3-46 察合台汗国的唐嘎一致；中间一行左数第 2 例与图 3-44 见于蒙古时代和田轧制货币上的唐嘎相似；中间一行左数第 5 例应为花结、第 7 例应为卍字纹；中间一行的第 1 例似即汉字"王"；最下一行右数第 2 例与图 3-1 中国内蒙古和蒙古国岩画中第 2 行左数第 3 例相仿，唯方向相反。

第四章

毗邻草原的定居民族唐嘎及
与唐嘎相类的纹章系统

本章用于介绍定居民族的唐嘎系统，或是这些民族采用的、在审美和用途上都与唐嘎非常接近的标记系统。这里研究的大部分实例明显（北高加索）或极有可能（基辅罗塞尼亚）是从游牧民族那里借鉴来的；至于古代日耳曼民族的某些标志以及所谓的波兰纹章，虽然也有游牧起源的可能，但却不那么肯定。

唐嘎的传播给人留下了深刻印象，揭示出草原居民与其邻人之间存在着的文化交流，也一再证明草原居民在军事、政治的某些领域，曾经给定居民族带来过冲击。

萨珊波斯的标志

在讨论阿契美尼德时期使用的标记（marque，公元前 6 ~ 前 4 世纪）和阿萨息斯时期（公元前 3 世纪末 ~ 公元 3 世纪初）帕提亚人的唐嘎时，本书已两度提到过波斯。而在历史上的第三个波斯大帝国——萨珊帝国（3 ~ 7 世纪）[1]，同样也存在着与唐嘎相类似的符号（signe）。

与帕提亚帝国不同，萨珊帝国并非由有着中亚游牧血统的家族创立。恰恰相反，它往往被看作是针对帕提亚统治的一种"民族反抗"，因为在很大一部分伊朗定居民的眼里，帕提亚人属于外来者。

萨珊波斯的"唐嘎型"符号久为人知。这些符号主要出现在纪念性遗存（包括雕刻在岩壁上的大型浮雕）和印章上，经常被解释成用巴列维文（écriture pehlevie [2]，用于记录中古波斯语）字母撰写的"交织字母"。例如 J. 克律格（J. Kröger）在 2006年"萨珊波斯"展的图录中就著录了一例 6 世纪和 7 世纪之交"用巴列维文撰写的交织字母"；该字母发现于伊拉克泰西封（Ctésiphon）[3]附近（图 4-1）。他将这一标志定义成 *nišān*（关于该术语，参见附录）[4]，并解释道："尼尚（nishan）属于萨珊末期帝国各行省建筑上使用的装饰题材。"稍后 R. 吉塞伦（R. Gyselen）又写道："那些按几何结构组合成的符号同样十分流行，它们被不甚恰当地称作'交织字母'。有些交织字母包含多个字母,这些字母有时会组成语词或人名。"

但从部分实例来看,这些字母似乎已与图案完全融于一体(因而不能归咎于没能"识读"出这些所谓的交织字母),那它们构成语词或人名的情况就并不属于常例;而且迄今为止,能构成语词或人名的情况也的确并不多见。这些符号多属抽象标志,有的与帕提亚人或游牧民族(萨尔马泰 - 阿兰、嚈哒 - 阿尔洪人等)的唐嘎相一致。甚至于在我们看来,即便有所谓的交织字母,那它们极为独特的形态也是为了迎合先已存在的标志样式而形成的。

萨珊的这些标志完全担负起唐嘎的职能,它们不只出现在印章(图 4-2)——如同出现在西方"印戒"(chevalière)上的符号,同时起纹章和认证文书的签名作用——和建筑(作为所有权的标记?)上,而且还出现在牲畜(至少是马匹)的躯干上。在前文提到过的法拉什班德的浮雕中[5],萨珊的首位君主阿尔达希尔一世(Ardéchir/

图 4-1　见于模塑灰泥饰板上的萨珊时期的标志
6 世纪末或 7 世纪初,出土于泰西封附近乌姆·阿兹 - 扎阿蒂尔(Oumm az-Za'atir)。

图 4-2　萨珊波斯印章上的"交织字母"

Arδαχšēr Ier）和他的一位官员，马铠上就带有这样的标志[6]。尤其是塔克 - 伊 - 布斯坦（Taq-i-Boustan）的浮雕，直接在库思老二世（Chosroès II，591 ~ 628）坐骑的臀尻上打了标记（图 4-3）。值得注意的是，这两个符号：阿尔达希尔的"锁孔形"符号，特别是库思老的符号，都与一个众所周知的神圣符号相似，即"塔尼特（Tanit）[7]符号"。"塔尼特符号"是图案化的女性形象，代表的是年代上远早于萨珊的迦太基（carthaginoise）女神。这或许出自巧合，或许应归之于趋同现象（这些波斯符号代表的是另外一位神

图 4-3　伊朗塔克 – 伊 – 布斯坦浮雕上众王之王库思老二世（591 ~ 628）的形象
马的臀尻上见一唐嘎（19 世纪版画）。

灵），但也不排除是个残留的证据，它再次表明影响唐嘎的来源有可能极为多样。

最无争议的萨珊唐嘎（图4-4），其中不可能存有任何字母，通常上部带有一弯新月或是一个“大叉”。有人认为新月和“大叉”应该与马兹达教[8]的符号相关，但这种可能性不大，因为马兹达教的符号如阿胡拉·马兹达（Ahoura Mazd）的有翼圆盘、拜火祭坛等，并不以这种抽象的形式出现，而且在印度帕西人（Parsis）[9]中，也没有保留下任何类似的符号。

这些标志的来源并不清楚。它们的构图有别于帕提亚的唐嘎，因为后者的唐嘎常有圆环出现。如前文所述，有些萨珊标志与萨尔马泰-阿兰和中亚的唐嘎相近似，甚至一模一样。实际上，公元最初的几个世纪里，萨珊波斯人与阿兰人以及中亚的各种游牧民族（匈尼特人、寄多罗人、嚈哒人等）保持着交往也有过冲突。然而，由法拉什班德的浮雕来看，至少有一部分标记符号似乎自萨珊帝国建立之初就已在使用。也许波斯人的显赫家族从帕提亚时代起，就从阿萨息斯帝国的精英们那里汲取了这种记号的概念。

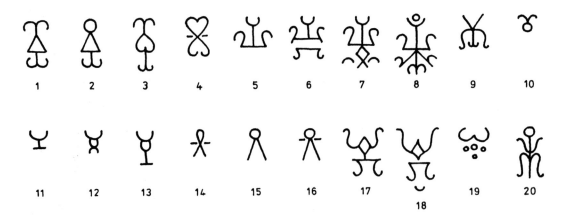

图 4-4　萨珊唐嘎

17 ～ 20 为“贵霜 - 萨珊”唐嘎，年代在 3 ～ 4 世纪萨珊统治巴克特里亚时期。

（I. 布纳，1980）

欧洲定居"蛮族"中的萨尔马泰 - 阿兰式唐嘎

在中、东欧，萨尔马泰和阿兰人与多个强大的"蛮族"，即希腊 - 罗马世界之外的民族有过接触。他们对这些"蛮族"施加过影响是不容否认的，最为明显的就是他们在骑术和战术等方面对日耳曼人［R. 博斯（R. Boss），1994；I. 莱贝丁斯基，2002］和达契亚人的熏陶。此外，这种交流有时也是相互的，这在匈牙利平原表现得尤为突出［E. 伊斯特沃诺维茨、V. 库尔克索、C. 冯·卡纳普 - 伯恩海姆（C. von Carnap-Dornheim），1998］。

以此为背景，萨尔马泰 - 阿兰人的唐嘎在各种"蛮族"中得到了一定程度的传播。这种传播已被今天在罗马尼亚境内发现的达契亚 - 盖塔人（Daco-Gète）的材料充分证实；而在日耳曼民族中间，也找到了若干线索。

从罗马尼亚多地的达契亚 - 盖塔遗址中出土了各式各样的物品，以陶器为主，上面都有唐嘎出现（图 4-5）。C. 贝尔迪曼（C. Beldiman，1990）就此问题做过深入的研究。

这些发现主要集中在奥尔特河（Olt）上游和普劳特河（Prout）中游之间，尤以塞列特河（Siret）中游为多。唐嘎在该地区的存在始于 1 世纪。如可预见的那样，有些

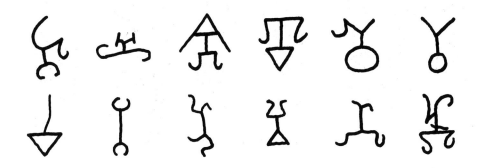

图 4-5　"唐嘎型"符号示例

收集自前罗马时期达契亚人遗物。（C. 贝尔迪曼，1990）

唐嘎装饰在由黑海输入的物品上；但另有一些却出现在当地传统的陶器上，并且是从一开始，也即烧制前，就被刻画上去了，如萨拉伊（Sălaj）地区的莫伊格勒（Moigrad）、加拉茨（Galați）地区的波亚那（Poiana；图 4-6）、巴库（Bacău）地区的鲁塞陶（Răcătau）、哈尔吉塔（Harghita）地区的森西米翁（Sînsimion）等地的发现。一部分标本中，唐嘎与当地的装饰并存，当地的装饰以图案化的植物纹和分割为数块的圆"饼"纹为主，它们与唐嘎迥然有别。但是这些唐嘎与黑海以北发现的样式，若非相同就是极为相像，故而它们与萨尔马泰 - 阿兰人的唐嘎无疑就应该是一回事。

由于这些物证的年代甚早，所以唐嘎当是由东方传入达契亚 - 盖塔人中的。实际上 1 世纪时，前罗马统治时期的达契亚被两个萨尔马泰部落群体——埃阿热格人（Iazyges）[10] 和罗克索拉尼人（Roxolans）[11] 所环绕。埃阿热格人抵达匈牙利平原，罗马皇帝提贝里乌斯（Tibère）[12] 对于他们在那里驻牧给予了认可；罗克索拉尼人则是从乌克兰草原推进到瓦拉几亚（Valachie）[13] 的。尚无证据显示这一时期的埃阿热格人使

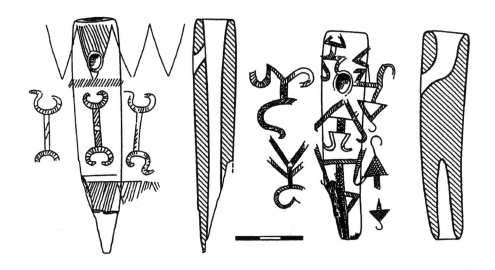

图 4-6 波亚那出土的角质器柄（罗马尼亚加拉茨地区）
器柄上装饰有"唐嘎型的"符号。（M. 巴贝斯，1999）

用唐嘎；但自 1 世纪下半叶起，唐嘎就已在乌克兰流行（文尼察地区的波罗希古墓）。因此 C. 贝尔迪曼推测，唐嘎是从黑海的萨尔马泰部落那里借来，随后又在达契亚 - 盖塔人中间传播。关于这一点我们可以看到，当图拉真（Trajan）征服达契亚之际，罗克索拉尼人加入到达契亚的阵营参与战斗——图拉真纪功柱 [14] 就表现有罗克索拉尼人强大的被甲骑兵。

很难说这些唐嘎符号对于达契亚 - 盖塔人究竟意味着什么，因为它们只残留在陶器上，而且我们并不清楚它们是否也被用来标记家畜、装点衣物或是文身（普林尼在《自然史》22 卷第 2 节第 1 段同时提到达契亚人和萨尔马泰人的文身）。带有唐嘎符号的器物不见于墓地，却出现在孤立的墓葬中 [15]。C. 贝尔迪曼根据这一特点以及唐嘎与本地象征符号相互组合来推断，认为唐嘎被达契亚 - 盖塔人当作了巫术符号，可能具有驱邪的功效。值得注意的是，图拉真纪功柱在一个表现罗克索拉尼重装枪骑兵的场景中，一名达契亚步兵举着一面萨尔马泰特有的旗帜——蛇形旗杆的上部装着一个怪兽头。由此，与萨尔马泰人结盟的达契亚贵族或可能已经接纳了萨尔马泰人的标志；如果是那样的话，达契亚人对唐嘎的使用，或许就不只是对吉祥图案进行简单的仿制。萨尔马泰人的这种影响已由特兰西瓦尼亚（Transylvanie）的玛古拉·乌罗辉（Măgura Uroiuhui）、卡拉什 - 塞维林（Caras-Severin）地区的迪维奇（Divici）、哈尔吉塔地区的森西米翁等处达契亚地层中出土的具有标志性意义的防护装具——盔甲的金属鳞片所证实。与库班（Kouban）萨尔马泰人中的情形一样，这些鱼鳞甲片有时与锁子甲的铁质锁环连接在一起［巴库地区的鲁塞陶 1 号坟冢；参见 C. 查德博（C. Chadburn），2010］。

同样，人们相信在日耳曼的各个民族中也能找到唐嘎，因为萨尔马泰 - 阿兰人与他们保持着最为密切的联系：阿米阿努斯·马尔切利努斯（Ammien Marcellin [16]，17 卷第 12 章第 1、2 节）强调，4 世纪末的时候多瑙河流域的苏维汇人 - 夸德人（Suèves-Quades）[17] 还与萨尔马泰人为邻；3 ~ 4 世纪哥特人（Goths）[18] 占据了古代萨尔马泰 - 阿兰人位于乌克兰和罗马尼亚境内的土地；还有汪达尔人（Vandales）[19]，他们是阿兰人在西班牙以及后来在北非的生死盟友。可惜的是，实物证据并不丰富。

在中、东欧，公元最初几个世纪的日耳曼地层中出土了几件矛头，矛头上刻画的图案与游牧民族的唐嘎相近（图 4-7）。最常被提及的几个实例分别发现于德国勃兰登堡（Brandebourg）慕尼黑贝格（Münchenberg）、波兰喀尔巴阡山麓省（voïévodie de Subcarpathie）桑河（San）河畔的罗兹瓦多（Rozwadów）和乌克兰沃里尼亚（Volhynie）科维尔（Kovel'）附近的苏奇奇内（Souchytchné）。尽管形制各异（矛头有的呈叶形，有的呈“鱼叉形”），地理分布零散，但这些器物的装饰却相当一致，都带有如尼文铭文，每件矛头一个词，词的含义存有争议：是专名还是描述性词汇？科维尔的铁矛刻写的是“*TILARIDS*”，慕尼黑贝格的矛刻写的是“*RANJA*”。矛头上的图案一部分为“唐嘎型的”图形（“叉形”或“双叉形”、由两个首尾相背的数字 2 组成的图形等），一部分可能是象征太阳的符号（带点的圆环、卍字纹和三曲腿纹）。科维尔和慕尼黑贝格的矛头还带有一弯新月的图案。

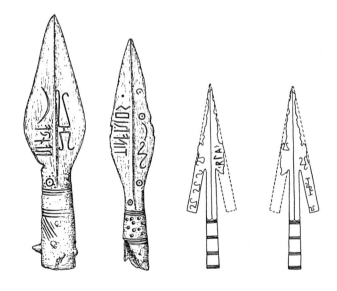

图 4-7　中、东欧出土的日耳曼铁矛
公元最初的几个世纪。出土地（从左到右）：德国勃兰登堡慕尼黑贝格、乌克兰沃里尼亚科维尔附近的苏奇奇内、波兰喀尔巴阡山麓省罗兹瓦多。

这些图形可以有多种解释。它们或许像唐嘎那样，是所有权的标记（也可能是作坊的标记）。外形上，这些日耳曼铁矛上的符号与萨尔马泰-阿兰的某些唐嘎十分相像。V. S. 德拉丘克（1975）不同意两者之间存在着亲缘关系，他认为这种相似与中世纪西方标记中的情形一样，都属于巧合（参见第一章）。我们注意到，罗兹瓦多的那件铁矛刻着多个"叉形"和十字形符号。那几个"叉形"符号虽然接近，但并不完全相同，可分为三种不同的样式。而多个图案并存与将它们解释成唐嘎的观点并不矛盾，因为在萨尔马泰-阿兰人自己的器物上，也会出现多个唐嘎。另一种解释相信，这些符号与和它们共存的圆形和卍字纹　样，都属丁象征符号。因此，可以把它们当作闪电之类的标志。还可以有一种解释，就像 C. 贝尔迪曼在涉及达契业-盖塔人的例子时所做的推断，认为日耳曼人从游牧邻居那里将唐嘎借来，即使不把它们当作"纹章"标志，至少也是把它们看成几种具有巫术效用的图案。总之，这些日耳曼符号似乎只限用于某些器物，但分布的空间却十分辽阔，如"双叉形"就见于丹麦菲英岛（l'île de Funen）上的维莫塞（Vimose）。

突尼斯（Tunisie）迦太基（Carthage）的博尔季·杰迪德（Bordj Djedid）发现了一幅著名的镶嵌画，属汪达尔王国时期（429 ~ 535），表现的是猎手形象。猎手们的坐骑打上了标记符号，符号位于马的臀部，有可能是用烙铁打上去的。符号呈十字形，下部和两侧的分支以"锚形"收尾，上部分支的末端作新月形。其中一个十字形的各支间装饰了圆点（图 4-8）。它们和罗兹瓦多矛尖上的一个符号有几分相像。

许多研究者强调，博尔季·杰迪德的这些标记在形态和用途上，都与游牧民族的唐嘎接近；由此推断镶嵌画上的骑士不是阿兰人，就是抄袭了阿兰唐嘎的汪达尔人。J. D. 兰德斯-佩尔森（J. D. Randers-Pehrson，1983）这样描述："汪达尔人乘着自己用唐嘎标记的坐骑，或者说乘坐自己打了唐嘎烙印的马匹（*on their tamga-branded horses*）[20]，兴致勃勃地前去打猎。"关于这幅镶嵌画，他进一步评论道："唐嘎的使用已由亚洲草原传播到了非洲。"这一观点完全可以接受——尽管此处涉及的应该是欧洲草原：阿兰

图 4-8　镶嵌画上的骑士
5 世纪或 6 世纪，突尼斯迦太基博尔季·杰迪德出土。

人的一支从公元 406 年起与汪达尔人结盟；公元 418 年，他们将汪达尔国王认作自己的君主；当公元 429 年盖萨里克（Genseric）渡海时，他们追随着他来到了非洲。直到 6 世纪拜占庭"收复非洲"时，非洲的那些国王依旧使用着"汪达尔和阿兰人之王"的官方称号（V. 库兹涅佐夫和 I. 莱贝丁斯基，2005）。大致可以断言，两个民族的精英通过联姻结成同盟；汪达尔人发展出强大骑兵，表明阿兰人在文化上对其日耳曼盟友产生了一定程度的影响。在此背景下，如果汪达尔人向阿兰人借鉴和使用了唐嘎，那也就没什么可让人惊奇的了。当然，慎重起见还是应当注意，由于服装和武器上缺乏典型的特征，博尔季·杰迪德骑士的"蛮族"身份并不能被完全确认。因为罗马人的马匹也可能用烙铁做标记 [A. 海曼德（A. Hymand），1990]，而十字图案在萨尔马泰 - 阿兰唐嘎中又不特别典型，因此这里也有可能涉及的是罗马传统的种马场或马厩标记。两种变体共处于同一场景（十字形分支之间带或不带圆点）[21] 并不是判定它们是否为唐嘎的决定性依据；在萨尔马泰 - 阿兰人的唐嘎系统中，通常不用圆点来作唐嘎的"区分"符号。应该考虑出现了受草原影响的"汪达尔唐嘎"，只是这一可能性并没有像想象的那样有把握。

高卢的科尔特拉［Cortrat，A. 弗朗斯 - 拉诺德（A. France-Lanord），1963］和韦尔芒［Vermand，D. 绍尔施（D. Schorsch），1986］等地，罗马晚期的墓葬中有扣钩出土，扣钩上见有非常相近的十字形标记。这些墓葬被归属于"莱特人"（Lètes），也就是传统所说的"蛮族"农民 - 士兵，他们构成了地方性的武装（图 4-9）。莱特人以日耳曼人为主；但在高卢，有个与"蛮族"农民 - 士兵相近的群体（catégorie）——"外邦人"（gentilé），其中包含大量的萨尔马泰人。A. 弗朗斯 - 拉诺德在科尔特拉区分出的一组"随葬品，与潘诺尼亚（Pannonie）[22] 的墓葬遗物类似"，针对这些十字形标记，他做过如下的反思："这些图案……之间的差别只是出丁装饰效果的考虑才产生的吗？还是如阿瓦尔或萨尔马泰人装饰中发现的唐嘎那样，是用以区分部落或氏族的标志？"这一谨慎提出的假说，到了 D. 绍尔施那里就几乎变成了言之凿凿。而我们，则更倾向于把它们看作装饰图案或宗教图案。

　　还存在着另外几种日耳曼人的标记，例如 5 ~ 6 世纪格皮德人（gépides）陶器上的戳记（cachet），但显然都不属于唐嘎。这些刻画在框中的戳记，表现的是植物纹、十字纹和斜线纹，不太可能被理解成游牧类型的唐嘎（Gy. 拉兹洛，1971）。

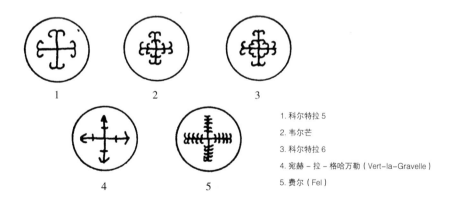

1. 科尔特拉 5

2. 韦尔芒

3. 科尔特拉 6

4. 宛赫 - 拉 - 格哈万勒（Vert-la-Gravelle）

5. 费尔（Fel）

图 4-9　高卢"莱特人"墓出土扣钩上的十字形标记
（A. 弗朗斯 - 拉诺德，1963）

基辅罗塞尼亚大公们的"三叉戟"和"双叉戟"

在那些与唐嘎相近的标志系统中，9～13世纪基辅罗塞尼亚（Ruthénie kiévienne）[23]王朝的标记，是最让人感兴趣，也是最富争议的系统之一。这些符号形似二齿或三齿的大叉，故而常被称作"双叉戟"（bident）和"三叉戟"。专门涉及它们的参考文献数量庞大，既有科学著作也包括政治性的论述，这是因为基辅大公弗拉基米尔一世（Vladimir/*Volodimer* Ier，980～1015）使用过的式样——一种三齿大叉图案，在1917～1921年被独立的乌克兰选作国徽。因此，在整个苏维埃时期，"三叉戟"被禁止在公开场合使用，有关基辅时代的标志研究也受到严格的限制。俄罗斯反共的"全国劳动者联盟"（Union nationale-travailliste，NTS）也将同样的三叉戟用作徽标，这使苏维埃政府变得更加敏感。即便今天，这仍是一个易于引发狂热的论题，研究工作中充斥着匪夷所思的主张——试图证明从古代甚至史前时代起，三叉戟就是"乌克兰的象征"。

真实的情况如下：9世纪末的最后几十年中，围绕着今天乌克兰的首都——基辅建立起一个强大的国家，它逐渐将全体东斯拉夫部落（乌克兰、俄罗斯和白俄罗斯人的祖先）以及其他一些民族联合起来。这个国家以 *Rus'* "罗斯"（Rous'）[24, 25] 为名，根据我们在别处详尽阐述过的理由（I. 莱贝丁斯基，*Ukraine...*，2008），这里把它翻译成"罗塞尼亚"。成就这一伟业的王朝，显然出自瓦尔盖埃人（Vargèues）[26]的群体。瓦尔盖埃人是群冒险家，至少有一部分来自斯堪的纳维亚，与令西方感到恐惧的维京人（Vikings）[27]十分相像。有理由相信，罗塞尼亚的建立是对可萨帝国的反动，并且它还可能部分效仿了可萨帝国的模式：瓦尔盖埃人取代游牧者，征服多个东方斯拉夫部落。不管怎样——而且这一点于我们这里的讨论也很重要，至少9～12世纪末的基辅大公都还在使用可萨人的（一般说来也是突厥-蒙古人的）尊号"可汗"。

从最完善的实例来看，大公标志的特点是以双叉戟或三叉戟为"骨干"，侧面添加圆环（boucles）或缠枝纹（entrelacs），底部正中附带圆点或椭圆。这些添饰让标志显得高深莫测，从而引发了旷日持久的论战：它究竟"代表"了什么？

最初的形式——至少是已知最为古老的形式，应当是双叉戟。这些双叉戟极易辨识，作为一种涂改，它们被刻在 9 世纪和 10 世纪之交考古地层中出土的阿拉伯货币（迪纳尔）上（图 4-10），也出现在斯维亚托斯拉夫（Sviatoslav，957 ~ 972）大公统治时期的器物上，如萨尔克尔发现的一件圆形象牙牌饰（图 4-11），以及基辅迪梅（Dîme）教堂发掘时出土的一枚铅印（图 4-12）。萨尔克尔是可萨人的要塞，公元 965 年被斯维亚托斯拉夫攻占；迪梅教堂的铅印有可能带有这位君主的希腊文名字（参见 A. 费捷索夫和 I. 盖科娃的讨论，2007）。这两件器物的归属并不十分明确，但多数专家认为，双叉戟确实被斯维亚托斯拉夫用作了标志。

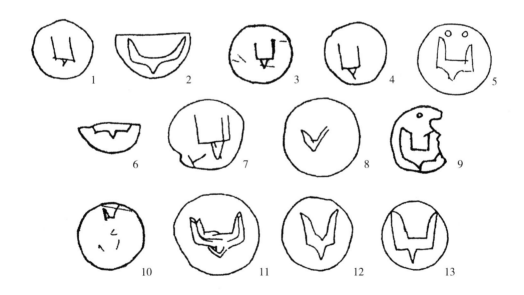

图 4-10 阿拉伯迪纳尔所刻双叉戟图示

9 世纪末 ~ 10 世纪初，发现于斯堪的纳维亚和东欧。（A. 费捷索夫和 I. 盖科娃，2007）

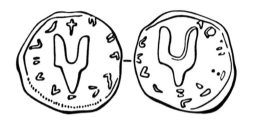

图 4-11　萨尔克尔出土的象牙牌饰
俄罗斯罗斯托夫地区齐姆利亚斯卡娅（Tsimlianskaïa）
萨尔克尔出土。上面的符号通常被归给基辅大公斯维亚
托斯拉夫，这位大公于公元965年夺取了这座城市。

图 4-12　带基辅大公标志的铅印
发掘基辅迪梅教堂（乌克兰，10世纪末）遗址时出土。
它被推测归属于基辅大公斯维亚托斯拉夫（957～972）。
（A. 费捷索夫和 I. 盖科娃，2007）

　　从弗拉基米尔（"圣弗拉基米尔"，980～1015）开始，情形变得更加明朗：罗塞尼亚于公元988年皈依了希腊传统的基督教，随后这位大公模仿拜占庭的样式轧制了货币。这些金、银币带有他的肖像、若干宗教象征物，以及他的名字题铭，还有他的标志——这回是个样式复杂的三叉戟。在他的儿子和继任者中，"魔鬼"（Maudit）斯维亚托波尔克（Sviatopolk，1015～1019）又恢复到双叉戟，其中的一个分支上带有十字架——有些学者甚至从中找到佐证，证明斯维亚托波尔克其实不是弗拉基米尔的孩子，而是他哥哥亚罗波尔克（Iaropolk）的儿子。"智者"雅罗斯拉夫（Iaroslav，1019～1054）用一个极为图案化的三叉戟作为标志，该三叉戟中央的凹陷由外轮廓加以表现，中间一齿带一小圆（图4-13）。研究者试图尽可能准确地为数百个从印章——可惜大部分没有人名题铭——和各种建筑（图4-14）以及物品上发现的大公标志判定年代并明确其归属［参见最近 S. 贝列茨基（S.Beletski）对金属坠饰所做的讨论］。至于载体，我们看到，尽管图像资料没有证明这些记号被用来标记牲畜，但这种可能性却无法排除。智者雅罗斯拉夫的法典——"罗塞尼亚的

图 4-13　钱币上所见归属最为明确的基辅大公标志，存在着多种变体

上：弗拉基米尔（980 ~ 1015）的标志。

左下：雅罗斯拉夫（1019 ~ 1054）的标志。

右下：斯维亚托波尔克（1015 ~ 1019）的标志。

［A. G. 西拉耶夫（A. G. Silaïev）绘图］

图 4-14　10 ~ 11 世纪念性建筑上的涂鸦

左上：涂在乌克兰基辅迪梅教堂建筑用砖上的标志。

右上：涂在罗马尼亚巴萨阿比 - 穆尔法特拉（Basarabi-Murfatlar）B3 教堂上的标志。

下：发现于克里米亚潘蒂卡佩 / 刻赤附近"皇家"库尔干的陵墓墓道。

涂鸦表现的是罗塞尼亚大公的标志。

正义"（Justice ruthène/*Rus'skaja pravda*），对一匹属于大公的马给予了特别的关注："这匹带标记（字面意思是"斑迹"）的马"—— *knjažŭ kon', iže toj s pjatnom*。波斯人米斯凯韦（Miskawayh，932 ~ 1030）在谈及公元 943 ~ 944 年的一场远征时也提到，罗塞尼亚人用"他们的符号"来对那些已征集过贡物的地方进行标记。

从昔日的罗塞尼亚直到拉脱维亚，发现了种种奇特的文物，其中包括一批样式相同的金属坠饰（图 4-15）。这些坠饰有两个面，多数每面都有一个君主的标志〔有两个坠饰上，与一个君主标志相伴的是其他的图形：格尼奥兹多沃（Gniozdovo）发现的是一面旗帜（图 4-16），罗伊德斯特文斯基（Rojdestvenskiï）墓地出土的带一把与宝

图 4-15　11～12 世纪的金属坠饰，带有大公们的标志

1、6.大诺夫哥罗德（Novgorod，俄罗斯）　2.罗伊德斯特文斯基（Rojdestvenskiï）墓地（俄罗斯）　3.拉多加湖（Ladoga，俄罗斯）　4.道格马利（Daugmale，拉脱维亚）　5.里乌里科沃·戈罗迪奇（Riourikovo Gorodichtché，俄罗斯）　7.基辅附近（乌克兰）　8.别尔哥罗德（Belgorod，俄罗斯）

（S.贝列茨基）

剑相配的托尔神（Thor）的锤子］。其中一
些标志，与归属于弗拉基米尔和雅罗斯拉
夫两位大公的钱币上出现的标志非常接近；
其余的则是它们的变体，有些变体由别的
材料得到佐证，有些则是从未见到过的。
值得注意的是，同一坠饰上存在着由两个
不同标志进行组合的现象[28]。S. 贝列茨基
推测，这些物品可能是职权的象征；在某
些场合，佩戴此类标志的贵胄同时代表着
两位主君，例如大公和他的一位统治着某

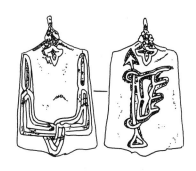

图 4-16　银质坠饰
10 世纪末？俄罗斯斯摩棱斯克地区格尼奥兹多沃出
土。一面是线条考究的双叉戟图形，另一面是一幅
精致的旗帜。

个辖区的儿子，或是对某个地方实行共治的两个相邻辖区的首脑。

　　有关这些标志所带"含义"的讨论虽然大多徒劳无益，但仍有必要做一介绍，这
是因为它与第一章提到过的涉及唐嘎含义的一般性讨论相关。不只如此，它还揭示出，
如果不顾及历史和文化背景，即便是奇思妙想也会推导出无比荒谬的结论。我们马上
就会发现，无视双叉戟和三叉戟之间的区分，进而无视标志图形存在的众多变体，任
何假说都会变得毫无价值。

　　将双叉戟 / 三叉戟可能代表的事物［难免挂一漏万；主要参考 V. 西钦斯基，
1953；V. 特雷姆比茨基（V. Trembitsky），1970］列举如下：

　　① 鸟：与日耳曼神奥丁（Óđinn/Wotan）[29] 相关的一种乌鸦，以基辅王族的斯堪的
纳维亚起源为据；或是一只隼，它可能是斯拉夫人勇气和武力的象征；这些禽鸟在基
督教化之后可能被重新阐释为圣灵的鸽子！

　　② 植物：叶子、花朵、麦穗等。

　　③ 门、建筑等。也许是受了后来立陶宛（Lituanie）大公标志（后文详述）的启发，
立陶宛大公的标志常被称作"三塔门"或"格迪米纳斯列柱"（Gediminas）。

④ 各式各样的物品：鱼叉、锚、双头斧、头盔、弓和箭或双头箭、王冠、权杖、三悬旗、烛台、农具（！）等。

⑤ 象征性的大叉，或能招致雷电的象征性大叉。

⑥ 受古代样式影响的三叉戟。

⑦ 交织字母，甚至是一个铭文。

以上列举形同杂乱的堆砌，很多比附都非常可疑，即使不是出于误解，那也主要凭的是由想象引起的视觉上的关联。剔除那些可疑的比附之后，接下来，大公钱币上的标志也不可能代表王冠，看一看钱币上君主头顶冠戴的另一类完全可以辨识的王冠就会明白。同样是这些钱币，还有那些建筑物上的涂鸦，都显示出双叉戟或三叉戟的"齿"通常都是朝上的，这就将旗帜的说法也淘汰了。至于其余的比附，大多不仅要求发挥特殊的想象，而且还须在大公标志的各种变体中进行刻意的挑选，以便找出与某物相似的个案。即便是大门的说法，也不太靠谱。实际上，所有与事物相比附的观点，都是 19 世纪以后提出的。其中只有新近被 V. 布恰科夫（V. Bouchakov，1994）提出或重拾的与箭相关的说法，或许还能对双叉戟的图案做出比较贴切的解释。确实，9 世纪末始见于欧洲草原的双头箭镞，与最早的双叉戟图案十分相像。V. 布恰科夫指出，在一份著名的罗塞尼亚手稿——斯维亚托斯拉夫（Sviatoslav，1073 ~ 1076）的《文集》（*Izbornik*）中，就有插图描绘着一位使用这种羽箭的射手。但问题是，三叉戟又该做何解释呢？

交织字母理论也同样漏洞百出。首先，相较于基辅罗塞尼亚皈依基督教和接受文字，那些最古老的大公标志出现的年代要更早。其次，就隐藏字母而言，这些标志显得太过简单（隐藏什么文字？希腊字母？要是假定存在过一种更早的斯拉夫文字，那就太过离谱了）。从弗拉基米尔等人钱币上出现的那类复杂变体中，你或许能"识读出"你想要的东西，例如他的名字或是他在受洗时采用的教名——瓦西里 / 巴西勒（Vassili/Basile）等；但是，无论如何你都绝无可能在他儿子的标志中，辨别出"雅罗斯拉夫"（Iaroslav）或"乔治"

（Georges，也是受洗时的教名）这样的名字[30]。此外，如果大公们打算将自己名字的字母排列成一个"双叉戟"或"三叉戟"，那由此导出的结论就该是"双叉戟"或"三叉戟"图形是先已存在的；因为在加洛林王朝（Carolingiens）[31]的例子中，君主用交织字母制作十字架图案，字母不是构成十字架的"原因"，而是十字架的形状决定了交织字母的布局！就罗塞尼亚而言，似乎至少有一例或可被当作三叉戟 - 交织字母来看待；这个例子见于波拉茨克（Polatsk，位于今天的白俄罗斯）大公伊齐亚斯拉夫·弗拉基米尔诺维奇（Iziaslav Vladimirovitch）的印章（图 4-17）。它清楚地向我们展现了篆刻者为凑成大公标志的图案，是如何煞费苦心地来排布那些字母的。

当然应该将那些乌克兰爱国者罗织出来的说法抛诸脑后。他们在三叉戟形中"读出了"弗拉基米尔本人以及他祖母奥尔加（Olga）和儿子雅罗斯拉夫（Iaroslav）名字的首字母，这些字母共同构成了一个语词 v. ol. ja——"自由"！

大公们的标志代表了一只图案化的鸟——应当是只猛禽，从支持者的角度看，这一观点有助于解释双叉戟和三叉戟之间的差别（二者因所据的视角而异，一个是正面看的鸟，一个是"俯冲"时的鸟）。但这一理论的说服力依旧要视选择的变体而定，有时候不得不承认，有的变体因图案化的程度过高而让鸟的形象变得根本无从辨识。另外，别尔哥罗德（Belgorod，俄罗斯）发现的一枚金属坠饰，齿尖冲下倒置的三叉戟上栖息着一只写实的鸟的侧影[32]，这就很难解释清楚三叉戟和写实的鸟在含义上是否相同。

某些希腊和罗马古迹上的三叉戟——主要是波塞冬 / 尼普顿（Poséidon/Neptune）[33]的三叉戟——图案与弗拉基米尔的标志很像，图案中两个侧枝顶部伸出的反向 S 形

图 4-17　波拉茨克大公伊齐亚斯拉夫（1001年以前）的印章图示

印章交织字母按三叉戟形排列。[根据 G. 帕施（G. Pasch）画的草图,1978 年 11 月 3 日致作者的信件]

曲线与中间一齿的底部相连（图 4-18）。V. 西钦斯基（1953）由此认为，希腊和罗马的三叉戟就是罗塞尼亚标志的来源。从视觉上讲，这个论证颇具说服力，但它忽略了双叉戟的存在，也忽略了双叉戟在罗塞尼亚很可能比三叉戟出现得要早。

大约三十年前，我们就提出过自己的观点：双叉戟 / 三叉戟应该是一种图案化的大叉，它代表的既不是某种农具也非渔猎工具，而是与一种象征神力的神圣符号相关；这种神圣符号在其他印欧文化中也都存在，不光是波塞冬的三叉戟，也包括湿婆（Śiva）[34] 的三叉戟——Triśūla，它象征着创生、世代繁衍和毁灭（图 4-19）；或许还波及某些日耳曼的二齿叉形符号，它们有时被解释成闪电的象征（参见下文）。

现在，如果站在本书研究唐嘎的立场上来审视，那就很容易将罗塞尼亚大公们的标志归结于唐嘎；这一观点目前已为多数专家所接受。毫无疑问，这是所有权和权力的标志，既非字母，也与具象图案无关。它在钱币以及格尼奥兹多沃（Gniozdovo，俄罗斯斯摩棱斯克地区，10 世纪？）精美的银质坠饰上 [35] 的出现，就说明了这一点；格

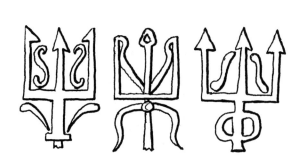

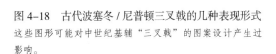

图 4-18　古代波塞冬 / 尼普顿三叉戟的几种表现形式
这些图形可能对中世纪基辅"三叉戟"的图案设计产生过影响。

图 4-19　湿婆的三叉戟
与波塞冬的三叉戟相同，可能是印欧人传统的孑遗，代表了神的武器或者是神力的象征。

尼奥兹多沃出土的坠饰，一面为"双叉戟"，另一面是幅旗帜——旗帜也是权力和指挥权的象征。在 10 ～ 11 世纪的货币上，罗塞尼亚大公的标志占据的位置以及所起的作用，与古代唐嘎在各种古代货币上占据的位置和所起的作用完全吻合（法尔佐什的"萨尔马泰"货币、贵霜皇帝的货币、阿尔洪人的货币等，参见第二和第三章）。众多变体的存在以及对那些归属最为明确的标志所做的形态演化研究，都揭示出双叉戟 /三叉戟与唐嘎的作用方式是完全相同的：它们都是由一个基本图案出发，衍生出各种个人性的变体，甚至还可能衍生出家族性的变体。

　　一旦将基辅大公的标志理解成唐嘎，那它们最初代表什么的问题也就不复存在，因为如我们已经看到的那样，唐嘎的特点恰恰在于不直接表现任何可辨认的事物。

　　接下来要考察的问题是，罗塞尼亚的君主具体是从何时、向何人借鉴了这类标志的样式和概念。部分线索让人猜测,甚至让有些人仓促得出结论:在罗塞尼亚形成以前，至少从 6 ～ 7 世纪起，东斯拉夫人就已经使用了唐嘎。这主要与彭基夫卡文化（culturede Pen'kivka）遗址出土的富于游牧民族特色的带饰上的装饰图案有关。这种位于乌克兰森林草原地带的文化，被学术界比较一致地归给了安特人；据推测，安特人是讲斯拉夫语的居民（当然肯定受到过来自草原的各种影响）。包括马蒂尼夫卡（Martynivka）遗址出土的装饰图案在内，部分实例显然与唐嘎相关；只是由于与阿瓦尔人的唐嘎几乎没有什么两样（I. 莱贝丁斯基，2009），因而也就没法说清它们究竟是阿瓦尔人的遗物，还是斯拉夫人依照阿瓦尔的式样（modèle）仿制的赝品，更无法说清楚安特人本身是否真的已经向游牧民族借鉴、使用了某种唐嘎系统（图 4-20）[36]。总之，这些标志与基辅时代罗塞尼亚大公的标志之间存在的继承关系，还远不够明确。那个装饰在一件马拉·佩雷希特切皮纳（Mala Perechtchepyna）出土的带饰上的"三叉戟"图形，也被 V. S. 德拉丘克（1975）等人补充到"安特人"的证据当中；但那不如说是一种以植物为题材的图案，而且说到底，这座 7 世纪墓葬中的随葬品明显应该划归游牧民族，甚至可能应该划归给保加尔人，兴许与公元 642 年去世的库布拉特（Koubrat）可汗的

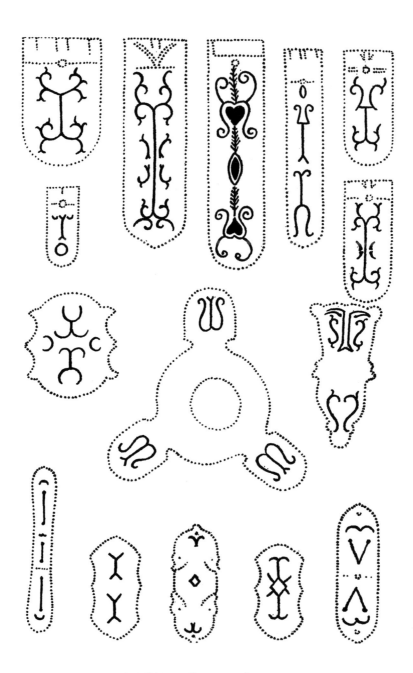

图 4-20　阿瓦尔式带饰上"辨识出的"唐嘎

6 世纪或 7 世纪，出自乌克兰切尔卡瑟地区马蒂尼夫卡的"安特人"宝藏。

墓地存在着联系。

将罗塞尼亚的双叉戟 / 三叉戟上溯至古代乌克兰和南俄罗斯的萨尔马泰 - 阿兰唐嘎，那就更加困难了。博斯普鲁斯 - 辛梅里安诸王的唐嘎中确实包含着一个三叉戟唐嘎（齿尖朝下），但根本无法想象两者之间会存在着承续关系，因为这得不到任何材料的支持。顶多只能说，不同的唐嘎系统中都经常出现二齿、三齿甚至四齿的叉形图案（萨尔马泰 - 阿兰、可萨、蒙古和鞑靼等唐嘎系统，参见第二、三章以及上文），但却无法断言各地的叉形唐嘎都有着共同的起源和统一的含义。

罗塞尼亚人借入唐嘎（不只是借入概念，还包括叉形的样式）的一个可能且说得通的来源，人概就是可萨帝国的义化了。一方面，就像本节讨论之初所指出的那样，有理由设想可萨人对初兴的罗塞尼亚产生过影响，罗塞尼亚君主采纳（窃取?）"可汗"的称号就是最明显的证据。另一方面，双叉戟和三叉戟形的标志在可萨境内也有大量的发现。此外，在部分实例中，很难判断哪个标志属于"可萨人"（也就是处于可萨政权统治下的那个由多民族构成的群体），哪个标志属于罗塞尼亚君主（A. 费捷索夫和 I. 盖科娃，2007 ；图 4-21 ）。

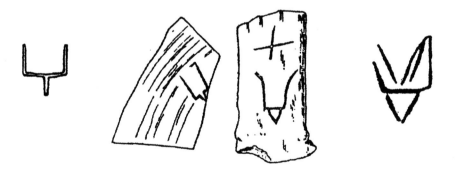

图 4-21　可萨或罗塞尼亚的唐嘎 / 三叉戟

左：城堡墙壁上的涂鸦；中：两片安弗拉式罐（amphores）[37] 的残片；右：锤子上的雕刻。10 世纪？见于俄罗斯罗斯托夫地区齐姆利亚斯卡娅萨尔克尔发现的不同载体。

（A. 费捷索夫和 I. 盖科娃，2007）

从图形设计上看，罗塞尼亚的双叉戟 / 三叉戟可能由叉形唐嘎演化而来。双叉戟应该是最早的形式，先用单线，很快改由双线勾勒轮廓（这两种样式在后来被涂刻过的阿拉伯迪纳尔上都能见到）。继而图案趋于复杂，双叉戟的两个侧枝和底部的"结环"（boucle）被添加上了缠枝纹（entrelas）。这些缠枝纹与古代三叉戟图像中出现的装饰曲线确实颇为相像，但径直把它们作为一种极流行品味（中世纪早期末段对精巧缠枝纹的嗜好）的体现，也许来得更切实际（图 4-22）。与这些大公标志相似的缠枝纹，在此前或同时期的其他文化中都有发现，如：匈牙利佐马尔迪（Zamárdi）出土的阿瓦尔手镯和带饰，时代为 7 世纪或 8 世纪；匈牙利索普龙（Sopron）博物馆藏德国的"克德达尔德圣杯"（Calice Cundpald），年代为 8 世纪末；多瑙河流域发现的诺曼人（Normande）的矛，属 10 世纪？还有保存在匈牙利亚斯贝雷尼（Jászberény）的"莱

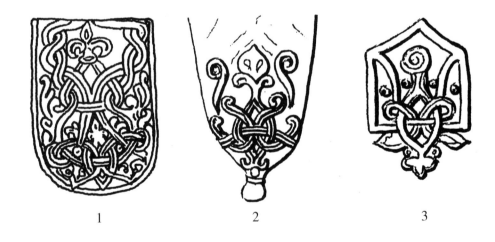

图 4-22　第一千纪与第二千纪之交盛行的缠枝纹装饰
1."维也纳军刀"上的金饰细部（东欧，10 世纪？）　2.剑标细部，乌克兰基辅圣索菲（Sainte-Sophie）
出土　3.金属坠饰上的大公标志，俄罗斯大诺夫哥罗德出土
这种缠枝纹装饰可能对罗塞尼亚大公标志中的"奢华型"样式产生过影响。

赫尔号角"（Cor de Léhel），是 10 世纪拜占庭的产品；等等。最终，在经过如此修饰和复杂化之后，双叉戟上可能出现了位于中央的垂茎，并由此演变成三叉戟。也有可能，双叉戟和三叉戟这两种基本变体从初始就是并存着的，三叉戟被用于基辅王朝的幼支；但还有一种可能，也就是直到公元 980 年弗拉基米尔统治的初期，三叉戟才开始出现（图 4-23）。然而不管怎样，这两种形式的原型都是来自游牧民族的唐嘎系统。

　　大公们的标志似乎一直被使用到 12、13 世纪，只是很多标本难以确定年代，因为自 11 世纪中叶起基辅王朝就停止了铸币（图 4-24）。另一方面，12 世纪大公们使用的标志可能与基辅王朝最初的标志样式相去甚远。从蒙古入侵之后的 13 世纪起，出现了一种与以往完全不同的、近乎西方纹章的标志，如加利西亚 - 沃里尼亚王国（Galicie-Volhynie）诸王的纹章（blason），就带有一头靠着岩石的狮子。有些乌克兰学者的研究观点略显偏颇，他们把"三叉戟"（被当成大公标志的"标准"样式）当作民族的象征而不只是王朝的标志，希望证明三叉戟标志一直被沿用到很晚的时期。于是，V. 西钦斯基（1953）就从 13 ~ 17 世纪加利西亚（Galicien）手稿的装饰性缠枝纹中，将它辨识了出来（图 4-25）。在结构上，他用作解释的例子确实与弗拉基米尔一世标志中的那些最为复杂的变体非常接近，但这恰恰就是问题的所在：V. 西钦斯基的比较仅适用于这一类型的变体。另外，他也承认，手稿里的图形只不过是个装饰图案，虽然受到过古代"三叉戟"标志的影响，但本身并不属于标志。V. 西钦斯基还提到一种出现在乌克兰喀尔巴阡山山民住宅上的三叉戟图案，它们是在冬季节庆时为驱邪、"祈福"贴上去的；三叉戟的分支有时会添加小十字架图案。这个例子清晰地透露出"叉形"图案在古代东斯拉夫人中具有特殊的含义，只是在我们看来，它已超出了唐嘎的范畴。

　　单纯形式上的近似，有时让人将罗塞尼亚的双叉戟 / 三叉戟与立陶宛（lituanien）的"三塔门"标志联系在一起（参见后文），但这种联系无从证明。

　　这里不免要来谈谈罗塞尼亚"三叉戟"的当代史。1917 年 12 月，在历史和旗帜学会主席 D. 安东诺维茨奇（D. Antonovytch）的提议下，它被新生的乌克兰人民共和国

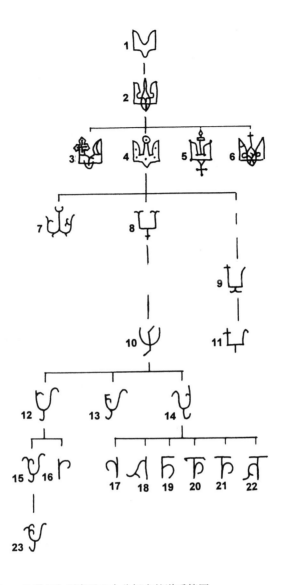

图 4-23　基辅时代（10 ～ 13 世纪）罗塞尼亚大公标志的谱系简图

1. 斯维亚托斯拉夫（Sviatoslav, 972 年以前） 2. 弗拉基米尔（Vladimir, 1015 年以前） 3. 斯维亚托波尔克（Sviatopolk, 1019 年以前） 4. "智者"雅罗斯拉夫（Iaroslav "le Sage", 1054 年以前） 5. "勇士"米季斯拉夫（Mitislav "le Brave", 1036 年以前） 6. 伊齐亚斯拉夫／伊贾斯拉夫（Iziaslav, 1001 年以前） 7. 伊齐亚斯拉夫／伊贾斯拉夫（Iziaslav, 1078 年以前） 8. 弗谢沃洛德（Vsevolod, 1093 年以前） 9. 奥列格（Oleg, 1115 年以前） 10. "长臂"尤里（Iourïï "Dolgorouki"） 11. 弗谢沃洛德（Vsevolod） 12. 罗斯蒂斯拉夫（Rostislav） 13. "上帝宠爱的"安德烈（André "Bogolioubski", 1175 年以前） 14. 弗谢沃洛德（Vsevolod） 15. 姆斯季斯拉夫（Mstislav） 16. 亚罗波尔克（Iaropolk） 17 . 康斯坦丁（Constantin） 18. 格奥尔盖伊（Gueorguïï） 19. 雅罗斯拉夫（Iaroslav） 20. 弗拉基米尔（Vladimir） 21. 斯维亚托斯拉夫（Sviatoslav） 22. 伊凡（Ivan） 23. 斯维亚托波尔克（Sviatopolk）

这些标志的部分归属并不可靠。[这里据克莱诺迪·乌克拉伊尼（Klejnody Ukrajiny），1991]

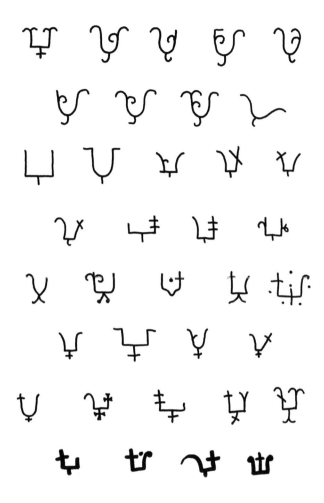

图 4-24　东欧各种出土物上的大公标志（双叉戟和两个三叉戟）

11 ～ 13 世纪。最下一行为波兰波德拉基省（voïévodie de Podlachie）德罗希琴（Drohiczyn）的海关铅封。

图 4-25　加利西亚手稿上的缠枝纹装饰

13 ～ 16 世纪。V. 西钦斯基从中鉴别出了大公"三叉戟"的遗痕。

（République populaire d'Ukraine）选定为国徽，出现在纸币、邮票、各种官方文件，以及 1918 年 1 月 18 日采用的海军军旗上（图 4-26）。在这些载体上，不同的图案变体并存，但都受到过弗拉基米尔一世大公货币的影响。待到盖特曼（Hetman）[38] 斯科罗帕德斯

图 4-26　作为乌克兰主权标志的三叉戟

1918～1920 年乌克兰独立时，在纸币、邮票、旗帜和制服上使用的各种样式的国徽（最下一行右边是现在的样式，1992 年 2 月 19 日通过；金色三叉戟置于天蓝色的盾形上，盾形以金色丝线镶边）。

基（Skoropadsky）领导的"乌克兰国"时期（1918 年 4 月 29 日 ～ 12 月 14 日），军人帽徽和旗帜上的三叉戟出现了增饰，中间的分支上添加了一个末端粗大的小十字架。1918 年 12 月乌克兰人民共和国重建，这一添加物被删除，但三叉戟被保留了下来。布尔什维克取得胜利之后，在整个苏维埃时期，无论公私场合，这一三叉戟标志（和蓝、黄色国旗一样）都遭到禁用，但对于流亡者和政治或军事抵抗运动来说，它却始终是乌克兰民族事业的象征。苏联解体后，独立的新乌克兰重新启用三叉戟国徽，但形式却西方化了（金三叉戟被置于西方式的、镶有金丝边框的天蓝色盾纹上）。不同形式的政治组织和文化机构，也包括现今的各类企业，让三叉戟的变体数量倍增。隶属于乌克兰基辅地区的佩雷拉斯拉夫 - 赫梅利尼茨基区（district de Pereiaslav-Khmelnytsky），在其各种新区徽中，甚至出现了一个被归属于弗谢沃洛德·雅罗斯拉夫奇（Vsevolod Iaroslavitch）大公的"双叉戟"（图 4-27）。

　　1917 ～ 1921 年，三叉戟被正确地理解为一种前纹章式（pré-héraldique）的标志，

图 4-27　乌克兰基辅地区佩雷拉斯拉夫 –
赫梅利尼茨基区的区徽

2001 年 12 月 28 日通过。区徽红底之上是带塔楼和金色屋顶的银色城堡，红色的小盾形纹章装饰着佩雷拉斯拉夫公国的缔造者——弗谢沃洛德·雅罗斯拉夫奇大公的金色标志。

常常在没有盾纹和边框的情况下使用，当时的文件还把它用作了“印章”（pečat）。

最后还可以看到，除了双叉戟 / 三叉戟，基辅公国时代的东斯拉夫人中，还流行着另外一些与唐嘎有着某些雷同之处的标记系统：“养蜂人的标记（marque）”（V. S. 奥尔霍夫斯基，2001）、畜牧者的标记（Kh. 亚赫塔尼戈夫，1993）以及别的行业标记。“养蜂人的标记”至迟在 11 世纪就已出现，直到 17 世纪还见于文献记载。对从建筑用砖上搜集到的符号进行分析，可以证明基辅公国时代同时并存着多个不同来源的标志系统［I. 伊赫纳坚科（I. Ihnatenko），1995；在讨论乌克兰切尔尼戈夫（Tchernihiv）发现的建筑时谈及］。

中东欧纹章中与唐嘎相近的符号

常常被人拿来与游牧民族的唐嘎进行比较的图案，在“波兰”（polonaise）纹章中颇为盛行。“波兰”纹章是种简称，实际包括了中东欧许多国家的纹章：波兰、立陶宛[39]、乌克兰[40]、白俄罗斯（Biélorussie）[41]、摩尔达维亚[42] 和瓦拉几亚[43]［匈牙利和波希米亚（Bohême）[44] 的纹章来源却颇不相同］。只是波兰的纹章样式最为人所熟悉也最成体系，适宜用作该纹章系统的描述基础。

表面上看，该系统与起源于西欧的典型纹章很像：图案画在盾纹上（通常是一面奇特的、极事雕琢的小盾）；颜色固定且具有一定的含义（红底占据主流）；盾的外缘带有各种装饰；冠冕图案（timbres，头盔和冠冕）、垂饰（lambrequins）、铭文和口号（cri）等。但在功能上，“波兰”纹章却完全是另一种样子。每个“波兰”纹章都有一个名字，反映了一个固定的组合（与西方的纹章不同，“波兰”纹章的组合包括外缘的装饰）。每个“波兰”纹章归属于同一家族的全体成员；此外，有时还会有很多家族拥有一个相同的纹章，而且这些家族未必存在着亲缘关系——当然，有人设想，使用同一纹章的多个家族追溯起来最早可能都属于同一个氏族。通常某个家族或是某个个人会将自己的名字与纹章的名字连缀在一起：*Jan Zamoyski herbu Jelita* "佩戴耶利塔（*Jelita*）纹章的扬·扎莫厄斯基"。

"波兰"纹章极少有复杂的组合，大多都只有单一的象征物，包括三个类别（图4-28）：

其一，动物或物品的写实形象（*Łabędź* "天鹅"、*Łodzia* "小船"等；这里我们给出了波兰语纹章的名称）。

其二，某些物品的写实形象，但按几何图形的方式来排列，通常为武器（*Jodzieszko* "两枚交叉的羽箭"，*Kownia* "三柄剑尖朝下、结成一束的宝剑"，*Ostoja*和 *Przegonia* "一把竖立的宝剑与两个背对着的新月相连"）。

其三，由十字形、箭头等构成的抽象图案。

后两类的界限并不明确，尤其是许多涉及马蹄铁的例子，马蹄铁往往与十字架

图 4-28　中东欧 "波兰" 纹章的三种不同类型

左：*Łabędź*（天鹅），与西欧纹章相似，带写实主义图案的纹章类型。

中：*Pobóg*，图案由马蹄铁和其他物品按几何图形排布的纹章类型，可能是以写实方式对之前已存在的标记重新加以诠释。

右：*Odyniec*，带 "唐嘎型" 抽象图案的纹章类型。

（*Krzywda*、*Lubicz*、*Puchała* 等）或其他象征物相结合，似乎是在对某个几何图形做写实主义的表现，从而与另一个类似但却完全抽象的图案（如 *Odrowąż* 纹章中的抽象图案）形成对比[45]。

不可否认，上述第三类的抽象图案与唐嘎的面貌相近（图 4-29）。这类纹章包括 *Abdank*、*Aksak*、*Bogoria* II、*Bojcza*[46]、*Boreyko*、*Brama*、*Brzuska*、*Chodkiewicz*、*Deszpot*、*Drużyna*、*Gliński*[47]、*Hołownia* II、*Karnicki* I、*Kordysz*、*Korybut*、*Kościesza*[48]、*Kostrowiec* I 和 II、*Lis*[49]、*Mądrostki*、*Masalski* III、*Odrowąż*[50]、*Odyniec*[51]、*Ogończyk*[52]、*Pilawa*、*Piłsudski*、*Prus* I、*Puchała*、*Rozmiar*、*Siekierz*、*Syrokomla*、*Szreniawa*、*Trzywdar*、*Wage* 等，不胜枚举。

图 4-29　中东欧纹章中的"唐嘎型"图案举例
第 1 行：*Bojcza*、*Jelowicki*、*Kirkor*
第 2 行：*Kościesza*、*Kroszyński*、*Lis*
第 3 行：*Odrowąż*、*Ogończyk*、*Radoszyński*
［据 K. 涅西奇基（K. Niesiecki），*Korona...*，1738］

关于这类抽象图案的起源，存在着多种假说。有人将它们与如尼文字母（日耳曼如尼文，而非突厥如尼文）符号联系在一起，但这没有任何说服力；也有人认为它们与西方工匠的标记相关（参见第一章）。不过，有种理论提出这些图案是对游牧民族唐嘎的改造，如果以地理毗邻和文化接触为由，这是完全可以接受的。

问题是 T. 苏利米尔斯基（1970）等部分波兰学者希冀，在古代萨尔马泰 - 阿兰唐嘎和中东欧纹章标志之间建立起直接的联系。这背后透露出陈腐的萨尔马提亚主义（Sarmatisme）的影子。萨尔马提亚主义是一种 16 ~ 18 世纪的历史学神话，它把斯拉夫人，尤其是他们的精英，例如无所不能的波兰贵族（*szlachta polonaise*）[53]看作萨尔马泰人的后裔。19 世纪，随着语言学和其他学科的进步，这种极端简单化的萨尔马提亚主义主张已遭到唾弃；与此同时，学术研究也将古代伊朗语游牧民族与斯拉夫先人之间存在过的、十分真实的联系重新揭示了出来（I. 莱贝丁斯基，*Scythes*，2009）。不管怎样，萨尔马提亚主义给斯拉夫各国留下了深刻的印记，这也是某些略显狂热的研究所借以产生的根源。

实际上，由于欠缺中间环节，也没有与假定的传播过程相对应的材料，因此很难证明萨尔马泰唐嘎和斯拉夫人的标志之间存在着传承关系。这里研究的"波兰"纹章显然只是从中世纪，甚至更晚的时候起（*Abdank* [54] 纹章应该显露于 13 世纪初；*Mądrostki* [55] 和 *Lis* 纹章见于 14 世纪初；其他如 *Odrowąż*、*Ogończyk*、*Pilawa*、*Szreniawa* [56] 纹章，大都是在 1370 ~ 1380 年出现；*Trzywdar* [57] 纹章只是在大约 1425 年才被见到……），才开始以纹章的形式出现（图 4-30、图 4-31）。当然，装饰"波兰"纹章的"唐嘎型"图案却可以在此之前就久已存在，只是承载它们的载体没有留下痕迹而已。因此，各种假设都有可能。如果承认这些图案源自唐嘎或类似的标记，那么可以推想，在纹章出现之前，或许就有过一种斯拉夫人的标志系统，而这种系统本身又可能在某个不确定的时期受到过唐嘎的影响；或者还可以径直考虑，金帐汗国的鞑靼唐嘎曾经在 12 ~ 13 世纪给"波兰"纹章充当了范式。后一想法的依据是，某些"波兰"

纹章的图案与部分发现于突厥语民族中的唐嘎极为相似，而且这种相似不仅限于简单的图案，如 *Drużyna*[58] 纹章中的反向 S 形——简单图案间的相似难免出于巧合。例如 *Gliński* 纹章与北高加索卡拉恰伊人的氏族唐嘎 [如阿拜汗（*Abaïkhan*）氏族、德克库奇（*Dekkouchtch*）氏族、泰布（*Tebou*）氏族等]，以及哈萨克人阿利普（*Alıp*）氏族

图 4-30 纹章印记（cachet）
见于 1563 年 7 月 2 日的一份乌克兰文书。从左到右：安德烈·库涅夫斯基（Andrïï Kounevsky）、米哈伊洛·库涅夫斯基（Mykhaïlo Kounevsky）、德米特罗·维赫内韦茨基（Dmytro Vychnevetsky）王子、马林斯基·迈哈伊洛（Mykhaïlo Malynsky）、斯维森·伊尔莫林斯基（Severyn Iermolynsky）。从中可以看出，"唐嘎型"的图案占据了中心位置，而且使用了首字母。[O. 皮杜布尼亚克（O. Piddubnjak），1996]

图 4-31 波兰 - 乌克兰贵胄的封印
见于一份 1584 年的沃里尼亚文书。从左到右：马蒂斯·贝雷杰茨基（Matys Berejetsky）、米科莱·马卡罗韦奇（Mykolaï Makarovytch）、帕夫查·博胡法尔（Bohoufal Pavcha）、德米特罗·伊莱茨（Dmytro Ielets）。将这些封印公之于众的乌克兰纹章学家认为，后两个盾纹可能含有"前纹章"（pré-héraldique）时代的家族标记。
[I. 西蒂耶（I. Sytyj），1996]

的唐嘎，就几乎如出一辙（图 4-32）。即便不是完全一致，"波兰"纹章图形中的某些恒定的成分也让人联想起广义突厥唐嘎中的构成要素，如有时被重新演绎成马蹄铁的圆拱或 Ω 形，用作纹章底基的 Λ 形，以及并列的三角形，等等。支持"更早时期借入说"的学者会强调，上述构成要素有的远在萨尔马泰 - 阿兰唐嘎中就已出现；那个构成 *Hutor*[59] 纹章的符号以及另外几个符号都带着强烈的"萨尔马泰"色彩。但无论怎么说，"波兰"纹章的图案都构成了一个极具特色的组别，尤其是使用了大量的多分支十字架和箭头，让它们显得与众不同[60]。

有些"波兰"纹章用到了"区分符号"，目的是创造出新的纹章，这也与唐嘎相类。值得注意的是，作为匈牙利君主标志之一的双横十字架，如"洛林十字"（croix de lorraine / 双十字）、"宗主教十字"（croix patriarcale），在通过王室联姻进入"波兰"纹章系统之后，也经历了添加"区分符号"的改造。

图 4-32　*Gliński* 纹章与突厥语游牧民族唐嘎之间的比较

左：格林斯基的纹章。

右上：卡拉恰伊人的德库斯（*Dekkuşç*）氏族与阿巴汉（Abayhan）氏族的唐嘎。

右下：卡拉恰伊人的德比（Tebu）氏族和哈萨克人（Kazakh）的阿利普（Alip）氏族的唐嘎。

（左图 *Gliński* 纹章采自 K. 涅西奇基，*Korona*...，1738）

"波兰"纹章系统在所有隶属于波兰 - 立陶宛 *Rzeczposoplita* "共和国"（该词的罗马含义）的地区都得到使用，除了波兰和立陶宛，也包括乌克兰和白俄罗斯。在立陶宛，该系统主要是 1413 年两国缔结霍罗德洛联盟（l'union de Horodlo）之后，由波兰传入的。结盟的同时，波兰的贵族家族象征性地"收养了"立陶宛的贵族家族（这一时期立陶宛大公国将白俄罗斯和乌克兰的大片土地也括入囊中），并将自己的"氏族"纹章授予了立陶宛的家族。但是很明显，在此之前立陶宛即已拥有类似的系统。理由是所谓的"三塔门"（Porteàtrois tours）标志被证实自 14 世纪起就已使用。该标志也常与君主（1316 ～ 1341 年在位）的名字相联，称作"格迪米纳斯[61]列柱"（Colonnes de Gediminas/*Gediminaičių stulpai*；图 4-33）。实际上，这一图案似乎是在凯斯图蒂斯（Kęstutis）[62]统治时期（1342 ～ 1382）[63]才开始出现。一般承认，它是以一种前纹章（pré-héraldique）的形式来使用的，用于马匹的标记；而这一最早的用法，甚至在 15 世纪就可能被波兰史家扬·德乌戈什（Jan Długosz）提到过。"三塔门"标志的这种用法，它的图案及其各种变化，自然让它显得与游牧民族的唐嘎非常接近。后来，它以带盾纹或不带盾纹的形式，并入到立陶宛 - 白俄罗斯（lituano-biélorussien）的纹章系统，甚至作为位于今天白俄罗斯境内的波拉茨克公国（principauté de Polatsk）的印章 / 纹章，出现在 17 世纪莫斯科的一部纹章集（armorial）中（图 4-34）。"三塔门"也成了独立的立陶宛（1918 ～ 1940 年以及 1991 年之后）的国家标志之一（图 4-35）。当然，立陶宛的国徽是个带古代冲锋骑士形象［维提斯（*Vytis*）］的纹章；该纹章的年代同样可以追溯到 14 世纪。

此外，还有许多立陶宛和乌克兰的纹章图案，都不能被纳入波兰纹章的系统，而应是独立发展起来的。乌克兰纹章的一个普遍特征，是在显要人物的纹章中添加他的名字和职务的首字母。最初，这些添加物应该处于盾纹之外，作为额外的装饰。但最晚从 17 世纪初起，它们就进到了盾纹之内。1622 年的一幅版画描绘的是彼得罗·科纳切维奇·萨哈伊达奇尼（Petro Konachevytch Sahaïdatchny）的纹章，这位乌克兰哥

图 4-33　中世纪立陶宛钱币上的"格迪米纳斯列柱"

图 4-34　表现在盾纹上的"列柱"

见于 17 世纪纹章图集 *Herbarz rycerstwa W. X. Litewskiego*。

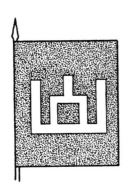

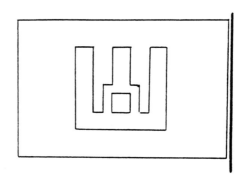

图 4-35　旗帜上的"列柱"标志

左：立陶宛大公维陶塔斯（Vytautas）在坦嫩贝格（Tannenberg）战役中使用的军旗（1410）。据波兰编年史家扬·德乌戈什。

右：1922 ~ 1940 年立陶宛国旗的背面。白色标志置于红底之上。

萨克的盖特曼已于前一年去世，其纹章是巴洛克风格的盾牌，上面是称作 *Pobóg* [64] 的波兰纹章的变体——上带十字架的马蹄铁，与之相配的西里尔字母（lettres cyrilliques）ПКС（PKS），即为他名字的几个首字母。1687 ~ 1709 年担任乌克兰哥萨克盖特曼的是伊万·马泽帕（Ivan Mazepa），在他的纹章的一种变体中，居中的图案类似于一个 Y，被置于水平底座之上，打了横杠，并饰以一颗星和一弯新月（*Kurcz* [65] 纹章），环绕的西里尔字母代表的是"伊万·马泽帕，沙皇陛下扎波罗格部队的盖特曼（Ivan Mazepa, hetman de l'Armée Zaporogue de Sa majesté Tsarienne）"这一头衔的缩写（图 4-36）。这些添加物并不是必需的，却带有个人化的色彩。

图 4-36　伊万·马泽帕的纹章

见于乌克兰切尔尼戈夫（Tchernihiv）一所教堂的正面。马泽帕在 1687 ~ 1709 年担任乌克兰哥萨克的盖特曼。可以看出，这个纹章缺少"真正意义上的"盾纹，人名和盖特曼一职的首字母被写到了地子上。

　　另一些与唐嘎相近的图案见于摩尔达维亚和瓦拉几亚（valaques）的贵族纹章，其最早的例子是借由 14 ~ 15 世纪的印章获得的（因而没有颜色上的规定；图 4-37）。这里，同样可与各种突厥语民族的唐嘎（柄或齿上带十字的三叉戟）做比较，甚至可与萨尔马泰 - 阿兰人的唐嘎做比较。

　　总之，我们认为，无论从形式、功能还是它们的"氏族"属性来看，中东欧这些别具一格的纹章都与唐嘎有着密切的联系。

图 4-37　带"唐嘎型"图案的纹章
见于 14 ~ 15 世纪摩尔达维亚和瓦拉几亚贵族的印章。(I. 希思，1984)

北高加索民族的唐嘎

北高加索空间狭小，众多族裔聚集于此，构成了一幅多彩的拼图，它为唐嘎的研究提供了一处令人惊艳的园地。这里的唐嘎不仅数量可观（这是"氏族"散居和缺乏强有力的中央政权带来的结果），而且一直沿用到非常晚近的时期，甚至现在还有零星的使用。目前掌握的材料和以 Kh. 亚赫塔尼戈夫（1993）的杰出论著为代表的全域性综合研究，使我们得以对不同的地方群组进行比较，厘清它们彼此之间的联系，找出来自外部的影响（尤其是来自克里米亚鞑靼人的影响）。此外，北高加索还为我们提供了一个材料丰富的地区性实例：在这里，连续使用的唐嘎逐层垒叠，从古代的萨尔马泰 - 阿兰唐嘎直到突厥语民族的唐嘎，如果将研究领域在地理空间上稍做延展，甚至还可将卡尔梅克蒙古人的唐嘎囊括进来——他们于 17 世纪驻牧到了达吉斯坦北部的伏尔加河流域。

唐嘎的使用与草原世界息息相关，所以它差不多被限制在高加索山脉的北坡，也即北高加索（Ciscaucasie）。至于南坡（外高加索），则唯有南奥塞梯（Ossètes du Sud）和阿布哈兹人（Abkhazes）使用，也就是说局限在那些与北坡居民存在联系的人群当中：阿布哈兹人与广义的"切尔克斯人"相近，而南、北奥塞梯人构成了统一的民族、文化和语言共同体。

使用唐嘎的民族分为四个大群：西北部高加索语群，包括阿迪根 - 切尔克斯 - 卡巴尔达人（Adyghés-Tchekesses-Kabardes）[66]、阿布哈兹人 [67]、阿巴扎人（Abazas）[68]、乌比赫斯人（Oubykhs）[69] 等；中北部高加索或瓦伊纳赫（vaïnakhe）语群，包括车臣人（Tchétchènes）和印古什人（Ingouches）[70]；古代阿兰人的后裔，讲伊朗语，即印欧语的奥塞梯语群；讲突厥语的民族群体，包括卡拉恰伊人 [71]、巴尔卡尔人 [72]、那海人 [73]——这个群体的形成，与中世纪早期以来、突厥语游牧民族朝着北高加索不断迁徙的浪潮有关。那海人的唐嘎明显与别的突厥人群的唐嘎相关，这在第三章已有论述

（详见本书第 146 ~ 147 页）。

大部分北高加索唐嘎呈现出一种家族相似性的特征，这是频繁使用某些图案（包括带内向或外向突起的圆圈、与圆曲的字母 M 相似的图形，等等）和优雅曲线带来的结果。唐嘎风格上呈现出的一致性与该地区的基本特征相互吻合：一方面是民族和语言的多样化，另一方面是文化面貌上的相对统一，当地的不同民族在建筑、服饰、舞蹈、基本生活方式等方面保持着诸多的共同点。这种统一源于相同的物质生活条件，源于民族间的长期共存与融合，以及部分民族所起的样板作用，例如中世纪初的阿兰人和更晚近的卡巴尔达人。

Kh. 亚赫塔尼戈夫对北高加索各民族的唐嘎做过细致且极有益的比较，从中得出结论：这里的唐嘎基本印证了由其他资料所透露的历史和民族 - 文化信息。因此，属于阿迪根或切尔克斯共同体的不同族群使用的唐嘎大体一致，而它们又与阿巴扎人和阿布哈兹人的唐嘎彼此相近，这些都不让人感到意外。这几个民族的唐嘎有很多明显或可能受到过鞑靼人唐嘎，包括克里米亚格来王朝的 *tarak tamga*（梳子唐嘎；本书第 143 ~ 145 页）的影响，这同样是顺理成章的事情。实际上，克里米亚的可汗声称对西北高加索拥有主权，并将最宽泛意义上的"切尔克斯人"招揽为雇佣军或补充进部队。而且鞑靼人还与阿迪根各族存在着血缘上的联系。除了那些直接受 *tarak tamga*（梳子唐嘎）影响的例子（尖部冲下的三叉戟）之外，"圆曲的 M"形唐嘎应该也是相同影响的产物。Kh. 亚赫塔尼戈夫认为，Э 或 Є 形唐嘎的情形也是如此（图 4-38）。

讲突厥语的卡拉恰伊人和巴尔卡尔人[74]，以及奥塞梯人，甚至瓦伊纳赫语民族（车臣[75]和印古什人[76]；图 4-39）使用的唐嘎有一部分受到过阿迪根人，具体说来就是卡巴尔达人唐嘎的影响。这可由 15 ~ 17 世纪俄罗斯征服之前，卡巴尔达贵族文化在北高加索西部和中部所具有的声望做出解释。这些地区的各民族精英不是卡巴尔达贵族的附庸就是他们的盟友，经常还会通过亲属关系和"待客"（hospitalité）关系［高加索人的 *kounak*（客人 / 盟誓的朋友）习俗］与他们联合。这些精英们不仅向卡巴尔达

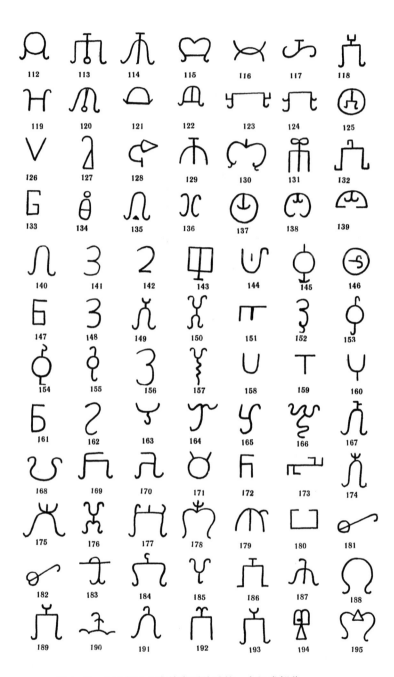

图 4-38　卡巴尔达人家族唐嘎总录的一个组成部分

总录 1196 个符号中，有 1109 个归属明确，由 Kh. 亚赫塔尼戈夫公布。

此类"纹章集"（armoriaux）极为珍贵。（Kh. 亚赫塔尼戈夫，1993）

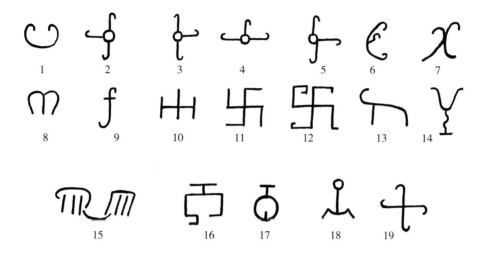

图 4-39　瓦伊纳赫语族的唐嘎

1～14.车臣人的唐嘎　15～19.印古什人的唐嘎

贵族借用服饰要素、武器类型、装饰风格，以及"礼仪"或行为准则，同时也从他们那里引入了唐嘎的样式。

除了卡巴尔达人的影响，卡拉恰伊人／巴尔卡尔人和奥塞梯人唐嘎之间的相似，还可归结为各自的民族有着部分相同的起源。我们知道，奥塞梯人是中世纪阿兰人（甚至是古代萨尔马泰 - 阿兰人）的一个分支余续，既保留了阿兰人的伊朗语，也承袭了阿兰人的诸多文化特征（V.库兹涅佐夫和 I. 莱贝丁斯基，2005）。卡拉恰伊人和巴尔卡尔人本身讲的是突厥语，但通常认为他们当中有一部分人是出自突厥化的阿兰。因此，Kh. 亚赫塔尼戈夫将卡拉恰伊人／巴尔卡尔人和奥塞梯人所拥有的相同的唐嘎，统归为阿兰唐嘎的遗产。这一说法很可能是有道理的，但前提是他所提到的那些出现在阿兰陶器上的符号不一定都是唐嘎，甚至不一定是作坊或所有者的标记；这些符号中包含了很多十字形（有些嵌入圆形或矩形中）、卍字形和三叉戟等图形。有些可能属于象征符号或巫术符号，特别是象征太阳的符号。不管怎样，奥塞梯人和卡拉恰伊人／

巴尔卡尔人共有的唐嘎图案，与从前阿兰人使用的唐嘎有着诸多相似之处。

近来，奥塞梯人的唐嘎得到了重新评估。一直以来人们就发现奥塞梯人的唐嘎数量有限，于是推测它们大部分是在 13 ~ 14 世纪蒙古和帖木儿帝国入侵之后消失的。当时，现代奥塞梯人的祖先，一部分未被同化的阿兰人，最终被赶进了北高加索中部的山区。入侵怎么就会引起唐嘎的消失呢？答案或许是丧失草原和山麓牧场导致了畜牧业的衰落……在奥塞梯搜集到的唐嘎，大部分都被认作卡巴尔达贵族的唐嘎（B. A. 卡洛耶夫，1973）。

实际情况要远为复杂得多。M. E. 马米耶夫（M. E. Mamiev）和 A. A. 斯拉诺夫（A. A. Slanov, 2004）公布了两批唐嘎材料，一批出自加利特（Galiat）米德库城堡（Midqäw château）的客人住所，另一批来源于卡尼（Kani）村（图 4-40）[77]。这两批材料的载体都是木质的大门，上面刻着造访者，或许还包括朋友和盟友的唐嘎。有个唐嘎在卡

图 4-40　俄罗斯北奥塞梯 – 阿兰共和国卡尼村和米德库的木门
（M. E. 马米耶夫，A. A. 斯拉诺夫，2004）

尼的大门上被标记了多次，不是刻上去的，而是用烙铁烙印上去的，它可能是其中一个业主家族的唐嘎；该门后被保存到扎曼库尔（Zamankoul）。米德库的那批材料包含了 64 个可辨识的符号，还有一幅人物与双马的略图，以及一些铭文：2 个是阿拉伯文的，4 个是俄文的。约 80% 的唐嘎在奥塞梯之外找不到雷同者，因而几乎都可以被认定为土著的唐嘎；另外，人们在其中辨识出了几个图加诺夫（Touganov）家族和阿比萨洛夫（Abisalov）家族的唐嘎。卡尼那批材料的情况也无不同：94 个唐嘎中超过 90% 为奥塞梯地区所独有，其余则是在卡巴尔达人、巴尔卡尔人、阿巴扎人中出现过的唐嘎，以及一条难以辨识的铭文[78]。

　　M. E. 马米耶夫和 A. A. 斯拉诺夫最惊人的发现，是找出了组合式的唐嘎：在一个主要的唐嘎上添加一个或两个其他家族的唐嘎（图 4-41），后者的体量较小。这种情况在米德库和卡尼的大门上出现过三次[79]。基础都是图加诺夫家族的唐嘎，它近似于英文的大写字母"T"（绝非偶然）。其中一个组合式唐嘎的上面多加了一横，但竖画右侧较小的添加物已部分模糊，难以辨识[80]。第二例中，位于竖画右侧的较小唐嘎是库德涅托夫（Koudenetov）家族的唐嘎；这是个卡巴尔达人的家族[81]。第三例最值得注意，图加诺夫家族的唐嘎由两个较小的唐嘎相伴：与前例相同，位于右侧的是库德涅托夫家族的唐嘎，左侧的则是另一个卡巴尔达人家族——安佐罗夫（Anzorov）家族的唐嘎[82]。该例还附有一条阿拉伯字母的铭文，给出了一个人名"Djankhot bin Tougan"（詹霍特·本·图加诺夫），由

图 4-41　卡尼村大门上奥塞梯人的组合唐嘎
上：图加诺夫家族唐嘎附加细小的库德涅托夫家族唐嘎。
下：上述两个唐嘎之外另加一小的安佐罗夫家族唐嘎。

19 世纪中叶的文献可知，它代表的可能是阿斯拉穆尔扎·图加诺夫（Aslamourza Touganov）之子詹霍特（Djankhot）。两位研究者认为："这里大概反映的是，詹霍特与卡巴尔达显赫贵族之家的重要联姻。"他们推测，几个唐嘎放在一起但彼此不相连接的组合方式，表明这些家族之间并无父系血缘上的联系。

那么，这些实例不仅表明，奥塞梯地区的唐嘎至少被保存并正常使用到约 19 世纪中叶，而且还揭示出唐嘎在当地的特殊演化。与西方纹章中某些划分成 4 个区域的盾形图案一样，组合式唐嘎也被分解为几个部分（因此，组合式唐嘎起源于高加索型"封建主义"充分发展的地区，也就绝不是偶然的现象）。显然，奥塞梯地区的唐嘎系统到了 19 世纪下半叶才走向没落，这是由于奥塞梯人被彻底并入到俄罗斯的体系，还是因为部分居民迁移至平原地区？奇怪的是，唐嘎的含义在很大程度上被遗忘掉了。如 M. E. 马米耶夫和 A. A. 斯拉诺夫指出的那样，米德库和卡尼大门上的那类成批的唐嘎，有时被当地人解释成一种用象形符号撰写的编年史（就像人们在美洲原住民那里看到的情形，参见 E. 多布尔霍夫，1959）：刻在左半扇上的符号可能代表的是喜庆之事，例如出生、婚嫁等，右半扇上的则记录了丧事、战争和其他的不幸！这反映出在进行此类调查时，须对当地居民的说法保持审慎的态度，即便所研究的事情是近期才发生的。

人们或许要追问，现代北高加索使用的唐嘎都来源于哪些历史时期？这些唐嘎肯定包含了若干时段的积淀，并且随着部分居于主流的群体的消亡和新居民的到来，而不断得到丰富和更新。在关注这一问题的学者中，有些人毫不犹豫地断言，年代最为久远的古代萨尔马泰 - 阿兰唐嘎的积淀物仍有留存 [L. I. 拉夫罗夫（L. I. Lavrov），1978；V. M. 巴特沙耶夫（V. M. Battchaïev），1986；Kh. 亚赫塔尼戈夫，1993]。尽管有些图形上的相似或许是出于巧合，但也没有什么证据可以否认这种延续性的存在，因为确实有一部分萨尔马泰 - 阿兰居民被融入了高加索语和后来的突厥语民族当中。但倘若执念于古典，认为部分高加索唐嘎或可能受到希腊传统的影响 ["竖琴（lyre）"

形或"三叉戟"形唐嘎；Kh. 亚赫塔尼戈夫提出的理论，1993；V. S. 奥尔霍夫斯基反对的观点，2001]，那这样的观点就明显不太可能被接受。

　　可以看到，俄罗斯的征服为高加索唐嘎的增殖提供了最后一次机会，它们向西里尔文字借用了字母。例如巴尔卡尔人中，拥有俄罗斯化姓氏的查瓦耶夫（Chavaïev）和查哈诺夫（Chakhanov）家族，都以自己姓名的首字母 Ш/š/ 为基础设计出了一个唐嘎；这么做还有个好处，那就是它让人回想起熟稔于心的三叉戟图案。奥塞梯人的查纳耶夫（Chanaïev）家族，大概也是这样来设计他们的唐嘎的（图 4-42）。

　　19 世纪下半叶和 20 世纪初，部分被俄罗斯贵族同化的高加索家族采用了俄罗斯 - 西方风格的纹章，但纹章中出现了他们原有的唐嘎，例如卡巴尔达人的哈贡多科夫（Khagondokov）家族的纹章[83]。

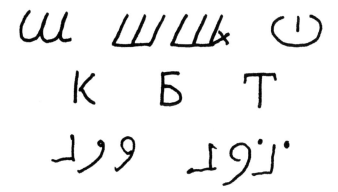

图 4-42　北高加索源于字母符号的唐嘎

第 1 行从左至右：巴尔卡尔人查瓦耶夫家族的唐嘎（西里尔字母 Ш ＝ /š/ ＝法语的 ch）、巴尔卡尔人查哈诺夫家族的两个唐嘎（西里尔字母 Ш ＝ /š/ ＝法语的 ch）、奥塞梯人查纳耶夫家族的唐嘎（不太确定，西里尔字母 Ш ＝ /š/ ＝法语的 ch）。

第 2 行从左至右：卡巴尔达人凯拉切夫（Kerachev）家族（西里尔字母 К ）的唐嘎、巴尔卡尔人波塔德夫（Bottaïev）家族（西里尔字母 Б ＝ /b/ ）的唐嘎、巴尔卡尔人陶乌克诺夫（Taoukenov）家族（西里尔字母 Т ）的唐嘎。

第 3 行从左至右：瓦尔多科夫（Wardokov）家族和图杜耶夫（Toudouïev）家族由阿拉伯字母构成的标记。

使用唐嘎是贵族的一项特权，然而不同民族和不同时期，其规定的宽严程度会有所不同。例如在卡巴尔达地区，到了 19 世纪后半段，农民才开始用上唐嘎，而且它们与贵族领主的唐嘎是有区别的。

和其他地区一样，在北高加索，唐嘎的一项主要功能就是用来标记牲畜，首先是标记种马。这种用途在卡巴尔达人中尤为发达而且被仪式化了，19 世纪的时候还能观察到其中的细节。主要标记的对象是马和牛。除了主要唐嘎外，牲畜还可以标"亚标记"（sous-marque）。亚标记通常为一种简略形式，只取原唐嘎的一个局部。"真正的"唐嘎，用牲畜主人家族的姓名来称呼；与此相反，亚标记用的却是形象化的名称，如"圆""三角""剪刀""钩""马蹄铁"（图 4-43），这让人联想到突厥人给唐嘎起描述性名称的做法。标记的制作受到种种的约束，唐嘎和亚标记的位置和朝向都要合乎规范。例如，贵族把唐嘎或亚标记标在牲畜躯干的左侧，农民使用领主的唐嘎，但要标在牲畜躯干的右侧（在阿巴扎人中，兄弟之间有时也这样来区分标记）。两个形状相同的唐嘎，可以通过相对于垂直方向的不同角度来加以分别。

牲畜的标记构成了一套完整的礼仪，每个族群都是在相同的日子进行，同时举行庆典、宴会和游戏。唐嘎由唯一的一名"标记者"用烙铁打印。牲畜受到牵绊，如果体形大的话，还要把它放倒，才能施用烙铁（不管是否出于巧合，这种操作方式都让人想起希罗多德在《历史》第 4 卷第 60 节中所做的描述，那是关于公元前 5 世纪乌克兰斯基泰人用牲畜祭献的故事 [84]）。

尽管唐嘎本身不具备宗教内涵，但有句谚语却赋予了它庇护的功能："狼不吃标记过的牲畜。"但同样是在卡巴尔达人中，还有一句意思相反的谚语："狼不识唐嘎！"

唐嘎在北高加索居民中还有着其他的用途，它们同样十分典型。唐嘎出现在各种私人物品上（图 4-44、图 4-45），而极少见于武器［这似乎显得有点奇怪，但正如普希金（Pouchkine）在谈到切尔克斯人时说过的那样，武器是"他们身体的组成部分"，与持有者须臾不分］，也被用来装饰旗帜，不只是扛去打仗的旗帜，也包括那些在各

1197　1198　1199　1200　1201　1202

1203　1204　1205　1206　1207　1208　1209

1210　1211　1212　1213　1214　1215　1216

1217　1218　1219　1220　1223　1222　1223

1224　1225　1226　1227　1228　1229　1230

1231　1232　1233　1234　1235　1236　1238

1237　1239　1240　1241　1242　1243　1244

1245

图 4-43　卡巴尔达人家族的"亚标记"或次级唐嘎
（Kh. 亚赫塔尼戈夫，1993）

图 4-44 装饰在服饰和马具细部的唐嘎
左上：女性乌银带扣的细部。
左下：织物做成的袋子。
右：乌银马具配件。
19 世纪，西北高加索。唐嘎装饰在衣服和马具
细部，装饰化程度不等。

种社会活动场合竖起的旗帜，例如婚礼用的旗帜：婚礼上的旌旗展示着双方家族的唐嘎，或并排（在阿迪根居民中；图 4-46），或上下（在卡拉恰伊人中，新郎的唐嘎处在新娘的唐嘎的上方）。唐嘎也出现在墓石上；Kh. 亚赫塔尼戈夫（1993）推测，与卡巴尔达 - 巴尔卡尔共和国查卢奇卡的一座 14 ~ 16 世纪库尔干中的发现一样（16 页图 [85]），金属唐嘎被以某种方式放置在古代的坟冢上。唐嘎还可以用来充当签名。它们可以如奥塞梯人中那样，被刊刻在传统

图 4-45 带柄的锥子
发现于俄罗斯卡巴尔达 - 巴尔卡尔共和国普西甘苏
（Psygansou）村。柄部刻着卡巴尔达人特沃塔诺夫
（Tlostanov）家族的唐嘎。

图 4-46 出自俄罗斯阿迪根亚詹巴奇
（Jambatchi）村的婚礼用旗
夫妇的唐嘎簇拥着新月和星辰。资料未说明颜色。
（Kh. 亚赫塔尼戈夫，1993）

的供来访者使用的"客人住所"（maison d'hôte），以提示有客人路过或逗留（B. A. 卡洛耶夫，1973）。如同西方的纹章，唐嘎是家族地位和荣誉的象征。

乌拉尔语民族的唐嘎

乌拉尔语系包括萨莫耶德语（samoyédes）、乌戈尔语（ougriennes）、佩尔米安语（permiennes）、芬兰语（finnoises）以及拉普语［lapones，或称萨米语（same）］。这些语言的使用者在体貌特征和文化上差别极大，他们占据着乌拉尔山脉两侧、北欧和西伯利亚的广大地区。我们这里关注的是讲佩尔米安语和乌戈尔语的民族。在他们漫长的历史中，这些人与他们南面的邻人——草原上的游牧民族有过接触。自俄罗斯人朝他们的领地推进［肇始于 16 世纪哥萨克的阿塔曼（ataman）[86] 叶尔马克（Iermak）对乌拉尔东部的远征］之后，他们的唐嘎开始为人所知。以下的信息取自 L. 雷诺的论文《古代的文身和宗教符号》（*Marquage corporel et signation rigieuse dans l' Antiquité*，2004）。

19 世纪，乌拉尔山以西、卡马河（Kama）弯曲处，讲佩尔米安语的乌德穆尔特人（Oudmourtes）或沃蒂亚克斯人（Votiaks）使用符号来标记各种实用器（渔具、马具等）和建筑物；俄罗斯的研究者认为，这些符号属于真正意义上的唐嘎，参见 T. 埃菲莫娃（T. Efimova，2001）。依据不同的载体和需要，这些符号有的用刀刻，有的用木炭涂画。唐嘎构成了在场的证据和完成工作的签名：伐木工砍好原木，在附近的树干刻上唐嘎，护林人根据这些刻下的唐嘎退还伐木工的押金。有种有趣的用法与抽签选择牧场有关：用小棍来抽签，小棍上带有各个受益方的唐嘎。

在乌拉尔山脉的另一侧，讲乌戈尔语的奥斯恰克人（Ostiaks）或汉特人（Khanty），以及曼西人（Mansi）或沃古尔人（Vogouls）[87]——即所谓"鄂毕河流域的乌戈尔人"（Ougriens de l'Ob）或"鄂毕乌戈尔人"（Ob-Ougriens），他们对于唐嘎的使用有着某些奇特之处。18 ~ 19 世纪的各种证据显示，除了其他的应用之外，唐嘎还被文刺在人的皮肤上。而且文身具有治疗的功效，但文身图案很多，不只限于唐嘎。

旅行家 P. S. 帕拉斯（P. S.Pallas，1771 ~ 1776；原文见 L. 雷诺，2004）还提到，在奥斯加克人中，"各种蓝青色图案被文（*allerlei blaulichten*，*punktirten figuren*）[88]在手背、小臂和小腿的下部"。他记述了这些唐嘎起到的验证身份的作用："男人只习惯将某种符号（*dasjenige Zeichen*）[89]刻在手腕上部的平面上；靠着这些符号，他们被录入到纳贡的登记簿中；这些符号在法律上也起着签名的作用。"可与比较的是，同时期哈萨克唐嘎也被俄国政府认可，在正式的文件上用作签字（参见本书第 140 页内容）。接下来，帕拉斯还提到文身"图形"（*Figuren*）[90]的巫术 - 医疗功效；这些图形不一定都是唐嘎。

M. 西姆琴科（M. Simtchenko，1965）根据帕拉斯和其他人的资料，从汉特人 / 奥斯恰克人的文身中区分出两种功能：司法功能［古俄罗斯文献将具有这种功能的文身记作"标志"（emblème）或 *znamja*］；巫术 - 宗教功能。图案化的鸟的形象尤与巫术 - 宗教功能相关，被看作是引导亡灵奔赴阴间的动物，或是人们试图驱逐的各种不幸的宿主。一方面是作为标志的抽象符号——唐嘎，另一方面是具有医学 - 宗教功效的动物图形（L. 雷诺认为，动物图形的最终起源也许应该到斯基泰时期西伯利亚游牧民族的动物艺术中去寻找），两者间似乎存在着某种相互的混淆。这就是造成许多有关汉特人 / 奥斯恰克人文身的证据显得混乱不堪或模糊不清的原因。L. 雷诺引用的证据中有三个非常典型：1873 年，N. 索罗金（N. Sorokine）描述了一个刺在患处的唐嘎文身；1896 年，匈牙利人 B. 蒙卡西（B. Munkácsi）谈到动物形象——一幅"线条勾勒的图案"（*Linienzeichnung*）[91]；阿尔泰"冰冻墓"的发掘者和研究者 S. I. 鲁登科非常了解斯基泰时期的文身，他在 1929 年提及汉特人用于治疗的文身包含"线条"（唐嘎？）或"图形"。这三个例子都将两种原本完全不同的概念掺和在一起，甚至混为一谈。但也促使我们去追问，萨尔马泰人是否会用唐嘎文身？普林尼（《自然史》22 卷第 2 章第 1 节提到

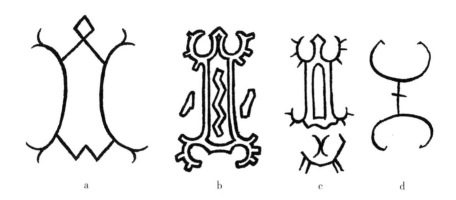

图4 47　西西伯利亚乌戈尔语民族的唐嘎
a、d.鄂毕河流域的乌戈尔人　　b、c.曼西人
至少前三个明显是由某种动物造型的图案演化而来。
（Gy.拉兹洛，1971）

过他们的文身习俗；图4-47、图4-48）。

　　与游牧民族中的情形完全相同，西伯
利亚的氏族唐嘎也是通过"区分符号"来
演化的。V. S. 德拉丘克（1975）引述西伯
利亚西北部曼西人/沃古尔人中的"菲利
纳"（Filina）氏族作为例子。氏族主支的
家长使用"鸟爪"（patte de oiseau）形唐嘎：
三条朝下的线在顶部相聚。他的弟弟将中
央垂直线向上延长。他的一个儿子则从中
央这根线上添引出一条短线，与左侧斜线
平行。氏族的另一个分支将左侧的斜线抹
去，由此这个简化了的唐嘎被描述成"箭

图4-48　西伯利亚汉特－曼西自治区
（districtautonome des Khantys-Mansis）
区徽上的图形
来源于那些用作唐嘎的流行图案。所谓 kat uhup
voj "双头鸟"标志呈银色，置于蓝、绿色的盾形上，
周围环以"白色纹饰；白色的纹饰设计为鄂毕河乌戈
尔人的装饰风格"（1995年3月14日法案第1款）。

223

图4-49　西伯利亚曼西人／沃古尔人菲利纳氏族的唐嘎
源于"鸟爪"（左）。

头"。汉特 - 曼西人的唐嘎带有描述性的名称，这确实让它们与突厥语民族的唐嘎显得很像（图4-49）。

在乌拉尔语系操其他分支语言的民族中，也有唐嘎存在，如恩加桑南人［Ngasanan，属萨摩耶德（samoyède）语族］。这些民族中出现的某些地方性的特征值得予以关注。恩加桑南人除了给驯鹿标上所属人群的唐嘎外，还要加上一个符号，即驯鹿"主宰神"（esprit-maître）[92]的标记（V. S. 德拉丘克，1975）。

在结束乌拉尔语系唐嘎的介绍前，或者更宽泛地说，在结束对"环草原"（péri-steppiques）标记系统的介绍前，还须考察一下匈牙利畜牧者的标记。

历史上的匈牙利由骑马的游牧民族于9世纪和10世纪之交建立，这个民族穿越了俄罗斯和乌克兰草原，从伏尔加河流域跋涉而来。征服者讲的是一种与"鄂毕河流域乌戈尔人"的语言相近的乌拉尔语，但也受到过突厥和伊朗民族的语言和文化影响（最后是阿兰人的影响）。因此，人们会主观地认为，他们当中一定存在着发达的唐嘎系统，然而事实却并非如此。无论是征服时期马扎尔人（magyar）[93]的随葬品，还是阿尔帕德（Árpád）王朝[94]君主发行的匈牙利最早的货币，都不带这种类型的符号；圣·艾蒂安（saint Etienne，997 ~ 1038）[95]货币上的"太阳"或"星辰"并不属于唐嘎。

然而，等到更为晚近的时候，匈牙利却出现了一种畜牧者的标记系统：用烙印打印，借以区分牲畜（以牛为主，其次是马）。除拉丁字母外，还包括"圆圈""鹅掌"一类的几何形符号，以及某些与唐嘎十分相像的图案（图4-50、图4-51）。关于这些符号的起源众说纷纭，许多研究者虽然认同它们"十分古老"，但却没有给出进一步的说明；反而是它们的匈牙利名称 bilyog "标记"，被认为源出于突厥语（参考鞑靼语

的 *bilge* "标记"？）。此外，关于此类标记的最早记述可能出现在德布勒森（Debrecen）市发现的一份文献上。这份 1691 年的文献中提到一头牲口，左臀带着"鞑靼人的标记"（*tatár bilyog*）。

自 18 世纪起，这些标记的使用受到鼓励，甚至由法律强制推行，以解决牲畜的偷盗问题。于是，除了"唐嘎式的"几何形符号外，由字母构成的标记越来越多，这些

图 4-50　匈牙利畜牧者的标记
可以看出，字母占据了多数。

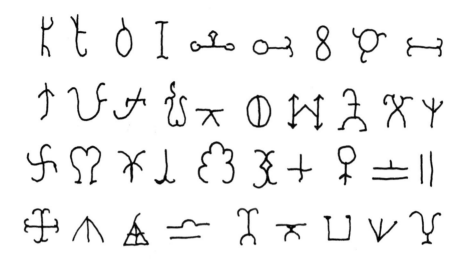

图 4-51　与游牧民族唐嘎相近的匈牙利畜牧者的标记

字母来自畜群个体所有者或集体所有者名字的首字母（例如，DV 表示 Debrecen Város 即"德布勒森市"）。字母有时单独使用，有时成对出现，还有的倒置，应该是为了区别标记和增加组合的方式。这一标记系统与其他地区使用的系统相近，例如 19 世纪以后北美畜牧者所用的系统。

因此，匈牙利提供了一个畜牧文化的奇特例子。其奠基者似乎并没有随身携来他们在迁徙途中必定会邂逅的唐嘎（更不用说其祖先——乌拉尔语民族的唐嘎），反而是在很晚才发展出一个类似的系统，先是模仿突厥 - 鞑靼人的唐嘎，后来是使用字母符号。

译者注

1. 萨珊王朝或萨桑王朝（226～651），英文作 Sassanid Empire，萨珊王朝为波斯历史上的一个王朝，由阿尔达希尔一世（Ardashir Ⅰ，公元 226～241 年在位）推翻帕提亚王国创立，因创始人之祖先萨珊（Sassan）而得名，首都泰西封。盛时版图西起叙利亚，东至印度，北达高加索，南抵波斯湾。与罗马帝国及之后的东罗马帝国长期并存。5～6 世纪，又与东方的嚈哒人抗衡。公元 637 年，阿拉伯人入侵，泰西封失陷。公元 651 年，末代国王伊嗣俟在逃亡中遇害，王朝告终。

2. 三大古典文字包括两河流域的楔形文字（cuneiform，亦称钉头文字）、埃及圣书字（hieroglyphic）和中国的甲骨文，都属于一种图形符号既代表语词又代表音节的"语词－音节文字"（logosyllabary），或简称为"词符文字"（logogram）、"意音文字"。公元前 1700 年，在叙利亚、巴勒斯坦出现了字母文字，字母文字属单纯的表音文字。最初的字母文字只写明辅音，不写明元音，元音须读者据上下文补充，因此被称为"音节－辅音字母"，或简称"辅音字母"。字母文字后分两支向外传播。一支以迦南字母为支点向西传播，后经希腊字母将元音独立出来加以标写，发展成为音素文字。希腊字母又经伊特鲁里亚字母催生出了拉丁（罗马）字母。另一支以阿拉美字母为支点向东传播，不仅通过婆罗迷字母衍化出印度字母系统，还一路向东到达中国的东北，形成几十种文字，其中既包括阿拉伯字母，还包括蒙古文和满文。至于波斯的文字则因时而易。阿契美尼德帝国说早期伊朗语，使用楔形文字；帕提亚帝国说中期伊朗语，使用巴列维文。进入萨珊帝国，巴列维字母演变成为阿维斯塔文。巴列维文，又译帕拉维文、巴拉味文、钵罗钵文和中古波斯文，它和阿维斯塔文字都传承自阿拉美字母。萨珊灭亡以后，伊斯兰教和阿拉伯字母传入波斯，开始了阿拉伯化的时期。

3. 英文作 Ctesiphon，或译"忒息丰"，位于底格里斯河左岸的古城。建于公元前 2 世纪，为帕提亚行都，后又为首都。公元 226 年波斯萨珊王朝灭帕提亚之后亦都于此。公元 637 年被阿拉伯人占领，8 世纪巴格达城在其北建立，渐衰。

4. 附录"唐嘎在各种语言中的名称"提到"实际上我们并不清楚古时候的伊朗语游牧民族是怎么来称呼唐嘎的。各种伊朗语中普遍存在着一个专门用来指称标志符号的词汇，其词根是

印度 – 伊朗语的 *nikšana– ：……巴拉维语 niš/nišān……波斯语表示标志符号的 nišān，同样也被多种其他的语言所借用"。

5. 参见图 2-19。

6. 这是在马铠上而非马尻上，值得注意。

7. 塔尼特是腓尼基人供奉的柏柏尔女神。根据柏柏尔人和迦太基人的信仰，塔尼特负责庇护生育、出生和成长。

8. 即琐罗亚斯德教，也称祆教、拜火教、火祆教。

9. 英文作 Parsee，是生活在印度、信仰祆教先知琐罗亚斯德的信徒。Parsis 的意思就是"波斯人"，他们是为了逃避穆斯林的迫害而从波斯移居印度的琐罗亚斯德教徒的后裔。主要居住在孟买市以及市北一带的几个城镇和村庄里，但在巴基斯坦的卡拉奇和印度的班加罗尔（Bangalore）也有一些。

10.Iazyges 或作 Jazyges、Yaziges，与 Roxolans 一样，是萨尔马泰人的西部分支。希腊语称之为 Σαυρομάτοι，即"穿着蜥蜴皮"，可能暗示了他们的鱼鳞铠甲。据希罗多德斯，他们是起源于斯基泰人的草原民族，因此讲的是伊朗语。他们出现在亚速海附近，并且是最早向西迁移的萨尔马泰群体之一。 埃阿热格人的优势在于他们是技艺精湛的射手和灵活的骑兵。他们的名字与阿兰人及其后裔奥塞梯人的名字非常接近。

11. 罗克索拉尼是来自黑海草原的骑兵，作为萨尔马泰人的后裔，他们与阿兰人有着亲缘关系。罗克索拉尼一名来源于萨尔马泰人的 Roukchan，意思是"闪亮的、灿烂的、辉煌的"。该词与古波斯语的 Râwukhshan 相同，而后者即 Roxane，也就是亚历山大的波斯妻子的名字。

12.或译提庇留、提比略，奥古斯都的养子，罗马帝国的第二任皇帝，公元 14 ~ 37 年在位。

13.瓦拉几亚位于巴尔干半岛东北，摩尔多瓦以南，东濒黑海，介于喀尔巴阡山和多瑙河之间。1324 年，当地居民在打败匈牙利人后获得独立，建立公国。1411 年，沦为奥斯曼帝国藩属。1859 年与摩尔多瓦合并为多瑙公国。1861 年称罗马尼亚公国，宗主权仍属土耳其。1878 年俄土战争后根据《柏林条约》取得独立，于 1881 年成为罗马尼亚王国。

14.或译"图拉真凯旋柱"，意大利语作 Colonna Traiana，位于罗马奎利那尔山边的图拉真广场。落成于公元 113 年，以纪念罗马皇帝图拉真对达契亚的征服。

15. 原文此处使用 fosse 一词，fosse 既可指坑也可指墓葬，这里表述得不甚明确，但据文意似乎应该是指单独的墓葬。

16. 罗马帝国后期历史学家，英文作 Ammianus Marcellinus。生于叙利亚的安条克，希腊人。公元 353 年从军，曾随皇帝尤利安（背教者）转战高卢（法国一带）和两河流域。公元 363 年离开军队，旅行于各地，到过埃及、希腊等地。公元 378 年，定居罗马，约公元 383 年，以拉丁文写成一部 31 卷史书《大事编年史》，记载公元 96 ~ 378 年的罗马历史，体例上模仿塔西佗，可称塔西佗《历史》的续集。仅第 14 ~ 31 卷存世（叙述公元 353 ~ 378 年的史事），对尤利安、瓦林提尼安一世、瓦林斯诸帝统治时期的内外大事，记述得尤为详备。

17. 英文作 Suebians，或译斯维比人、苏威皮人、苏维比人，系日耳曼人中一个较大的部落集团，包括马科曼尼人、夸德人、塞姆诺奈人（Semnones）、赫尔门杜里人（Hermunduri）、郎哥巴底人（伦巴第人）等。因不时流动迁徙，各时期的分布地域亦不相同，但他们大多都是从今德国西北部渐次向南再向东方迁徙的。1 世纪，苏维汇人大体上居于易北河以东的广大地区。当时，从多瑙河到波罗的海沿岸的整个东部日耳曼尼亚因此又被称作苏维比亚，波罗的海也被称为苏维比海。他们对罗马帝国的北部边疆构成了威胁。约公元 406 年，部分苏维汇人西渡莱茵河，公元 409 年进入伊比利亚半岛，在半岛西北部的加利西亚建立苏维汇王国。该王国一直存续到公元 585 年，终被西哥特人所灭。留在日耳曼尼亚的苏维汇人为后来士瓦本人的祖先。

18. 英文作 Goth、希腊文作 Gothones、拉丁文作 Gothi，日耳曼人的一个分支。最早起源于斯堪的纳维亚南部。公元初，迁居维斯瓦河以东的波罗的海南岸。3 世纪初，又徙居第聂伯河下游和黑海北岸。既而向西扩展，其势大盛，曾与罗马帝国在巴尔干长期征战。公元 267 ~ 268 年进军小亚细亚和巴尔干，占领并劫掠雅典；公元 272 年入据达契亚。4 世纪初，渐分为两部，居住在第聂伯河至德涅斯特河之间的一部，史称"东哥特人"（Ostrogoths）；居于德涅斯特河以西至喀尔巴阡山的一部，史称"西哥特人"（Visigoths）。4 世纪中期，接受基督教。公元 375 年，东哥特人被匈人击败，加入匈人部落联盟，并随之入侵西欧。公元 455 年，匈人联盟瓦解，东哥特人回到潘诺尼亚。旋即又入据意大利，于公元 493 年建立东哥特王国。至公元 555 年，被拜占庭帝国摧毁。东哥特人被匈人击败后，西哥特人被迫西迁，于公元 376 年渡多瑙河进入罗马帝国，被允许以"同盟者"的身份定居于默西亚（今保加利亚一带）。旋因不堪罗马人的压迫，揭竿而起，于公元 378 年大败罗马军队于亚得里亚堡，罗马皇帝瓦林斯战死。公元 382 年，与罗马帝国皇帝狄奥多西一世签订条约，仍被允许定居于默西亚，作为帝国的"同盟者"。公元 395 年，在首领阿拉里克一世率领下，离开默西亚，侵入希腊。后受东罗马帝国皇帝阿卡狄乌斯的怂恿，率部侵入亚平宁半岛，于公元 410 年占领并洗劫了罗马城。同年，阿拉里克一世去世，由阿道尔弗斯继任首领。公元 412 年，进入南高卢。后又曾进军西班牙。公元 418 年，被允许作为西罗马帝国的"同盟者"定居于加龙河下游和卢瓦尔河下游之间。公元 419 年，以图卢兹为中心建立西哥特王国。公元 507 年武耶战役后，其在南高卢的领土除塞普提马尼亚外，均为法兰克国王克洛维占领。西哥特王国继续统治伊比利亚半岛大部分地区，直到公元 713 年被阿拉伯人所灭。

19. 英文作 Vandals，为东日耳曼人的一支。原居斯堪的纳维亚半岛，后与其他日耳曼人集团一起南迁。公元前 2～前 1 世纪，在波罗的海南岸活动。1 世纪，定居于维斯瓦河与奥得河之间。2 世纪，分为西林格（Silingi）和阿斯丁格（Astingi）两个部落，向南压迫罗马边境行省达契亚。3 世纪，上溯至多瑙河中上游。公元 270～280 年，一度出现于潘诺尼亚和达契亚，威胁帝国边境。后受匈人压迫，于公元 406 年与苏维汇人、阿兰人等一起渡过莱茵河，向西进入高卢。公元 409 年，越比利牛斯山进入伊比利亚半岛。公元 411 年，阿斯丁格部落与苏维汇人一起定居到加利西亚，西林格部落定居到贝提卡，可能正是在这个时期，他们改宗了基督教阿里乌派。西罗马帝国皇帝霍诺里乌斯被迫承认他们对这些地区的占领。旋即西哥特人涌入，西林格部落被打败（412～418），几近灭绝，余部加入阿斯丁格部落。后西哥特人退出西班牙，汪达尔人征服阿兰人，建立起汪达尔王国，其地后称安达卢西亚（Andalusia 或 Vandalusia）。公元 429 年，在国王盖萨里克的率领下，与阿兰人一道渡过海峡，进入北非。经多年征战，于公元 439 年占领迦太基，以此作为汪达尔王国首都，进而征服西罗马帝国在北非的领地。公元 435 年和 442 年，两度与罗马签订同盟者条约。后相继占领撒丁岛、科西嘉岛和巴利阿维里群岛、西西里岛。公元 455 年，洗劫罗马城。公元 477 年，盖萨里克去世，势力迅速衰退。公元 534 年，汪达尔王国被东罗马帝国将领贝利萨留灭亡。此后，汪达尔人逐渐与当地居民融合。

20. 此处原文同时使用了英文表达。

21. 右侧恰巧是匹带斑点的花马，所以圆点应该并不属于唐嘎。

22. 英文作 Pannonia，或译班诺尼亚，为中欧古地域名。西邻诺里库姆，东南接萨尔马提亚和上默西亚，东、北以多瑙河作为与达契亚、日耳曼尼亚的天然疆界，约当今奥地利东部和匈牙利西部，以及斯洛文尼亚、克罗地亚、波斯尼亚的部分地区。居民潘诺尼亚人（Pannonii）与伊利里亚人（印欧语系）同源。公元前 10 年，即奥古斯都时，被罗马征服，并入伊利里亚行省。公元 6 ～ 9 年，潘诺尼亚人发动反罗马起义，起义被镇压后，罗马设置单独行省，初称下伊利里亚行省，后改称潘诺尼亚行省，并派驻重兵镇守，大批殖民者亦继踵而至。公元 103 年，又划分潘诺尼亚为上（西）、下（东）两个行省，作为防御北方日耳曼人入侵的战略重地。3 世纪末，皇帝戴克里先在位时，上潘诺尼亚又分为第一潘诺尼亚和里帕里安（或萨瓦）潘诺尼亚两省，下潘诺尼亚分为瓦勒里亚和第二潘诺尼亚两省。公元 395 年，被迫放弃。文多波纳（今维也纳）与阿昆库姆（Aquincum，今布达佩斯）为该地区著名的城市。

23. 通常翻译成"基辅罗斯"，对应的是 la Rus'de Kiev，其居民则被称为罗斯人。Rus 是斯拉夫语，拉丁语作 Ruthenia，Ruthénie 是由拉丁语而来的法语形式。

24. 基辅罗斯，英文作 Kievan Rus，又称基辅大公国、基辅罗斯大公国。由东方斯拉夫人诸部于 9 世纪联合而成的早期封建君主制国家。其核心地区位于包括基辅城在内的第聂伯河中游一带，极盛时疆域南起塔曼半岛，西至第聂伯河和维斯瓦河上游，北抵北德维纳河上游，是当时欧洲最大的国家之一。据苏联历史学家的意见，基辅罗斯的历史可分五个阶段。第一期（800 ～ 882），为草创期，首都基辅。当时纳入版图的东方斯拉夫人部落还只限于波利安人、罗斯人、谢韦尔人、德列夫利安人、德列戈维奇人、波洛昌人，可能还有斯洛温人；其成熟的标志，是公元 860 年对拜占庭发动的远征。第二期（882 ～ 911），为发展期。公元 882 年，奥列格率军南下占领基辅，至此，基辅罗斯正式形成，并逐渐将其余东斯拉夫部落兼并进来。第三期（911 ～ 1054），为繁荣期。通过与佩彻涅格人及拜占庭的争斗，完成对全体东方斯拉夫部落的联合，并于 10 世纪末，由拜占庭引入基督教奉为国教。第四期（1054 ～ 1093），为衰落期。雅罗斯拉夫（智者）死后（1054），分裂的先兆初现。第五期（1093 ～ 1132），为统一的基辅罗斯发展的最后阶段。12 世虽然解除了来自波洛伏齐人（突厥的一支，或称克普恰克、库曼）的威胁，但在姆斯季斯拉夫·弗拉基米罗维奇（1132）去世后，统一的基辅罗斯分裂为众多独立的公国，对基辅大公的称号进行角逐。1240 年，基辅城被蒙古人攻占。

25. 罗斯人，英文作 Rus。9 ~ 13 世纪，东方斯拉夫人在原始社会解体和以基辅为中心建立国家的过程中形成的部族名。关于"罗斯人"的起源，素有争议，主要有"诺曼起源说"和"斯拉夫起源说"。"诺曼起源说"认为，罗斯人本指斯堪的纳维亚半岛上的诺曼人，东方斯拉夫人又称其为"瓦兰吉亚人 / 瓦尔盖埃人"；9 世纪时，瓦兰吉亚人南下征服东方斯拉夫人，东方斯拉夫人遂被称作"罗斯人"。"斯拉夫起源说"认为，源于东方斯拉夫人部落之一的罗斯人（露斯人），最初可能是指居住在罗斯河流域的居民，基辅罗斯建立后，罗斯指其疆域，其居民称为罗斯人。罗斯人为近代俄罗斯人、白俄罗斯人和乌克兰人的祖先。

26. 英文作 Varangians，或译瓦兰吉亚人，是古代东方斯拉夫人对斯堪的纳维亚半岛居民的一种称呼；古斯堪的纳维亚文写作 Vaeringjar，为武士之意；而中世纪的希腊文则写作 Barangoi。俄国人根据这一名称，直至 18 世纪仍称波罗的海为瓦兰吉亚海。在斯堪的纳维亚文学语言中，Vaeringjar 一词很少使用，主要见于民间诗歌。在古罗斯编年史《往年纪事》关于"奉请瓦兰吉亚人"的传说中，首次提到了"瓦兰吉亚人"；而德国历史学家又根据这一传说，于 18 世纪提出俄罗斯国家起源于诺曼人的所谓"诺曼说"。在罗斯史料中，从 12 世纪后半期，才开始把斯堪的纳维亚半岛上的居民分称作瑞典人和挪威人，而把半岛西部居民通称为涅姆茨人。19 世纪俄国某些地区的方言中，瓦兰吉亚人一词则指小货郎。

27. 诺曼人，英文做 Normans 或 Northmen、Norsemen，为北方日耳曼人，自称维京人（Vikings），意即"海上武士"。"诺曼人"是欧洲南方居民对他们的称谓，意思是"北方人"。原居住在日德兰、斯堪的纳维亚半岛及其邻近岛屿，分作三大支：丹麦人、瑞典人、挪威人。早期主要从事狩猎、捕鱼、经商和海盗活动。8 ~ 9 世纪，其首领率领亲兵乘坐可容一百名武士的帆船四处征伐，进行海盗活动；帆船无盖，甲板和船头饰有龙首。最初是为夺取战利品和奴隶（主要为了贩卖），以及从事贸易活动，后转而占领土地并定居下来。大体而言，诺曼人分三路向南远征。西路为挪威人，攻击苏格兰、爱尔兰，还到达冰岛、格陵兰和北美沿海；在爱尔兰占据都柏林、沃特福德、利默里克等地，并殖民于冰岛、设得兰群岛和奥克尼群岛等地。中路为丹麦人，主要袭击英格兰、法国和尼德兰等地；在英格兰建立丹法区，丹麦国王一度兼英格兰国王。东路的瑞典人向东越波罗的海，侵入东斯拉夫地区，通过黑海与拜占庭贸易；9 世纪中期，称作瓦兰吉亚人 / 瓦尔盖埃人的诺曼人建立起基辅公国。诺曼人征服活动中最著名的事件，是在法国沿海建立诺曼底王国，并从诺曼底出发征服英格兰（1066）。9世纪又侵入地中海，袭击比萨，占领亚平宁半岛南部和西西里岛。11世纪，建立西西里王国。8世纪末至11世纪，诺曼人的征服和移民是日耳曼人大迁徙的最后浪潮，这一时期被称为"海盗时代"或"维京时代"。

28. 参见图4-15。需注意的是，除了第二例之外，图中大部分坠饰两面的标志虽然相近，但也都存在着细微的差别。

29. 英文作Odin或Woden，一译倭丁，系古代日耳曼人崇奉的战神，也是北欧诸神（Aesir）中最重要的神祇。传说他是一位古代的英雄，来自东方某地。他是位勇敢的战士，独眼（以一眼换取智慧，因而他也是智慧之源和文化的保护神），身披甲胄，右手擎剑。随从有两只乌鸦，为其使者;两条狗，为其望风。英语一周中的第四天Wednesday（星期三），即是以他的名字命名。

30. 参见图4-13。

31. 英文作Carolingian dynasty，是法兰克王国的第二个王朝，得名于国王查理（大帝）的拉丁文名Carolus。公元751年，墨洛温王朝宫相丕平（矮子）在罗马教皇支持下，废黜该王朝末王希尔德里克三世自立，是为王朝伊始。公元768年查理继位，领土扩大，统治了西欧大部分地区。公元800年，查理由教皇利奥三世加冕，称"罗马人的皇帝"，建立查理帝国或称加洛林帝国。公元814年查理大帝死，子路易（虔诚者）继位。公元840年路易死，诸子间爆发内战。公元843年签订《凡尔登条约》，帝国一分为三，统一的加洛林王朝结束，该家族支系在意大利、德意志和西法兰克的统治分别结束于公元887、991和987年。

32. 参见图4-15第8号右图。

33. 分别为希腊和罗马的海神。

34. 印度教三大主神之一，为毁灭之神。前身是印度河文明时代的生殖之神"兽主"和吠陀风暴之神鲁陀罗，兼具生殖与毁灭、创造与破坏双重性格，呈现出各种奇谲怪诞的相貌，主要有林伽相、恐怖相、温柔相、超人相、三面相、舞王相、璃伽之主相、半女之主相等变相。和诸多神明一样，湿婆全知全能，因此其性别并不固定，而是根据相的不同随时变化。

35. 参见图4-16。

36. 参见图3-6和图3-7。

37. 即希腊常见的双耳尖底瓮。

38. 英文也作 Hetman，或译黑特曼、统领，是 16～17 世纪乌克兰哥萨克的首领。1648 年起，为乌克兰的执政者和哥萨克军的首领，由扎波罗热哥萨克会议选举产生，赫梅利尼茨基当选第一任乌克兰盖特曼。

39. 斯拉夫人，英文作 Slavs，他们在罗马帝国时期与日耳曼人、凯尔特人一起，并称为欧洲的三大蛮族。罗马作家大普林尼所著《自然史》37 卷提到，维斯瓦河一带居住着维尼德人；塔西佗在《日耳曼尼亚志》一书中，也把生活在日耳曼人东面的居民称作维尼德人。据考，维尼德人即古代斯拉夫人。1～2 世纪，维尼德人曾分布在西起奥得河、东抵第聂伯河、南至喀尔巴阡山、北濒波罗的海的广大地区。今天波兰境内的维斯瓦河河谷，被认为是斯拉夫人的故乡。后来，由于南斯拉夫人与拜占庭交往密切，多见于史料，故"斯拉文人"或"斯拉夫人"就成为各斯拉夫民族的统称。4～6 世纪，斯拉夫人中开始出现部落联盟，由于民族大迁徙的冲击，逐渐分化为 3 大支系，西支称维尼德人，东支称安特人，南支称斯拉文人。今天的波兰、捷克、斯洛伐克和索布人属于西斯拉夫人，俄罗斯、白俄罗斯、乌克兰、卢森尼亚人属东斯拉夫人，南斯拉夫人则包括塞尔维亚、黑山、克罗地亚、斯洛文尼亚、马其顿、波斯尼亚和保加利亚人。

传说 9 世纪下半期，格涅兹诺的波兰王公死后，农民子弟皮雅斯特（Piast）继位，建立起波兰的第一个王朝——皮雅斯特王朝（约 963～1370）。王朝的首个名人是梅什科一世，有可能是皮雅斯特王朝的第四代统治者，他统一了大波兰［今天用来指波兰中西部地区，但最初指瓦尔塔河、诺泰奇河流域地区，即波兰部落（Polanie）的居住地，中心在格涅兹诺］，并向周边扩张，而且在公元 966 年接受了基督教。博莱斯瓦夫一世（勇敢者，992～1025）让波兰成为欧洲的强国之一；1025 年，他开始称国王，建立波兰王国。在他身后，王国分裂。1102～1138 年，博莱斯瓦夫三世重新统一了波兰，但随着他的离世，国家再度分裂。1320 年，弗瓦迪斯瓦夫一世在克拉科夫加冕为王，国家重新成为一个整体。1370 年，国王卡齐米日三世死后无嗣，王朝告终，波兰王位转由其甥、匈牙利安茹王朝国王路易一世继承。路易一世亦无男嗣，波兰贵族不愿与匈牙利继续联合，1384 年推路易女儿雅德维佳（时年 11 岁）为波兰女王。

为对付德意志条顿骑士团的侵略，1385 年 8 月 14 日，波兰贵族与立陶宛大公亚盖洛在克列沃（Krewo 或 Krewa，今立陶宛境内）签订《克列沃协定》，波兰女王雅德维佳嫁予亚盖洛，亚盖洛成为波兰国王，但须改宗天主教。1386 年 2 月，两人成婚，3 月亚盖洛即波兰王位，称弗瓦迪斯瓦夫二世，建立亚盖洛王朝，波兰与立陶宛遂实现联合，史称"克列沃联合"。

克列沃联合后，波兰贵族在国家事务中起主导作用，波兰语成为官方用语。以弗瓦迪斯瓦夫二世的堂兄弟维托夫特为首，立陶宛贵族为了维护立陶宛公国的自治进行抗争。1401 年，弗瓦迪斯瓦夫二世承认维托夫特为立陶宛大公；1430 年，维托夫特死后，又以弗瓦迪斯瓦夫二世的弟弟斯维德里盖洛（Swidrygiełło）继任大公；1434 年，维托夫特之弟西吉斯蒙德击败斯维德里盖洛，成为立陶宛大公。

同年，弗瓦迪斯瓦夫二世卒，其子弗瓦迪斯瓦夫三世继任波兰国王。1440 年，又成为匈牙利国王，称乌拉斯洛一世（Ulászló I）。1444 年，弗瓦迪斯瓦夫三世战死，其弟卡齐米日（1440 年已在西吉斯蒙德之后成为立陶宛大公）继为波兰国王，称卡齐米日四世。卡齐米日四世与哈布斯堡家族联姻，使其长子弗瓦迪斯瓦夫先后成为捷克国王（1471 年，称弗瓦迪斯瓦夫二世）和匈牙利国王（1490 年，称乌拉斯洛二世）；波兰的亚盖洛王朝遂统治了波兰、立陶宛、捷克和匈牙利四国。1526 年，弗瓦迪斯瓦夫之子路易二世死后无嗣，亚盖洛王朝在捷克和匈牙利的统治告终。1548 年，卡齐米日四世第五子齐格蒙特二世成为波兰国王和立陶宛大公。1569 年，通过《卢布林协定》，波兰和立陶宛两国正式合并，称波兰立陶宛王国。1572 年，齐格蒙特二世死后无嗣，波兰的亚盖洛王朝结束。

40. 10 世纪前后，东斯拉夫各部在今乌克兰地区形成古罗斯人，建立起基辅罗斯国家。12 ~ 14 世纪，罗斯人逐渐分裂成俄罗斯、乌克兰和白俄罗斯三个支系。13 世纪，基辅罗斯被蒙古人的金帐汗国占领。约 14 世纪起，乌克兰人开始脱离罗斯，形成具有自身语言、文化和生活习俗的独立民族。13 ~ 15 世纪，乌克兰曾先后抗击蒙古、日耳曼及奥斯曼土耳其人的入侵；14 世纪起，又经历了立陶宛公国和波兰等国的统治。17 ~ 19 世纪，在第聂伯河中游以基辅、波尔塔瓦和切尔尼戈夫为中心的地区，形成了现代乌克兰民族。1654 年，乌克兰哥萨克首领赫梅利尼茨基与俄罗斯沙皇签订《佩列亚斯拉夫和约》，商请沙俄来统治东乌克兰，从此东乌克兰（第聂伯河左岸）与俄罗斯帝国合并。18 世纪，俄罗斯又先后将乌克兰和黑海北岸大片地区并入版图。至 1795 年，除加利西亚（1772 ~ 1918 年属于奥地利）外，乌克兰其余地区均被置于沙皇俄国统治之下。

41. 英文作 Belarus，旧译"别洛露西亚""别拉罗斯"。白俄罗斯的白，有西方之意；沙皇被称为白沙皇、白汗，即因其处于俄罗斯的西侧。白俄罗斯与俄罗斯、乌克兰同为起源于东斯拉夫人的三大民族。地处东欧平原，东北部与俄罗斯联邦为邻，南与乌克兰接壤，西同波兰相连，西北部与立陶宛和拉脱维亚毗邻。9 世纪末，白俄罗斯与现在的俄罗斯人和乌克兰人一道隶属于基辅罗斯，建立了波茨克、图罗夫 – 平斯克等公国。9 ~ 11 世纪，其大部分领土属于基辅罗斯。12 世纪，建立过公国。13 ~ 14 世纪，其领土附属立陶宛大公国。从 14 世纪起，并入立陶宛公国；1569 年，又归属于波兰立陶宛王国。18 世纪末沦为俄国的殖民地。

42. 又称摩尔达维亚公国。14 世纪罗马尼亚人在摩尔多瓦地区（喀尔巴阡山以东）建立的国家。1359 年，摩尔多瓦小贵族波格丹领导当地人民起义推翻匈牙利总督巴尔克的统治后建国，称波格丹一世。1364 ~ 1365 年，打败匈牙利王国取得独立。初称波格丹尼亚，土耳其人称波格丹（Bogdan），后更名为摩尔多瓦（Moldova）。14 世纪下半期至 15 世纪，还包括比萨拉比亚和布科维纳。首都先后为巴伊亚、苏恰瓦和雅西（1565 年起）。1456 年，向奥斯曼帝国纳贡。斯特凡大公在位期间，在巴伊亚附近打败匈牙利王国军队（1467），并在瓦斯卢伊之战（1475，高桥之战）中大败土耳其军队。1484 年土耳其占领基利亚和白堡等重镇，1487 年斯特凡大公被迫向苏丹纳贡。大公彼得鲁·拉雷什一度拒绝向苏丹纳贡，战败后沦为奥斯曼帝国属国，但拥有一定自治权。1711 年大公康捷米尔支持俄国沙皇彼得一世的普鲁特河远征，失败后，苏丹派遣法纳尔人为摩尔多瓦君主。俄土战争中多次被俄国军队占领。1774 年和 1812 年，所属布科维纳和比萨拉比亚地区先后并入奥地利和俄国。1821 年法纳尔制度被取消，复由当地土著任大公。1859 ~ 1861 年与瓦拉几亚合并。1862 年 1 月起称罗马尼亚公国。

43. 14 世纪罗马尼亚人在瓦拉几亚（Walachia 或 Wallachia，喀尔巴阡山与多瑙河之间地区）建立的国家。又称查拉·罗马尼亚斯卡（Ţara Românească），意为"罗马尼亚人的土地（或国家）"，或译"罗马尼亚国"。1324 年由巴沙拉布一世建立。1330 年，巴沙拉布一世率领由小贵族和自由农民组成的军队，打败匈牙利安茹王朝军队，取得独立，定都肯普隆格，后又以阿尔杰什河畔的库尔泰亚和特尔戈维什泰为都，1659 年后定都布加勒斯特。1359 年建东正教大主教区。1415 年被迫向奥斯曼帝国纳贡，后又成为其属国。多次起义反抗奥斯曼帝国的统治。16 世纪末，大公米哈伊（勇敢的）起兵，首次将瓦拉几亚、摩尔多瓦和特兰西瓦尼亚置于同一个政权之下，但旋即分裂。1716 年后，苏丹改派法纳尔人为君主。1821 年，法纳尔制度被废除。在土耳其与奥地利、俄国战争中，反复被奥地利军和俄军占领。1859～1861年与摩尔多瓦合并，1862年1月起，称罗马尼亚公国。

44. 英文作 Bohemia，捷克共和国的历史域名，捷克语称"捷克"，位于捷克共和国的西部和中部，约当今捷克共和国三分之二的领土。古代曾是凯尔特的分支——波伊人（Boii）的住地，故名。5世纪，西斯拉夫人的支系——捷克人（Czechs）移居于此。9世纪，为大摩拉维亚公国的一部分，后形成捷克公国，由普舍美斯王朝统治。1041年，成为神圣罗马帝国的采邑。1158年后，成为世袭的捷克王国（或称波希米亚王国），隶属神圣罗马帝国，领有摩拉维亚和西里西亚。1306年普舍美斯王朝告终，1310年后王位转归卢森堡王朝。该王朝在国王卡雷尔（即神圣罗马帝国皇帝查埋凶世）统治时最为繁荣。后捷克国王成为神圣罗马帝国七大选帝侯中的第一世俗选帝侯。15世纪初，兴起胡斯改革运动，1419～1437年进行胡斯战争。1471年后，由亚盖洛王朝统治。1526年起，属哈布斯堡王朝。1618年，捷克新教徒举行反对哈布斯堡王朝的起义，爆发了历时三十年的战争。1620年白山战役后，失去王国地位，事实上成为奥地利统治下的一个行省。1918年，加入捷克斯洛伐克共和国。1938年，希特勒利用波希米亚西部苏台德区德意志人的叛乱，迫使捷克斯洛伐克政府签订《慕尼黑协定》。次年，与摩拉维亚一道成为纳粹德国的"保护国"。二战后，捷克斯洛伐克恢复独立。

45. 见图4-29第3行左1。

46. 参见图4-29第1行左1。

47. 参见图4-32左侧纹章。

48. 参见图4-29第2行左1。

49. 参见图4-29第2行右1。

50. 参见图4-29第3行左1。

51. 参见图4-28右侧纹章。

52. 参见图4-29第3行中间之例。

53. 在波兰语中，什拉赫塔（Szlachta）的意思是"贵族"。

54. 见于第三类抽象图形纹章的罗列。

55. 见于第三类抽象图形纹章的罗列。

56. 见于第三类抽象图形纹章的罗列。

57. 见于第三类抽象图形纹章的罗列。

58. 见于第三类抽象图形纹章的罗列，但书中并无图示。

59. 该纹章前文未见提及。

60. 参见图 4-29 ～图 4-31。

61. 英文作 Gedymin 或 Gediminas，或译格底敏、格底敏纳斯（1275 ～ 1341），立陶宛大公，在位时间为 1316 ～ 1341 年，自称"立陶宛人和罗斯人的王公"，立陶宛公国首都维尔纽斯的建造者。1322 年，同马佐维亚（即马佐夫舍）王公签订同盟条约；1325 年，又同波兰王室缔结婚约。1331 年，给条顿骑士团以重创。又对罗斯实行兼并和干涉政策，先后迫使西部罗斯的明斯克、卢科姆斯克、德鲁茨克、别列斯季耶和德罗吉钦等地王公成为附庸。1340 年，将其子留巴尔特（Lubart，1300 ～ 1384，沃伦王公女婿）扶上沃伦公国王公之位。与特维尔公国结盟，干涉莫斯科公国的统一，力图将诺夫哥罗德和普斯科夫从罗斯领土中分裂出去。1341 年，在围攻骑士团盘踞的巴耶尔堡时阵亡。

62. 英文作 Kejstut 或 Kestutis，或译凯斯图特（1300 ～ 1382），1381 ～ 1382 年任立陶宛大公。格迪米纳斯之子，被委派管辖立陶宛公国南部和西部领土。格迪米纳斯死后，助兄奥尔格尔德夺取大公之位。长期在西部抵御条顿骑士团的侵袭；1370 年，与奥尔格尔德共率大军击败德意志人。奥尔格尔德死后，与侄亚盖洛（即后来的波兰国王兼立陶宛大公弗瓦迪斯瓦夫二世）争位。1381 年，自立为大公；次年，被亚盖洛俘获处死。波兰与立陶宛实现王朝联合，其子维托夫特（1352 ～ 1430）对此不满，复与亚盖洛争斗。1392 年，弗瓦迪斯瓦夫二世被迫接受他为立陶宛大公，条件是他必须承认对波兰国王的藩属关系、承认波立联合。1401 年，双方签订《维尔纽斯条约》对此加以确认，维托夫特遂正式成为立陶宛的大公。

63. 作者似乎将其兄奥尔格尔德（Olgierd 或 Algirdas）的在位时间也算到了凯斯图蒂斯的头上。

64. 参见图 4-28 中间一列。

65. 该纹章未见图示，他处亦未提及。

66. 切尔克斯人（Cherkesses）又译契尔卡斯人，他们自称为"阿迪根人"，卡巴尔达人

（Kabardians）为其东支。主要分布在俄罗斯卡拉恰伊－切尔克斯共和国和卡巴尔达－巴尔卡尔共和国。另有族群居住在土耳其、叙利亚、约旦、伊拉克和伊朗。他们属于欧罗巴人种，使用的卡巴尔达语属高加索语系阿迪根－阿布哈兹语族。

67. 阿布哈兹人（Abkhazians）为格鲁吉亚境内的少数民族，南高加索地区的居民。旧译"阿巴兹格人"，自称"阿普苏阿人"。主要分布在阿布哈兹自治共和国和阿扎尔共和国等地，土耳其也有留居。属欧罗巴人种，使用的阿布哈兹语属高加索语系阿迪根－阿布哈兹语族。

68. 阿巴扎人，俄文作 Абазины，为俄罗斯卡拉恰伊－切尔克斯共和国和阿迪格共和国境内的民族，在埃及、叙利亚、约旦也有分布。属欧罗巴人种，阿巴扎语属于高加索语系，与阿布哈兹语相近。

89. 也译尤比克人，在西北高加索语支中，他们的语言与阿布哈兹语的亲缘关系较近。

70. 高加索语系（Caucasian languages）通常被分为南、北高加索两个语族，其中北高加索语族又可进一步分为西北和东北两个语支。南高加索语族的语言包括格鲁吉亚语、斯万语等；西北语支中的代表有卡巴尔达语、阿布哈兹语等，东北语支与本书所说的中北部语群相近，包括车臣语、印古什语等，阿瓦尔语也被纳入其中。

71. 北高加索地区的居民，自称"卡拉恰伊拉人"，主要分布在俄罗斯卡拉恰伊－切尔克斯共和国，少数分布在中亚。为欧罗巴人种，但卡拉恰伊语却属阿尔泰语系突厥语族。

72. 巴尔卡尔人为北高加索居民，自称"陶卢人""马尔克阿尔人"，主要分布在俄罗斯卡巴尔达－巴尔卡尔共和国南部和西南部，少数居住在吉尔吉斯斯坦和哈萨克斯坦境内。属欧罗巴人种，但语言却隶属于阿尔泰语系突厥语族。

73. 那海汗国（The Nogai），又译诺盖汗国，得名于金帐汗国忙哥铁木尔汗时期的权臣——独眼将军那海。拔都的另一个弟弟别儿哥曾与忽必烈交战，在拔都死后接任金帐汗国大汗。那海为其手下大将，也是其侄孙。金帐汗国衰落，那海汗国析出。15 ～ 17 世纪，那海部落在里海、乌拉尔河与伏尔加河流域游牧，至卡尔梅克人到来为止。诺盖汗国主体在 1569 年被哈萨克汗国兼并，也使得哈萨克汗国取得了今天的西哈萨克斯坦。那海人是由阿瓦尔人、钦察人、可萨人、佩切涅格人与鞑靼人融合而成的突厥语民族。19 世纪初，大多数的那海人落户到了北高加索。

74. 唯独少了那海人，这是因为那海人的唐嘎不在讨论之列。

75. 英文作 Chechens，又称切钦人，自称纳赫乔人。北高加索地区的居民，主要分布在车臣 – 印古什自治共和国的中部和东部，以及达吉斯坦的哈萨维尤尔特地区。为欧罗巴人种高加索类型。车臣语分普洛斯科斯特、阿克金、切别尔洛耶夫等 7 种方言，属高加索语系达吉斯坦语族。7 世纪亚美尼亚史书中就有关于他们的记载，称其为"纳赫恰马强"。中世纪早期，其居住地隶属阿兰人建立的国家，13 世纪蒙古人侵入。15 ~ 16 世纪车臣人开始移居到捷列克河及其支流松日河等流域。19 世纪中期被沙俄兼并。20 世纪初，按住地划分成大、小车臣两部分。平原地区的车臣人主要从事农业，山区居民以畜牧为生。

76. 英文作 Ingush，自称"加尔盖人"，为北高加索地区的一个民族。"印古什"一词起源于他们最早居住的村落名。主要分布在车臣 – 印古什自治共和国西部的山前地带以及大高加索山脉中部山区。印古什人为欧罗巴人种高加索类型，印古什语，属高加索语系达吉斯坦语族。印古什人与其近亲车臣人都是当地古代居民的后裔。中世纪早期，其住地属阿兰人建立的国家。13 世纪蒙古人入侵。16 ~ 17 世纪开始从山区迁居平原，到 19 世纪中叶多数已在平原定居。19 世纪上半叶被沙俄兼并。平原地区的居民主要从事农业，山区居民从事畜牧业和园艺业。

77. 图 4-40 中左侧者属卡尼村，右侧者属米德库。

78. 正文关于符号和铭文数量的叙述似乎是将两块门板搞错了。

79. 三例集中在一块门板上，即卡尼村的门板上。

80. 参见图 4-40 右侧门板的右上角。

81. 参见图 4-41 和图 4-40 右侧门板的左下角。

82. 参见图 4-41 和图 4-40 右侧门板的左上角。

83. 未见图示。

84. 王以铸译 :《希罗多德历史（全两册）》，商务印书馆，1997 年，第 289 页 :"不管他们举行什么样的祭祀，奉献牺牲的方式都是一样的。奉献的方法是这样的。牺牲的两个前肢缚在一起，用后面的两条腿立在那里 ;主持献纳牺牲的人站在牺牲的背后牵着绳子的一端，以便把牺牲拉倒 ;牺牲倒下去的时候，他便呼叫他所献祭的神的名字。在这之后，他便把一个环子套在牺牲的脖子上，环子里插进一个小木棍用来扭紧环子，这样把牺牲绞杀。奉献之际不点火，不举行预备的圣祓式，也不行灌奠之礼。但是在牺牲被绞杀，而它的皮也被剥掉之后，牺牲奉献者立刻着手煮它的肉。"

85. 此处"16页图"系原书页码，指本书图 1-2。

86. 英文作 Ataman，或译阿达曼，系哥萨克军队首领和行政官名；源于突厥语，意为"长老""首领"。充当哥萨克军最高首领时，又称全军阿塔曼。初经选举产生，1718 年起，由俄国沙皇政府任命，又称委任阿塔曼。扎波罗热营地哥萨克军首领，称军营阿塔曼，还有出征阿塔曼、分队阿塔曼等。作为行政长官，有区阿塔曼、部门阿塔曼、村镇阿塔曼、农庄阿塔曼等。

87. 曼西人（俄文 Манси），旧称"沃古尔人"（Вогуличи）。汉特人，自称 Khanti、Khande、Kantek，亦称奥斯恰克人（Ostyak）。两者主要居住在汉特 - 曼西自治区，该地区在古代被称为"尤格拉"。他们分布在乌拉尔山以东，沿着鄂毕河及其支流，从乌拉尔山脉和狭窄的山麓丘陵地带，一直延伸到地势渐向鄂毕湾倾斜的、广阔的中央低地。曼西人和汉特人在族源、语言、历史和文化等方面有诸多共同点。其族源可追溯到 1 世纪中叶额尔齐斯河流域的草原乌戈尔部落。后来一些部落迁至鄂毕河下游，逐渐形成新的民族，以捕鱼和狩猎为生，生活方式为半定居半游牧。曼西语和汉特语相近，也与匈牙利语有关，这些语言共同组成乌拉尔语系的乌戈尔语支。他们的部落都由若干氏族组成，每个氏族崇拜一个祖先，同时拥有一个祖先或多个前辈英雄的名字，以及一个标示氏族所有权的唐嘎和一处圣地。

88. 德语。

89. 德语。

90. 德语。

91. 德语。

92. 这是一个萨满教概念，就是一个地方的神、一种动物的神的意思，但不知专业译法是什么。

93. 英文作 Magyars，是匈牙利人的自称。马扎尔语属乌拉尔语系芬兰 - 乌戈尔语族。5 世纪中期，马扎尔人从乌拉尔地区迁入北高加索游牧，与可萨人和突厥部落有较多联系。9 世纪末，因佩彻涅格人的压力，经南俄草原向西迁徙，先进入今罗马尼亚，曾打败过保加利亚王国军队，后被迫向北进入多瑙河中游的潘诺尼亚，并在此建立国家（约 896），共有七个部落，其中马扎尔部落最强，故名马扎尔人。公元 906 年，攻灭大摩拉维亚公国，占领斯洛伐克的大部分地区。公元 955 年，在莱希费尔德战役中，被德意志国王奥托一世击败，此后逐渐向定居农业生活转变。约 1000 年，大公伊什特万一世称国王，建立匈牙利王国。长期与其他芬兰－乌戈尔部落、当地的匈人、日耳曼人、斯拉夫人融合，从而形成匈牙利人。

94. 匈牙利王国的第一个王朝（997～1301）。约公元 896 年，马扎尔人首领阿尔帕德在潘诺尼亚（今匈牙利一带）建立国家，为王朝始祖。公元 997 年，伊什特万一世继大公位，约 1000 年称国王。不久，接受天主教为国教。1241～1242 年遭蒙古军入侵。1301 年，安德拉什三世死，王朝告终，由议会选举捷克的瓦茨拉夫（即后来的捷克国王瓦茨拉夫三世）为国王（称文采尔，1301～1304）。1304 年，文采尔的统治被推翻，几经争夺，在教皇支持下，王位落入查理·罗伯特（安茹）手中，建立安茹王朝。

95. 从时间来看，应即伊什特万一世。伊什特万一世奉天主教为国教，加冕为国王，并从教皇处得到王冠，故获称圣·斯蒂芬。圣·艾蒂安之名的由来未能查到。

结 论

作为一种标记，无论从形式还是到内涵，唐嘎都与史前时代以来不同文化独自发展出的各种标记系统彼此相近。让唐嘎变得与众不同的，是它们所产生的文化背景和它们的特殊用途：唐嘎既是生产者的标记，也是所有权的标记；既可代表个人，却更为经常地被用作集体的象征；在草原游牧文化中，它们虽然主要用于标记牲畜，但也兼具纹章的、近乎排他性的作用。生意人或手工工匠的商标，甚至饲养者的标记，都只有专门的、极为有限的用途，并且与政治象征毫无瓜葛，而唐嘎却担负着群体或首领的"纹章"职能。

唐嘎出现的时间和地域尚难确论，这主要归咎于它们与功能不完全相同的标记之间，在外表上的形似。"真正的"唐嘎根本上应该是一种与游牧文化相关的事物，并且可能是在公元前第一千纪的下半叶之后，由游牧文化发展出来——当然，这并不排除外来的影响。

显然，唐嘎图案脱胎于多种事物，是动物（和人物？）形象的图案化，这说法具有一定的道理，并且也从各种线索中找出了佐证。但必须承认，在同一文化中（例如萨尔马泰-阿兰文化），蜕变到难以辨识程度的图形与更具写实性的图形相互并存。唐嘎同样可以表现某些物品。还有一些唐嘎可能是由纯粹的几何图形构成，在具体的文化背景中甚至还往往带着特殊的含义。再有一些唐嘎则可能来自巫术-宗教符号，尽管唐嘎本身大多并不具备宗教功能。实际上，因为存在着从相邻民族的文字〔阿拉伯、西里尔、维吾尔（ouïghours）/ 蒙古、藏族文字等］借用图形的例子，这就表明唐嘎几乎可以从任何事物中信手拈来（图 1）。

唐嘎是草原文明的一种典型要素。因而，它们和草原文明的其他要素一样经历着双重的传播：一种是内部的传播，从古代到中世纪和现代，随着以伊朗语为主的民族浪潮向以突厥 - 蒙古语为主的民族浪潮的过渡而发生；另一种是外部的传播，伴着游牧民族对游牧世界周边众多定居文化所施加的影响而发生。反过来，它们和牧人的生活方式一道，也曾被以塞尔柱和奥斯曼统治精英为代表的定居下来的群体所抛弃。

时至今日，唐嘎只在范围有限的局部地区残存着，例如蒙古和西北高加索等少数地方（此外，中东欧带有"唐嘎型"图案的"波兰"纹章也还在使用）。个别的唐嘎或类似于唐嘎的符号，被固化成民族的象征或政治的标志，由此嬗变为时过境迁的古代唐嘎系统的化石遗存：半岛鞑靼人旗帜上克里米亚可汗的唐嘎、充当乌克兰民族象征的基辅大公的"三叉戟"，诸如此类，不一而足。

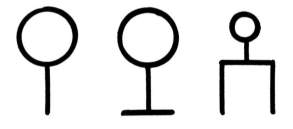

图 1　不同时期和不同文化中都能见到的三种唐嘎
左：在萨尔马泰人、鞑靼和巴什基尔人、那海鞑靼人、
阿巴扎 - 阿布哈兹人、匈牙利人中都出现过。
中：在帕提亚人、成吉思汗后裔（gengiskhanides）的
蒙古人、阿巴扎人、卡巴尔达人中都能见到。
右：见于萨尔马泰人、金帐汗国、阿巴扎人、卡巴尔达
人和奥塞梯人。
视具体情况，这些符号呈现出的相似或一致，可以被解
释成巧合、唐嘎所有者之间存在亲缘关系，以及由模仿
或授权等造成的传播。

除此之外，唐嘎主要变为研究的对象。我们已经阐明，唐嘎能够提供若干种类的信息，也提醒过在使用这些材料时必须保持审慎。在我们看来，单凭唐嘎提供的信息就得出重要的历史推论，那属于一种冒险之举，如 B. I. 温伯格和 E. A. 诺夫戈罗多娃的假说即是一例：他们认为原始萨尔马泰 - 阿兰人（proto-Sarmato-Alains）是由西部蒙古迁徙而来。除了纯属巧合的相似——对于那些最为简单的图形来说，这一点尤难避免——之外，不同文化或不同时期的唐嘎所呈现出的雷同甚至完全一致，显然透露出其中存在着某种形式的接触或传承；这样的图形大概并不在少数。

不管怎样，在材料搜集和比较研究方面，对于唐嘎的探索都应该被持续下去。以今天的档案技术，我们可以憧憬建构起这样一部唐嘎的演变图集：汇集起所有已知的唐嘎，并允许按照文化、时代以及形态做出分类。纹章学家的某些方法也应该被吸收到此项工作中去。

附录：唐嘎在各种语言中的名称

　　唐嘎（tamga）是个阿尔泰语名词，在该语系的众多语言中都能找到，只是发音上存在着细微的差别（有的词首齿音是清辅音，有的是浊辅音；有的在两个辅音间带有辅助元音，有的则没有；有的用 g，有的用 ǧ）：鞑靼语[1] 是 tamga、突厥语是 damga、古典蒙古语（mongol classique）是 tamaǧa 等，而满语作 temgetu。在各种语言中，这个词的含义都是"标志符号"（signe emblématique）、"印章"（sceau）和"印记"（empreinte）。

　　该词被各种印欧语系语言借用，如东斯拉夫语中通作 tam[ǔ]ga "贡物"，乌尔都语（urdu）[2] 作 tamǧa "徽章（médaille）、勋章（décoration）"，以及被高加索语系语言，如格鲁吉亚语 damǧa、卡巴尔达语 damuǧä 等所借用。

　　有关这一阿尔泰语词汇的起源存有争议，有人甚至将它和词根 *demH2- "驯养"联系起来，说它起源于印欧语：赫梯语（hittite）damaš- "约束"、梵语 dam-、哥特语 ga-tamjan、拉丁语 domare、希腊语 δαμάζω 等（P. Wang，1995；这种观点也见于另外一些稀奇古怪的理论，它们认为阿尔泰语中存在着古英语词汇），那么唐嘎就应该是打在驯养动物身上的印记。不过，需要注意的是，尽管在印欧语的各个分支中，伊朗语是最有可能被阿尔泰语系语言借用词汇的一个分支。尽管印欧语"驯养"一词在伊朗语支的各种语言中广泛存在，如奥塞梯语（ossète）domyn "驯化、约束等"、波斯语 dām "被驯养的动物"，但这些语言中的"唐嘎"一词却始终是以阿尔泰语借词的形式出现，例如奥塞梯语 *damǧ/damǧä/damuǧa* "符号、字母"。

实际上我们并不清楚古时候的伊朗语游牧民族是怎么来称呼唐嘎的。各种伊朗语中普遍见有一个专门用来指称标志符号（signe emblématique）的词汇，其词根是印度 - 伊朗语（indo-iranien）的 **nikšana-*：粟特语 *nγšn-* ＝ **nixšan-*，巴列维语（Pehlevi）*niš/nišān*，舒格尼语（choughni）[3] *nixūn*，波斯语 *nišān*，库尔德语（kurde）*nišan*。因此，萨尔马泰 - 阿兰人或塞人的各种方言中，可能也有一个类似 **nixšan-* 的词汇。

波斯语表示标志符号的 *nišān*，同样也被其他的许多语言所借用（突厥语 *nišan*、奥塞梯语 *nysan*、亚美尼亚语[4] *nšan*、格鲁吉亚语 *nišani*、卡巴尔达语 *näšan*，甚至还有俄语意为 "对象" 的 *mišen'*）。

在很多语言中，指称唐嘎或类似标志(emblème)的词汇通常都包含有"符号""标记"（marque）的意思。例如，俄语的用词是 *tavro* "标记" 或 *znamja* "标志"，而 Kh. 亚赫塔尼戈夫提到阿巴扎语中存在着 *dzarna* 一词，如此等等。

译者注

1. 属阿尔泰语系突厥语族克普恰克语支。

2. 巴基斯坦的国语，也是印度宪法承认的语言之一，属印欧语系印度语族，主要分布于巴基斯坦和印度等国。8 世纪，穆斯林进入南亚次大陆，带来了阿拉伯语、波斯语和突厥语，这些语言和北印度的民间俗语萧尔斯尼语相结合，形成了早期的乌尔都语。11 世纪穆斯林建都德里时，近代乌尔都语已基本形成。1200 ~ 1800 年，在德里王朝和莫卧儿帝国的统治时期，乌尔都语再次受到波斯语、突厥语和阿拉伯语的影响。乌尔都语跟印地语非常相似，它们之间最重要的区别在于，前者用阿拉伯字母书写，而后者用天城体字母书写。

3. 帕米尔地区的一种语言，没有查到正式的译名。

4. 一般将亚美尼亚语析作印欧语系的一个独立语族，但部分语言学家将亚美尼亚语、弗里吉亚语及印度 - 伊朗语一并归为印欧语系下的一个语族。最近也有学者提出，将希腊语、亚美尼亚语、弗里吉亚语及阿尔巴尼亚语归入印欧语系下的"巴尔干语族"。

参考文献

Amgalan, M., *Baruun Mongolčuudyn edijn soëlyn dursgalt züjls/The Cultural Monuments of Western Mongolia*, Monsudar, Oulan-Bator (?), 2008.

Antičnye gosudarstva Severnogo Pričernomor'ja, Moscou, 1984.

[Astvatsatourian, E. G.] = Astvacaturjan, E. G., *Oružie narodov Kavkaza*, Saint-Pétersbourg, 2004.

[Atchkokrakly, O.] = Açkokraklı, O., *Kırımda Tatar tamgaları*, Bakhtchisaraï, 1926; Ačkokrakly, O., *Tatarskie tamgi v Krymu*, Simferopol, 1927.

Axmerov, R. B., *Naskal'nye znaki i ètnonimy Baškir*, Oufa, 1994.

Babeş, M., "Ein Tamga-Zeichen aus der dakischen Siedlung von Ocniţa *(Buridava)*", *Transsilvanica*, Verlag Marie Leidorf, Rahden/Westf., 1999.

Badarch, N., *The Coins of Mongol Empire and Clan Tamgha of Khans*, Ulaanbaatar (Oulan-Bator), 2005; *The Coins of Chingis Khan*, Ulaanbaatar (Oulan-Bator), 2006.

Baski, I., "Tamgas and Names (A Contribution to the Tatar Ethnogenesis)", *Originea Tatarilor*, Kriterion, Bucarest, 1997.

[Battchaïev, V.M.]= Batčaev, V.M., *Iz istorii tradicionnoj kul' tury Balkarcev i Karačaevcev*, Nal'tchik, 1986.

Batsajxan, C., *Mongolyn èrtij ulsuudyn zoos*, Ulaanbaatar (Oulan-Bator), 1998.

Beldiman, C., "Semne de tip tamga din Dacia preromană", *Thraco-Dacica* t. XI , n° 1-2, Bucarest, 1990.

[Beletski, S.] = Beleckij, S., "Lično-rodovye znaki knjazej-Rjurikovičej", article sur Internet (rustrana.ru).

Blancou, J., "Histoire de la traçabilité des animaux et des produits d'origine animale", *Revue scientifique et technique de l' Office international des épizooties*, 20 (2), 2001.

Boardman J., "Seals and Signs, Anatolian Stamp Seals of the Persian Period Revisited", *Iran*, vol. XXXVI, 1998.

Bóna, I., "Studien zum frühawarischen Reitergrab von Szegvár", *Acta archaeologica Academiae scientiarum hungariae*, 32 (1-4), Budapest, 1980.

Boss, R., "The Sarmatians and the Development of Early German Mounted Warfare", *Ancient Warriors* vol. I, Stockport, 1994.

[Bouchakov, V.] = Bušakov, V., "Pro poxodžennja rodovoho znaka Rjurykovyčiv", *Znak* n° 5, févr.1994.

Brzezinski, R., Mielczarek, M., Embleton, G., *The Sarmatians*, Osprey, Oxford, 2002.

Castagné, J., "Les tamgas des Kirghizes (Kazaks)", *Revue du monde musulman*, n° 47, 1921.

Chadburn, C., "L'armement des guerriers daces", *Prétorien*, n ° 14, avril-juin 2010.

Čugunov, K.V., Parzinger, H., Nagler, A., *Der Goldschatz von Aržan*, Schirmer/Mosel, 2006.

Damdisuren, A., Hulan, B., *Coins of Mongolia*, Ulaanbaatar (Oulan-Bator), 1993.

De l'Indus à l'Oxus, archéologie de l'Asie Centrale, Imago—Musée de Lattes, 2003.

Doblhofer, E., *Le déchiffrement des écritures*, Arthaud, Paris, 1959.

[Dratchouk, V.S.]=Dračuk, V.S., *Sistemy znakov Severnogo Pričernomor'ja*, Kiev, 1975.

Efimova, T., "Votic Family Symbols and Property Marks", *Folklore, Electronic Journal of Folklore*, n° 18-19, Tartu, 2001.

Faîzov , S., "Tuhry kryms'kyx xaniv i prynciv u xudožnij strukturi šertnyx hramot i poslan'peršyx osib Krymu", *Znak* n° 1, 1993.

Fetisov, A., Galkova, I., "The 'Rurikid Sign' from the B3 Church at Basarabi-Murfatlar", *Studia Patzinaka*, 4.1, 2007.

[Fliorova, F.] = Flërova, F., "Nenašenskie pis'mena", *Rodina* 3-4, 1997; *Graffiti Xazariji*, Moscou, 1997.

France-Lanord, A., "Un cimetière de Lètes à Cortrat (Loiret)", *Revue Archéologique*, fasc.1, 1963.

Gans-Ruedin, E., *Le tapis du Caucase*, Paris, 1986.

Germanen, Hunnen und Awaren, Germanisches Nationalmuseum, Nuremberg, 1987.

Grigoriantz, A., *Etrange Caucase*, Fayard, Paris, 1978.

Grousset, R., *L'empire des steppes*, Payot, Paris, 1939 et rééditions.

Heath, I., *Armies of the Middle Ages*, Wargame Resarch Group, 1984.

Heidemann, S., "Münzen—Dokumente zur Politik, Wirtschaft und Kultur des Mongolenreichs", *Dschingis Khan und seine Erben*, Hirmer Verlag, Munich, 2005.

Hofmeyer, G., *Die Haus- und Hofmarken*, Berlin, 1870.

Humbach, H., "Die sogennante sarmatische Schrift", *Die Welt der Slawen*, 4, n° 3, 1961.

Huyse, P., *La Perse antique*, Les Belles Lettres, Paris, 2005.

Hyland, A., *Equus, the Horse in the Roman World*, Yale University Press, 1993.

[Iakhtanigov, Kh.] = Jaxtanigov, X., *Severokavkazskie tamgi*, Nal'tchik, 1990.

[Iatsenko, S. A.] = Jacenko, S. A., "Plity-ènciklopedii tamg v Mongolii i Sarmatii", *Severnaja Evrazija ot drevnosti do Srednevekov'ja*, Saint-Pétersbourg, 1992.; "K izučeniju 'ènciklopedıj' tamg Ničnego Dona I-Ⅲ vv.N.è.", *Problemy arxeologii Jugo-Vostočnoj Evropy*, Rostov-sur-le-Don, 1998. *Znaki-tamgi iranojazyčnyx narodov drevnosti i rannego Srednevekov'ja*, Moscou, 2001.

Ihnatenko, I., "Znaky na cehli drevn'oho Černihova", *Znak* n ° 9, 1995.

[Il'iasov, Dj. Iou.] = Il'jasov, Dž. Ju., "O proizxoždenii tamgi samarkandskix pravitelej", *Materialy meždunarodnogo seminara, posvjaščennogo 2750-letiju Samarkanda*, Tachkent, 2007.

Inkova, M., "Un ceinturon bulgare du haut Moyen Age découvert dans un sarcophage de pierre de la grande basilique de Pliska", *De l'âge du Fer au haut Moyen Age*, Société française d'archéologie mérovingienne, 2006.

Ishaky, A., *Idel-Ural*, Paris, 1933.

Ishjamts, N., "Nomads in Eastern Central Asia", *History of Civilizations of Central Asia*, vol.2, UNESCO, 1996.

Istvánovits, E., Kulcsár, V., "Some Considerations about the Religion, Tribal Affiliation and Chronology of the Sarmatians of the Great Hungarian Plain", *Annali*, Istituto universario orientale, vol. 58, fasc.1-2, Naples, 1998; "Szarmata nemzetségyelek a Kárpát-Medencében", *Arrabona, Múzeumi közlemények*, 44/1, 2006.

Istvánovits, E., Kulcsár, V., Carnap-Bornkheim, C.von, "Some Traces of Sarmatian-Germanic Contacts in the Great Hungarian Plain", *Kontakt-Kooperation-Konflikt, Germanen und Sarmaten zwischen den 1. und 4. Jahrhundert nach Christus*, Wachholtz Verlag, 1998.

Jänichen, H., *Die Bildzeichen der königlichen Hoheit bei den iranischen Völkern*, Bonn, 1956.

Jettmar, K., *L'art des steppes*, Albin Michel, Paris, 1965.

[Kaloïev, B. A.]= Kaloev, B.A., *Material' naja kul' tura i prikladone isskustvo Osetin*, Moscou, 1973.

Kalter, J., *Arts and Crafts of Turkestan*, Thames & Hudson, Londres, 1984.

Karatay, A., "The State of Idel-Ural", *The Ukrainian Quarterly*, vol. XVIII, n°4, 1962.

Karpov, G., "Tagma" [sic !], *Turkmenovedenie*, n°3-4, 1929.

Kazanski, M., "Un témoignage de la présence des Alano-Sarmates en Gaule: la sépulture de la Fosse Jean-Fat à Reims", *Archéologie médiévale* XVI, 1986.

Khromov, K. K., "Golden Horde Coins from Solkhat", *as-Sikka*, vol.2-3, hiver 2000 (sur Internet).

Klejnody Ukrajiny, Kiev, 1991.

Kočeev, V. A., "Znaki na strelax", *Problemy izučenija kul' turno-istoričeskogo nasledija Altaja*, Gorno-Altasïk, 1994.

Kononov, A. N., *Rodoslovnaja Turkmen*, Moscou/Léningrad, 1958.

[Kouznetsov, V. A.] = Kuznecov, V. A., *V verxov'jax Bol' šogo Zelenčuka*, Sneg, Piatigorsk, 2008.

Kouznetsov, V., Lebedynsky, I., *Les Alains, cavaliers des steppes, seigneurs du Caucase* (2^{éme} édition), Errance, Paris, 2005.

Kuzych, I. "The Trident, from Kyiv to Vilnius ? ", *The Ukrainian Weekly*, 2/7/2000.

László, Gy., *L'art des nomades*, Cercle d'art, Paris, 1971.

Lavrov, L. I., "Kavkazskie tamgi", *Istoriko-ètnografičeskie očerki Kavkaza*, Léningrad, 1978.

Lebedynsky, I., "Tamgas, Flag Emblems from the steppes", *The Flag Bulletin* n°184 (vol.XXXVII, n° 6), novembre-décembre 1998; "*Tamhy*, abo stepova 'heral'dyka'", *Znak* n° 22, septembre 2000; "*Tamga*—une héraldique des steppes", *L'Archéologue* n° 76, févriermars, 2005; *Les Saces, les "Scythes"d'Asie*, Errance, Paris, 2006; *Les Nomades* (2^{éme} édition), Errance, Paris, 2007; *Armes et guerriers du Caucase*, L'Harmattan/Voix du Caucase, Paris, 2008; *Témoignages anciens sur les Tcherkesses*, L'Harmattan/Voix du Caucase, Paris, 2009; "Le tamga sarmate de Reims", *D'Ossétie et d'alentour* n° 22, janvier 2009; *Scythes, Sarmates et Slaves*, L'Harmattan/Présence Ukrainienne, Paris, 2009; *Les Scythes* (2^{éme} édition), Errance, Paris, 2011.

MacGregor, A., "Swan Rolls and Beak Markings. Husbandry, Exploitations and Regulation of *Cygnus Olor* in England c. 1100-1900", *Archeozoologia* 2, 1996.

Maenchen-Helfen, O., *The World of the Huns*, University of Berkeley Press, 1973.

Mamiev, M. E., Slanov, A. A., "Svody osetinskix tamg", *Istoriko-filologičeskij arxiv*, n° 1, Vladikavkaz, 2004.

Medvedev, A. P., *Sarmaty v verxov'jax Tanaisa*, Moscou, 2008.

[Mochkova, V. B.] = Moškova, V. B., "Plemennye 'goli', v turkmenskix kovrax", *Sovetskaja ètnografija*, Moscou/Léningrad, 1946; *Kovry narodov Serdnej Azii konca 19-načala 20 vv.*, Tachkent, 1970.

Mode, M., "Heroic Fights and Dying Heroes.The Orlat Battle Plaque and the Roots of Sogdian Art", *Ērān ud Anērān*, Webfestschrift Marshak, 2003.

[Mouratov, B.A.] = Muratov, B. A., "svjaščennye rodovye totemy Baškir" (article sur Internet).

Müller, U., *Der Einfluß der Sarmaten auf die Germanen*, Peter Lang Bern, Berne, 1998.

Nadel, B., "Uwagi metodyczne o badaniach nad tzw. Zagadkowymi znakami Pólnocnego Nadczarnomorza z okresu antycznego", *Archeologia* XIII, Varsovie, 1963.

Nickel, H., "Tamgas and Runes, Magic Numbers and Magic Symbols", *Metropolitan Museum Journal*, vol. 8, 1973.

Niesiecki, K., *Korona Polska przy złotey wolnosci starożytnemi Rycerstwa Polskicgo y Wielkiego Xlęstaw Litewskiego kleynotami naywyższymi Honorami Heroicznym, Męstwem y odwagą, Wytworną Nauką a naypierwey Cnotą, nauką Pobożnością, y Swiątobliwością ozdobiona Potomnym zaś wiekom na zaszczyt y nieśmiertelną słanę Pamiętnych w tey Oyczyźnie Synow podana*, Lviv (Lwów), 1738.

Nikonorov, V. P., *Armies of Bactria*, Montvert, Stockport, 1997.

Nour, R., "Tamga ou tag, marque au fer chaud sur les chevaux, à Sinope", *Journal asiatique* n° 212, 1928.

[Ol'khovski, V. S.]=Ol'xovskij, V. S., "Tamga (k funkcii znaka)", *Istoričesko-arxeologičeskij al'manax*, n° 7, Armavir, 2001.

Ossendowski, F., *Bêtes, hommes et dieux*, Paris, 1924 (original anglais: *Beasts, men and gods*, 1921). *L'homme et le mystère en Asie*, Paris, 1925.

Pallas, P. S., *Reise durch Verschiedene Provinzen des Rußischen Reiches*, Saint-Pétersbourg, 1771-1776.

Perses Sassanides, fastes d'un empire oublié (224-642) (Les), Paris Musées/ Findakly, 2006.

Piddubnjak, O., "Dokument z pečatkoju Dmytra Vyšnevec'koho", *Znak* n° 11, 1996.

Polo, M., *Le livre des merveilles*, trad. L. Hambis, Club du livre. Paris, 1977.

Randers-Pehrson, J. D., *Barbarians & Romans, the Birth Struggle of Europe, AD 400-700*, University of Oklahoma Press, 1983.

Renaut, L., *Marquage corporel et signation religieuse dans l'Antiquité*, thèse de doctorat, Ecole pratique des hautes études, 2004.

Rintchen, BI., "Les signes de propriété chez les Mongols", *Archiv orientální* XXII, 1954.

[Riabtchikov, S.]＝Rjabchikov, S., "Some remarks on Scythian and Sarmatian Religion", article sur Internet, 2002; "On some Scythian and Sarmatian symbols", article sur Internet, 2003.

Roux, J. -P., *Tamerlan*, Fayard, Paris, , 1991.

Rudenko, S. I., *Frozen Tombs of Siberia*, University of California Press, Berkeley, 1970.

[Ryndine, M. V.] ＝ Ryndin, M. V., *Kirgizskij nacional' nyj uzor*, Léningrad-Frounzé, 1984.

Schiltz, V., *Les Scythes et les nomades des steppes*, Gallimard, Paris, 1994; "Les Sarmates entre Rome et la Chine. Nouvelles perspectives", *Comptes-rendus des séances de l'Académie des inscriptions et belles-lettres*, vol. 146, n°3, 2002.

Schorsch, D., "The Vermand Treasure: A Testimony to the Presence of the Sarmatians in the Western Roman Empire", *Metropolitan Museum Journal* n°21, 1986.

Simonenko, A. V., "Farzoj i Inismej: Aorsy ili Alany？", *Vesnik drevnej istorii* 202, 1982; "Farzoj i Inismej: 'veličajšie cari Aorsii'", *Drevnij mir* n° 1, Kiev, 2001. (＝Symonenko, O. V.), "Sarmats'ke poxovannja z tamhamy na terytoriji Ol'vijs'koji deržavy", *Arxeolohija*, n° 1, Kiev, 1999.

[Simtchenko, Iou. B.]＝Simčenko, Ju. B., *Tamgi narodov Sibiri XVll veka*, Moscou, 1965.

[Sitchynsky, V.] ＝ Sičyns'kyj, V., *Ukrajins'kyj tryzub i papor*, Winnipeg, 1953.

Smagulov, E. A., Demidenko, S. V., Erzhigitova, A. A., "On the Origin of One Dynasty of the Ancient Chach (Middle Syrdarya Region)", *Transoxiana* 14, août 2009.

Smagulov, E., Yatsenko, S., "Sidak Sanctuary−One of the Religious Centers of Pre-Islamic Transoxiana", article sur Internet (Transoxiana. org).

Smith, W., "New Symbols, Names, and State Structures in the Former USSR", *The Flag Bulletin*, n° 148-149, 1992.

Solomonik, E. I., *Sarmatskie znaki Severnogo Pričernomor'ja*, Kiev, 1959.

Speransov, N. N., *Zemel'nye gerby Rossii*, Moscou, 1974.

Stepi Evropejskoj časti SSSR v skifo-sarmatskoe vremja, Moscou, 1989.

Ströhl, H. G., *Heraldischer Atlas*, Stuttgart, 1899.

Sulimirski, T., *The Sarmatians*, Thames & Hudson, Londres, 1970.

[Symonenko, A. V., Lobaï, B. I.] = Symonenko, A. V., Lobaj.B. I., "Pro etničnu naležnist'Farzoja i Inismeja", *Arxeolohija* 1, Kiev, 1989.

Sytyj, I., "Pečatky XVI st.", *Znak* n° 12, 1996.

Tapis caucasiens (Les), Léningrad, 1984.

Tapis du monde entier, Nathan, Paris, 1986.

Tárkány Szücs, E., "Eingebrannte Eigentumsmarke des Viehs in Ungarn", *Acta Ethnographica Academiae Scientiarum Hungaricae*, t. XVII, fasc. 3-4. Budapest, 1968.

Tesori dei kurgani del Caucaso settentrionale (I), De Luca edizioni d'arte, Rome, 1990.

[Tikhonovitch, V.] = Tixonovič, V., "Kul'tura ornamenta turkmenskogo kovra", *Turkmenovedenie*, Avril-mai 1930.

Tokarev, S.A., *ètnografija narodov SSSR*, Moscou, 1958.

[Tourtchaninov, G.F.] = Turčaninov, G.F., *Pamjatiniki pis'ma i jazyka narodov Kavkaza i Vostočnoj Evropy*, Léningrad, 1971.

[Trembitsky, V.] = Trembic'kyj, V., "Istoryčni ta pravni osnovy ukrajins'koho deržavnoho herbu", *Pravnyčyj visnyk Tovarystva ukrajins'kyx pravnykiv v ZSA*, 3a knyha, New York, 1970; = Trembitsky, W., "Flags of non-Russian Peoples under Soviet Rule", *The Flag Bulletin*, vol. VIII, n°3, 1969.

Triarskij, E., "Tamgı tjurkskix plemen iz Bolgarii", *UAJG* n°47, 1975.

Waddington, C. H., "Horse Brands of the Mongolians: a System of Signs in a Nomadic Culture", *American Ethnologist*, vol. 1, n° 3, 1974.

Wang, P., "Indo-European Loanwords in Altaic", *Sino-Platonic Papers* n°65, févr, 1995.

Weinberg, B. I., Novgorodova, E. A., "zametki o znakax i tamgax Mongolii", *Istorija i kul'tura narodov Srednej Azii*, Moscou, 1976.

Whitehead, R. B., *Catalogue of coins in the Panjab Museum, Lahore*, Oxford, 1914.

[Zasetskaïa, I.] = Zaseckaja, I. P., *Kul'tura kočevnikov južnorusskix stepej v gunnskuju èpox (konec IV-V vv.)*, Saint-Pétersbourg, 1994.

Zolotoy vek russkogo oružejnogo isskustva, Moscou, 1993.

[Zoubar', V. M., Rousaïéva, A. S.] = Zubar', V. M., Rusaeva, A.S., *Na beregax Bospora Kimmerijskogo*, Kiev, 2004.

[Zouïev, Iou. A.] = Zuev, Ju. A., "Tamgi lošadej iz vassal'nyx knjažestv", *Trudy Istoričeskogo, arxeologičeskogo i ètnografičeskogo instituta* vol. 8, Académie des sciences de la R. S. S. du Kazakhstan, Alma-Ata, 1960.

译后记

《唐嘎——草原民族的"纹章"》(以下简称《唐嘎》)是 I. 莱贝丁斯基教授众多作品中的一部，该书 2001 年由巴黎漫步出版社出版。I. 莱贝丁斯基 1960 年出生于巴黎，是位乌克兰裔的法国历史学家，专长于草原和高加索地区古代武士文化的研究，自 1997 年起担任巴黎法国国立东方语言文化学院教授，讲授乌克兰历史。I. 莱贝丁斯基精通斯拉夫语，他的写作风格承袭了 R. 格鲁塞《草原帝国》的传统，在博采诸家观点的基础上，融入自己的观察和思考，从而集成一幅宏大的历史画卷。

如书中所言，唐嘎是欧洲学术界从阿尔泰语舶来的借词，主要用作族徽/纹章、所有权和生产性的标志，我国以往的翻译或作汤姆嘎，或作马印、印记等。相较而言，意译很难将该词包含的多重含义表达出来，故本书沿用音译的做法，并遵循了法语的读音习惯。

较之西方，我国对唐嘎的研究相对薄弱，除了从印章学和马政的角度对中原用以烙马的马印——可视为功能上特化且形态上富于中国特色的唐嘎——有所研究之外，实于草原民族的唐嘎绝少置喙。即便稍有触及，但在相当长的一段时间内，很多人都误把它当作原始的记事符号[1]；其中的纠偏工作似由倪德华和苏北海先生[2]最早完成。至于将唐嘎或马印运用到马政之外的研究领域，则更是凤毛麟角[3]。

实际上，在我国，在大草原的东部，唐嘎的研究还是有着很大的空间的。

I. 莱贝丁斯基教授认为，草原东部的唐嘎是由斯基泰游牧民族传授给阿尔泰语游牧民族的，但相当于我国春秋末期到战国早期（公元前 5～前 4 世纪）的巴泽雷克文化中，标记马匹用的还是剪耳的方法。反倒是更为古老的塔加尔文化早期阶段（公元前 7～前 5 世纪），就已经出土了唐嘎的图形和烙印的工具[4]。塔加尔人虽属印欧人，但他们兼事农业和畜牧业，应该算不得严格意义上的游牧民族。

从族徽或集体标志的角度来看，类似的象征物在我国商代早期的青铜器上就已出现[5]，东周以后基本销声匿迹。尽管我国的族徽似乎呈现出向文字发展的趋势，但它们的年代远早于北方的游牧文化，甚至比塔加尔文化还早，那么我国的族徽传统是否曾对北方样式更为简单的唐嘎习俗产生过影响？我国族徽构成的规律是否也可以拿来与唐嘎的构成规律进行比较？而且我国的族徽何以会在春秋以后消亡？同属定居文化的日本，虽然后来也发展出了文字，但他们的"纹"却何以会被保留始终？

马印实物的发现和刘钊先生的《说秦简"右剽"一语并论历史上的官马标识制度》[6]，让我国战国秦汉时期业已使用马印这一史实遂成定谳。尽管现存资料的年代与匈奴人的兴起大体相当，但这套用印制度已相当成熟，其起源无疑可以向前追溯到更为久远的年代。此外，迄今发现的这时期的马印，插木柄的銎均长不过数厘米，前述塔加尔文化早期的唐嘎持柄亦短，这表明，早期马印／唐嘎的加热以及烙印方式与后世的长柄唐嘎有着很大的区别。

突厥碑铭的研究早已成为国际上的显学，但国内却极难见识碑铭、岩刻上的文字，更不用说唐嘎的图形了，至于将唐嘎用于碑铭的断代、突厥史实的考证，则几无成例。国外学者中克劳森[7]、小野川秀美[8]、泽田勋[9]在讨论翁金碑时，据其上唐嘎图形与毗伽可汗碑、阙特勤碑上的相近，推测碑铭主人为第二突厥汗国可汗家族阿史那氏的旁支，甚而可能就是第一代可汗骨咄禄的弟弟咄悉匐。苏联学者克里亚施托尔内依，将雀林碑上的一枚唐嘎与《唐会要·诸蕃马印》所载的阿史德部马印相勘同，断言该碑应与第二突厥汗国重臣阿史德元珍（即暾欲谷）的家族有关[10]。还有人根据穆哈尔龟趺上出现的唐嘎，将该碑及相关遗址归给第二突厥汗国的某位可汗[11]。比照《唐嘎》

一书归纳出的历史上各民族唐嘎的使用原则，这些结论都不免让人心生疑惑。

　　穆哈尔龟趺上的公山羊唐嘎，山羊头部呈菱形，与毗伽可汗碑、阙特勤碑上的唐嘎差异过甚，根据唐嘎的区分原则，它们应该已是两种不同的唐嘎了（图1）。雀林碑上的那枚唐嘎与《唐会要》中阿史德部唐嘎之间的差异也是如此。更何况，暾欲谷（阿史德元珍）碑原本就刊刻着这个第二突厥汗国时期地位最为显赫的家族的唐嘎[12]，所以雀林碑与暾欲谷之间的联系、碑铭中相关人名的推测，全都成了镜花水月。反倒是暾欲谷碑上的唐嘎，透露出该汗国的重臣与他所扶持的可汗一样，都属于各自氏族的旁系分支（图2、图3）。

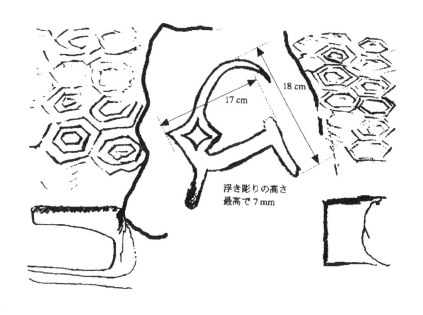

图1　穆哈尔龟趺上的唐嘎

（采自［日］森安孝夫、オチル：《モンゴル国現存遺蹟·碑文調査研究報告》Plate7b，中央ユーラシア学研究会，1999年）

雀林碑上的两个符号呈上下分布，故被克里亚施托尔内依视作两个独立的唐嘎。稍晚九姓回鹘可汗碑／保义可汗纪功碑上的鱼钩形唐嘎与公山羊唐嘎也作上下排列，那么，它们同样也应该被当作两个唐嘎来看待，代表着两个不同的氏族或部落。果如此，这两个符号在翁金碑上虽然相互并列，就能被拼合成一枚唐嘎，就能成为阿史那旁支或可汗弟弟咄悉匐家族的唐嘎（图4）？另外，从《唐嘎》一书引述的例子来看，两枚唐嘎上下分布有时寓意的是等级上的差别；而两枚唐嘎互不粘连，还可能代表了两个所属氏族或部落彼此并无血缘联系。

同样有趣的是，蒙古国布尔干省呼勒阿斯嘎特出土的石板上，第二突厥汗国王室的公山羊唐嘎被与一只写实的禽鸟放到了一起，这印证了《唐嘎》一书所做的总结：

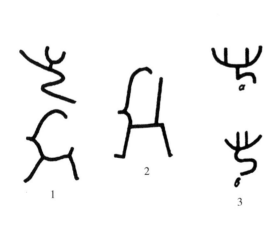

图2 雀林碑（左）、毗伽可汗碑和阙特勤碑（中）、《唐会要》阿史德部（右）唐嘎的比较

（采自普·巴·科诺瓦洛夫等：《蒙古高原考古研究》第286页，内蒙古人民出版社，2016年）

图3 暾欲谷碑上的唐嘎

（采自［蒙］D.策温道尔吉等：《蒙古考古》，第141页，上海古籍出版社，2019年）

许多突厥语部落的唐嘎都会与一种动物或某类禽鸟相互配伍，成吉思汗在写实的雄鹰之外，还可能拥有一个抽象的标志——唐嘎（图5）。更为重要的是，本书图2-39法尔佐什国王钱币上的那只写实的鹰抓握着一枚抽象的唐嘎图案，不也就变得可以理解了吗？附带一提的是，如果联系到早期的格里芬以及突厥、蒙古人中的鸟类象征物，似乎并不需要到拜火教中去寻找某种灵感和启示。

唐嘎在我国内蒙古自治区、新疆维吾尔自治区的草原和半草原地带都能够见到，甚至目前仍有民族在继续使用，这种传统难道就没有向更南的方向传播吗？例如它有没有波及青藏高原或隔壁以南的河西走廊及鄂尔多斯？除了鞍马画和极少的陶俑，鲜卑、突厥、契丹人进入内地后，有没有把他们的唐嘎留在其他遗存之上？

图4　翁金碑碑首唐嘎（左）和九姓回鹘可汗碑／保义可汗纪功碑（右）上的唐嘎

图5　蒙古国布尔干省呼勒阿斯嘎特出土的石板
（采自［蒙］D·策温道尔吉等：《蒙古考古》，第141页，上海古籍出版社，2019年）

那些已难睹见的中原王朝的马印有必要继续搜寻，而更多散落在草原、沙漠中的游牧民族的唐嘎却还完全是片待开垦的处女地。

鞍马画中出现的烙印在马匹臀尻的马印，究竟是契丹、女真的文字，还是他们的唐嘎，这也是个很让人感兴趣的问题。

叶尼塞－鄂尔浑碑铭、南北疆的土坯石刻、《唐会要》、《突厥语大词典》、《史集》，以及保存在现存突厥语文献[13]中的大量的各民族的唐嘎材料，对于它们的搜集和整理，无疑会为民族迁徙与民族融合这幅巨大画卷的复原，增添浓墨重彩的一笔。

以上只是译者的臆想和妄谈，但可以相信的是，I.莱贝丁斯基教授的大作肯定会给聪明的读者带来良多的启示。

译者自修的法语难免让人哂笑，不过盛世兰亭书院的挚友——杨武博士惠赐的题签，却让译稿蓬荜生辉；当然，其中的疏漏仍请读者斧正。

最后，谨向北京市文化遗产研究院（原北京市文物研究所）刘文华、张中华、魏永新、曾祥江等领导致以感激之情，若无他们在翻译、出版方面的鼎力支持和鼓励，I.莱贝丁斯基教授的这部著作或许就无缘与中国读者见面了。

王策

2020 年 10 月 16 日

注 释

1. 苏北海：《哈萨克族文化史》，第 134 页，新疆大学出版社，1996 年。

2. 倪德华、苏北海：《哈萨克族的印记口号研究》，《民族研究》1982 年第 4 期。

3. 彭慧萍：《烫印的破绽：由马臀烫印质疑波士顿本〈胡笳十八拍〉册之版本年代》，《故宫博物院院刊》2004 年第 2 期；《大都会博物馆藏〈胡笳十八拍图〉卷"官"字烫印之断代研究》，《中国历史文物》2004 年第 4 期。梁丰：《三彩马之"飞凤"铭考》，《中国历史文物》2006 年第 6 期。

4. ［苏联］C. B. 吉谢列夫著，王博译：《南西伯利亚古代史》上册，新疆社会科学院民族研究所，1981 年。该书第 131 页："在米努辛斯克盆地，这种窖藏属于塔加尔时期。1901 年在勃腊吉纳村附近所发现的青铜工具窖藏，便是其中之一。此窖藏的铜器有：1）塔加尔通常类型的镰 9 件。用各种铸范成形。有两件打有印记——三个彼此相连的螺旋纹和一个动物图像。……5）特别有意义的是一套动物印烙，共 4 件。1 件只是平直的铜片，有两耳供把手。另一件是两块平行的铜片，中间以铜条及弧形柄连接。有一件像长方形扁平格网，背面有弧形把手。还有一件也是格网状，不过呈圆形……同一窖藏有几个不同的印戳，这是一个特殊的问题，表明窖藏是属于按订货而制造印戳的铸造工匠的。显然，勃腊吉纳的窖藏是某个工匠的产品和废品的库房……当时还广泛流行在制品上打印工匠标记以资识别，这也证明铸工已经专业化，证明他们是为了交换而进行生产。"镰刀上的"印记"，应该指的就是唐嘎图形；"动物印烙"指的是烙印唐嘎图形的器具，它们也被叫作唐嘎。

5. 甚至可以追溯到更早的陶文。以下关于青铜器族徽的内容，参考了陕西师范大学雒有仓先生的博士论文《商周阙特勤族徽文字综合研究》和王长丰先生的《殷周金文族徽研究》，后者 2015 年由上海古籍出版社出版。

6. 刘钊：《说秦简"右剽"一语并论历史上的官马标识制度》，《出土文献与古文字研究（第四辑）》，上海古籍出版社，2011 年。

7. G. Clauson, *The ongin Inscription*, JRAS, 1957.

8. ［日］小野川秀美：《オンギン碑文译注》，《羽田博士颂寿记念東洋史論叢》，1950 年。

9.［日］泽田勋著，陈翰译：《关于翁金突厥碑文的一个考察——碑文的设立目的和设置年代》，《西北民族研究》1991年第1期。

10.［苏联］普·巴·科诺瓦洛夫等著，陈弘法译：《蒙古高原考古研究》第五编《突厥石雕像、围墙、墓葬和碑铭·蒙古却（雀）林工地突厥碑铭》，内蒙古人民出版社，2016年。

11.［日］大泽孝：《ムハル遺蹟の亀趺》，《モンゴル国現存遺蹟·碑文調查研究報告》，中央ユーラシア学研究会，1999年。

12.暾欲谷碑由两根石柱构成，其中一柱上刻一巨大的三角形，并未被当作字母，那它显然就该是这个家族的唐嘎了。

13.苏北海：《哈萨克族文化史》，第141页，新疆大学出版社，1996年。

蒙古草原上牧放的马匹（2010 年春）

O. 达瓦尼亚亚姆摄
中央省邻近乌兰巴托的地区

蒙古人给马驹烙印标记的场景（2008）

O. 达瓦尼亚亚姆摄
中戈壁省（Dundgovi）

标记烙印通常在秋天进行，为此会组织盛大的庆祝活动。
（可以看到参与者穿着民族服饰）

朝着火堆吹气，让火烧旺。传统燃料是牛粪（argal）和马粪。

露在火堆外的是用来烙印标记的烙铁的柄部，上面缠着蓝色和灰色的绸条以示区别。

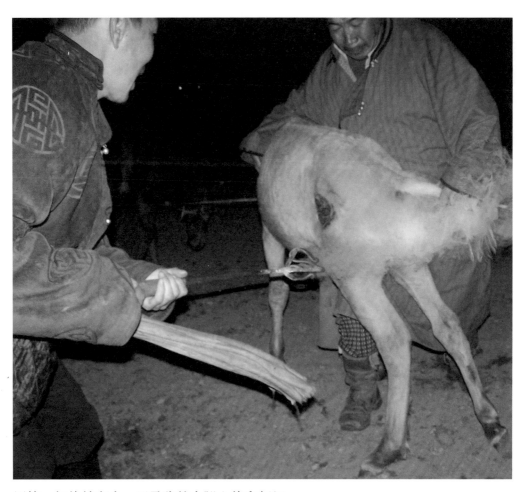

用第一把烙铁在头一匹马驹的大腿上烙印标记。
烙铁端部的唐嘎十分鲜明。

用同一把烙铁给第二匹马烙印标记。

用第二把烙铁给另一匹倔强的马驹烙印标记，烙铁的图案显然更加简单。

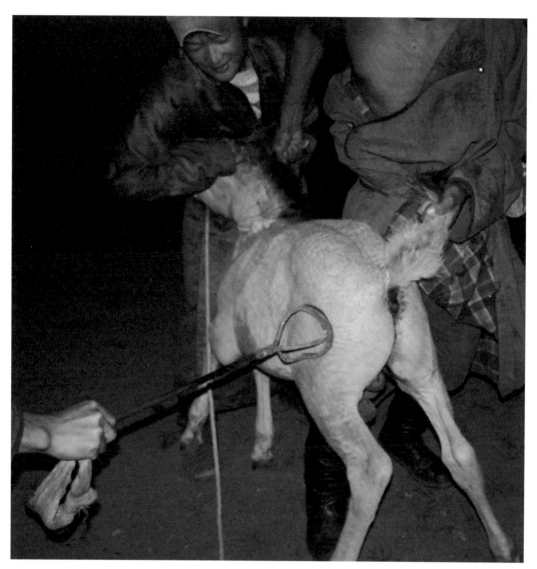

给最后一匹马驹烙印同样的标记。

在马驹的右肋上烙上一个补充的标记。